W I Z A R D

WIZARD BOOK SERIES Vol. 71

オニールの相場師養成講座

成功投資家を最も多く生んできた方法

William J. O'Neil
ウィリアム・J・オニール［著］
古河みつる［訳］

The Successful Investor

What 80 Million People Need to Know to Invest Profitably and Avoid Big Losses

Pan Rolling

訳者まえがき

本書は『マーケットの魔術師』に取り上げられたトップトレーダーであり、インベスターズ・ビジネス・デイリー紙の発行者でもあるウィリアム・J・オニールによる『The Successful Investor』の翻訳です。

独自の銘柄選別法であるCAN SLIM（キャンスリム）法の最新版を中心に、オニールの投資哲学のエキスが、口述ならではのテンポでコンパクトにまとめられています。

本書を読んでいると、オニールの基本的なスタンスとして繰り返し思い浮かんでくる言葉があります。

それは、ドイツ帝国宰相ビスマルクの「賢者は歴史に学び、愚者は経験に学ぶ」という言葉です。

浅学が露見するのをおそれずに換言すれば「賢者は歴史から学びとることができるが、愚者は自ら経験して――痛い目にでも遭わなければ――学ぶことができない」ということでしょうか。自らの経験も、客観的にとらえて「歴史化」できてこそ本当に学んだことになるということかもしれません。

その前提にあるのは映画「カサブランカ」でおなじみの名曲「アズ・タイム・ゴーズ・バイ」の詞にもあるように、相場においても、「いくら時がすぎても、キスはキス、ため息はため息」で、「基本的なことは変わらない」という発想でしょう。

ちなみに、この曲の邦題は「時のすぎゆくままに」という訳が定着していますが、歌詞の内容から考えても「時がすぎても」と解釈しなければつじつまが合わないようです。

いずれにしても、歴史は単一でもなく、固定してもいません。選ばれた事実から構成され、常に更新され続けていくものです。

歴史のどこに光をあて、どう組み立て、どう修正していくかによって、現在と未来にどれだけ役立つかが左右されます。

オニールは、1953年以降の米国市場における成長株に光をあて、急騰と急落を演じ出す前――つまり、買い時と売り時――にそれらの銘柄が――ファンダメンタルズ的およびテクニカル的に――共通して持っていた特徴を徹底的に研究することによって、過去の相場という歴史から「変わらないこと」を学び取り、戦略を組み立てています。

昔から「変わらないこと」であれば、万人が百も承知していてもいいはずですが、必ずしもそうでないのはなぜでしょうか。

その理由のひとつは、人情――主に、願望と恐怖心――が事実を受け入れることを難しくさせているからでしょう。例えば、高すぎる株がさらに上がり、安すぎる株がさらに下がると判断することは、人情としてなかなかできないことです。

事実とデータに基づき人情を排して分析・構築されているオニールの投資法は、並はずれた投資実績によって裏付けられています。

拙訳が、賢者オニールがひもとく「歴史」から学ぶ、賢者の皆様のお役に立つことができれば幸いです。

2004年早春

古河みつる

The Successful Investor :
What 80 Million People Need to Know to Invest Profitably and Avoid Big Losses

CONTENTS

序文

2000年３月に始まったきわめて困難な株式相場では、ほとんどの投資家が必要以上の痛手を被った。この３年間でわたしが痛感したことは――初心者、経験者を問わず――投資に関する知識と実効力のある支援が、いかに不足しているかということだった。

そういうわけで、過去の例にならえば必ずまた来るであろう相場の回復と、混乱はあるとはいえ将来性のある市場おいて、たくさんの投資家の皆様を支援するために、本書をできるだけ早く世に出すことを決意した。投資家として大成功したいと思うなら学んでおかなければならない重要な事項、役に立つ手法とテクニック、カギとなるポイントについてすべて説明した。

まず、インベスターズ・ビジネス・デイリー（IBD）紙の敏腕編集者であり、自身卓越した投資家でもあるウェス・マン氏に協力を求めた。同氏のテープレコーダーで録音しながら、本書に網羅される内容をポイントごとに話していった。ウェスはもっと分かりやすくしたほうが良いと思われるところを指摘してくれた。録音内容は一言一句タイプされた。わたしが手を入れたあと、ウェスが意味を変えないように気を配りながら、わたしのぎこちない文章に片っ端から磨きをかけてくれた。それから、わたしがチャートを選び、すべての投資家がチャートを読むうえで理解していなければならない重要な要素に印を付けた。チャートは、銘柄を選別するためにも、売買のタイミングを見きわめるためにも、市場全体の方向性を見きわめるためにも役に立つ（売りに関するルールもなければ、銘柄の価格と出来高と市場指数から大きな売り指標を見きわめる能力もなかったことが、たくさんの人たちが必要以上の損を被った大きな原因のひとつだ）。

また、本書の完成のために時間と労力を提供してくれた、マグローヒル社のフィリップ・ルッペル、そして専門スタッフのジャスティン・ニールセン、デルドレ・アボット、シャロン・ブルックス、ゲリ・フラム、アンジェラ・ハン、ギル・モラレス、ウェンディ・リード、マイク・ウエブスターの皆さんにも大いに感謝したい。

はじめに

今このような本を出すのはなぜか？　あなたが株式やミューチュアルファンドに投資しているなら、おそらくその答えはすでにお分かりだろう。あなたはひょっとしたら2000年春に始まった下げ相場で大切な蓄えの50～80％を失った8000万人のアメリカ人のうちのひとりかもしれない。それで、そんなことはもう二度と繰り返したくないと思っているかもしれない。だが、あなたに何が起こったのか――何がどう間違っていたのか――を明らかにしないかぎり、その歴史が繰り返されないという保証はないのだ。

本書の目的は、あなたが過去に犯し、しかも投資判断の指針となるしっかりしたルールと原則を採用しないかぎり再び犯しかねない、いくつかの過ちについて理解することをお手伝いすることだ。それらの過ちを理解してこそ、暮らし向きを向上させることができるような投資成果が得られる道を歩み出すことができるのだ。あなたがもし投資の初心者なら、投資家として成功するために何をすべきであるかと同時に、何をしてはいけないかを知っておくことが絶対に必要だ。

だが「最近のような下げ相場は一生に一度ぐらいしかお目にかかることがないのでは？」とあなたは思うかもしれない。それはイエスでもあり、ノーでもある。ナンデモありの1990年代に始まり、2000年代初頭に崩壊したバブル相場は確かに異常だった。過去70年間にそんな状況は見られなかった。だが違いは程度の差にしかすぎない。急騰を演じたほとんどのハイテク株の上場先であるナスダックの指数で測れば、1990年代の相場は狂騒の20年代（ロアリング・

トゥエンティーズ）の超加熱上昇相場よりも上げが激しかったのだ。その上げに続く下げも、大恐慌につながった1929年の大暴落に匹敵する激しさだった。

1990年代の相場は、1636年のチューリップの球根に対する投機熱にも匹敵するほど異常だった。1636年当時、だれもがオランダのチューリップの球根を是が非でも買わなければならないと思い込んでいた。そのため、やがては急落したものの、オランダの株式取引所でチューリップの球根が天文学的な高値で取引された。社名に「ドットコム」と付いてさえいれば投機の対象になった1990年代のインターネットバブルもほぼ同じようなものだった。

細かい点を除けば、この最近の相場サイクルは以前のあらゆるバブルの再現だったと言える。わたしには分かっている。わたしは個人投資家として、そして米国の多数の有力投資マネジャーに対するアドバイザーとして、この45年間、あらゆる上昇・下降サイクルを日々体験しながら市場で過ごしてきた。また、一流のデータベース調査会社のトップとして、市場と主要銘柄に関して決定版といえるほどの徹底した研究も行った。

1998～2002年のような激動の時期を過ごしたあとでさえ、わたしが最も痛感していることは、ものごとはほとんど変わらないということだ。最近の下げ相場で人々が被った損失は並はずれたものだったかもしれないが、その損失に導いた過ちは並はずれたものではなかった。それらはあらゆるサイクルにおいて投資家たちが犯してきた過ちそのものだった。

考えてみれば、その理由は自ずと明らかになる。市場は、人間的な感情と個人的な意見にほぼ百パーセント基づいて行動する、たくさんの人たちで構成されている。市場を動かしているのは群集心理

ナスダック総合（1992～2003年）とダウジョーンズ工業（1921～1935年）の比較

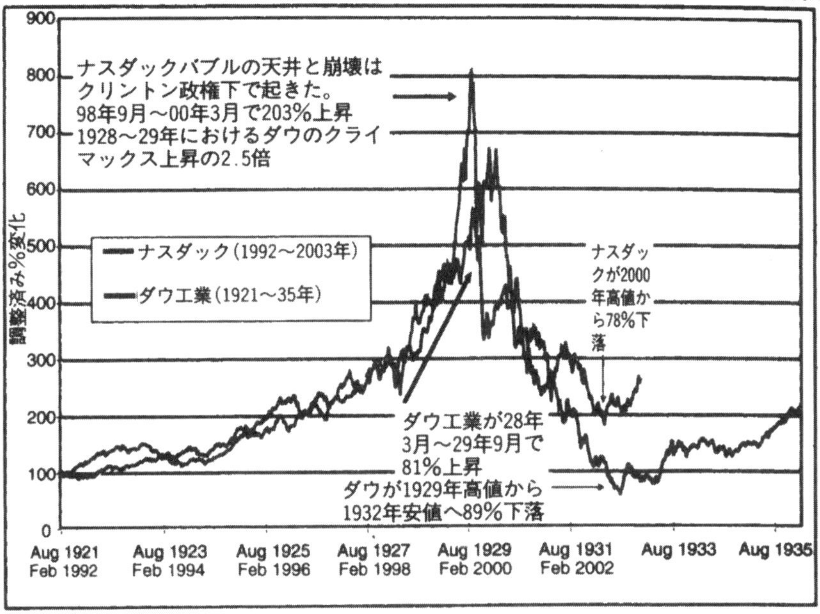

だ。そして――特に非常に多くの投資判断を左右している願望と恐怖心とプライドとエゴについていえば――人間の本性は1929年や1636年と現在で変わった様子はほとんどないのだ。

あなたがとにかく理解していなければならないことは、投資で大成功することと、あなたの感情や個人的な意見とはなんの関係もないということだ。株式市場は、わたしたちがどんな人間で、どんなことを考え、どんなふうに感じているかなどまったくお構いなしだ。市場はなににもまして野獣だ。人の願いなどに関心はなく、常識など眼中になく、強烈なあまのじゃくであり、事あるごとに大多数を裏切ることに情熱を燃やしているように見える。市場が従うのは需要と供給の法則だけだ。あなたが投資家としてこの現実を把握し、市場に逆らわず、市場に沿って行動することを学ばないかぎり、よくても並程度の成果に甘んじることになるだろう。

アメリカ人が資産運用をますます自己責任で行わなければならなくなっている現状を考えると、これは残念なことだ。例えば、社会保障制度が少なくとも部分的に民営化されるようになるのはそう遠い話ではない。民営化されれば、政府があなたの老後のために取っておいてくれている（そして投資でわずかなリターンを稼いでいる）お金の一部を引き出して、自分で投資することができるようになる。

自分自身の意見ではなく、市場の意見に従うことは簡単にはできないだろう。あなたが賢ければ賢いほど難しいかもしれない。あなたは高学歴、高収入のエリートかもしれない。専門とする分野においてエキスパートであり、あなたが発する意見が反論を受けることなど通常では考えられないかもしれない。だが、そういうことが、あなたが時間と思考とエゴを注いで到達した投資判断が間違っていたと認めることを難しくさせるのだ。市場では、あなたが何者で何を考えているかなど何の意味もない。もう一度言おう。ナンニモだ。市場はやりたいことをやる。市場に逆らっても損をするだけだ。

1998～2000年の市場においてわたしが見たなかで最大の過ちを犯したのは、わたしの知り合いのなかでも最も賢い人たちだった。博士号を持つ某企業のかなりのお偉いさんが、わたしにこう言ったのを覚えている。超優良企業のシスコシステムズが50ドルまで下がったので買ったというのだ。その銘柄は1990年代のトップクラスの成長株だった。彼が自分の意見というプライドを捨て、その超優良銘柄が８ドルまで下がってしまう前に手放したことを願うばかりだ。

プロの投資家といえども素人っぽい過ちを犯さないわけではない。知り合いの債券ファンドのマネジャーはワールドコムを1.50ドルで買った。もともと64ドルもしたのだからそれ以上下がるわけがないという判断からだ。ところが、そんなわけなどお構いなしに下がったのだ。わたしが最後に目にしたときは17セントで取引されていた。

投資家でも、アドバイザーでも、しっかりした投資ルールと投資原則を学ぶために時間を割こうとしなかったために、ほとんどの人が2000〜2002年の下げ相場で痛手を被った。その人たちは90年代にたいした勉強もせずに金儲けができる方法を見つけたと思いこんでいたが、耳よりな情報や宣伝文句やほら話に踊らされていただけなのだ。

市場リスクの現実や大きな損失に対する防御策など、分かっていなかった。市場が上に向かっているのか下に向かっているのかを知るすべも持っていなかった。何より悪いことは、売りに関するルールを持っていなかったことだ！

だからどうってことはなかった。何をやってもうまくいくので、世の中を甘く見るようになった。人は警戒心を失い、我を忘れた。一部の企業のトップたちは、ウソをついても、だましても、誇張しても構わないとまで考えるようになった。揚げ句の果てに国のトップまでがそういうことをやるようになったが、それが彼の致命傷になることもなかった。

株式市場では、ハイテク銘柄がちょっと下がるたびに買っていれば十分だった。なぜなら、必ず戻し、値を上げるからだ。そんな単細胞な発想がまん延していた。ほとんどの専門家たちもそうだった。連日のようにテレビの投資番組に登場しては推奨銘柄を並べ立てた。友人、ご近所、アドバイザー、セールス——こっちの気持ちにお構いなしにだれもがアドバイスをしたくてウズウズしていた。どんな浅薄な話であっても、まともな投資理論に裏付けられているかのように見えた。

多くの人にとって株式投資というものは、そういうものだった。つまり、ほとんどすべての人が参加するスポーツや国民的娯楽のようなものだったのだ。わたしが通っているスポーツクラブで、インターネット検索エンジンのヤフーのことを鼻で笑っていたカップルを覚えている。ヤフーがまだ100倍への道を歩み始めたばかりのときだった。それから数年後、別の２人がウエートトレーニングをしながら話しているのを小耳にはさんだ。ヤフーが押すたびに買っているだけで大金を稼げるというのだ。その２人が1990年代後半にヤフーが猛烈な勢いで高騰した好機を逸したことは間違いない。今ではそのスポーツクラブの連中にとっても明白な事実になっている。同銘柄は2000年１月の１株250ドルから2001年９月には８ドルまで下落した。スポーツクラブにいる連中が抹式市場について話題にすることはもうあまりなくなった。

2000年３月にバブルがはじけたとき（1984年にわたしたちが創立した投資家向け全国紙である『インベスターズ・ビジネス・デイリー（IBD)』を除いて）一貫性のある売りアドバイスを提示し、投資を減らして現金化するように繰り返し警告したところはほとんどなかった。投資家たちは市場の基本的な真実を身を削って学ぶしかなかったのだ。つまり株式市場に関する個人的な意見、感情、願望、通念はおおむね間違っていて、往々にして危険であるということだ。一方、事実と市場が間違っていることはほとんどない。需要と供給の法則はウォール街内外のあらゆるのアナリストのどんな意見よりも優れているのだ。

ほとんどの投資家は今では、大切な資金を投資するときに自分が何をやっているのかもっとよく理解していなくてはならないことを認識している。大きな損失を出さないようにしながら実際に利益を手にするには、しっかりとした経験に裏付けられたルールと手順が必要であることを知っている。そろそろ自分の資金と投資に真剣に取り組み、読み、学び、見直し、手法を改めるべきではないだろうか？

わたしも投資を始めたころは、あなたがおそらくやったのとほとんど同じ過ちを犯していた。わたしは悪い習慣がどのように形成され、それら習慣を捨てることがいかに難しいかを知っている。だが、悪い習慣を捨てれば、市場の実際の姿に合っている新しい習慣を身につけることができる。最初のうちは新しい習慣に違和感を感じるかもしれない。新しい習慣は、あなたを含むほとんどの人たちがやりたくないこと、やってこなかったこと、やるべきだと思ってもいなかったことを強制するからだ。だが、正しく行っていれば、あなたの投資成果に劇的な効果をもたらすことになる。以下に例を示そう。

- 株は、下げているときではなく、上げているときに買う。買い増しは、もともとの買値よりも下がったときではなく、買値よりも上がったときにする。
- 株は、下がりに下がって割安に見えるときではなく、年初来の高値近くで買う。安値に沈んでいる株よりも高値に上がっている株を買うのだ。
- 株が値を戻すのを願って待つのではなく、小さな損失が出たらいつもすぐに売ることを学ぶ。

- 米国の超成功企業を予測するのにほとんど役に立たなかった過去50年間の企業の簿価、配当、株価収益率（PER）はほどほどにして、利益の伸び、値と出来高の動き、そしてその企業がその業界で最も利益を出しているかどうかという、もっと重要な実証済みの要素に注目する。
- マーケットニュースレターをやたら購読したり、アドバイスサービスにやたらに加入にしたり、自分の意見を吐露しているだけで間違っていることの多いアナリストの推奨を真に受けたりしない。

また、チャートになじむことが必要だ。素人は面倒だとか当てにならないととかく軽視しがちだが、チャートはほとんどの専門家が重視するとてつもなく強力なツールだ。

投資成果を大幅に向上させるために、わたしは３つのことを行った。ひとつ目は、最高の実績を有する最高の人たちが投資判断を行うためにやっていたことだけを勉強したことだ。1950年代後半ではその名前を冠した投資信託会社があるジャック・ドレフュス、1960年代初頭ではフィデリティ・インベストメントのネッド・ジョンソンとジェリー・ツァイ、1920年代から1960年代にかけて活躍した株式ブローカーで『ザ・バトル・フォー・インベストメント・サバイバル（The Battle for Investment Survival)』の著者でもあるジェラルド・ローブ、そしてエドウィン・ルフェーブルが1923年に著した古典『欲望と幻想の市場――伝説の投機王リバモア』（東洋経済新報社）にその投資業績と方法が記されているジェシー・リバモアなどだ。これら専門家たちは、そのキャリアの特定の期間に並はずれた運用成果を上げている。

２つ目は、わたしが過ちを犯し、お金を失ったというか、儲けのほとんどを吐き出してしまった場合、週足チャート上に売買したところを逐一記入したことだ。お金を失ったというか、大きな儲けをパアにしたときに、自分がどんな間違いをしたのかを分析した。それから、新しいルールを考え、書き出し、同じ過ちを二度としないように注意深く守ることにした。それらルールを、市場が開いている日はいつも携帯しているファスナー付きの小さなノートの先頭の1、2ページに書き込んだ。

3つ目は、過去数年間における値上がり上位50銘柄のチャートを収集したことだ。それらの株価が2倍や3倍に跳ね上がる前に、ファンダメンタルズ的（収益の伸びなど）、テクニカル的（値と出来高の動き）にどのような状態だったのかを知りたかったのだ。それから、先を見きわめるにはどんな要素を見たらいいのかを知るために、それらすべてに共通する特徴を見つけだした。

この方法がどの程度うまくいったか？　実際にどんな成果が得られたか？　1998年から2002年にかけて、米国個人投資家協会（AAII）は、わたしたちがCAN SLIM（キャンスリム）投資リサーチツールと呼んでいるわたしたちのシステムに関して、リアルタイムでの月単位の調査と分析を実施した（**付録B**を参照）。シカゴに本拠を置くAAIIは、わたしの前著『オニールの成長株発掘法』（パンローリング刊）で定義し、説明した、わたしたちのシステムとルールの成果を、ピーター・リンチやウォーレン・バフェットのものを含む52種類の著名な投資システムによる運用成果と比較評価した。

AAII誌2003年4号のジョン・バジコウスキーの記事によるとこうだ（**付録A**を参照）。

……AAIIはこの５年間にわたりさまざまなスクリーニングシステムの能力をテストしてきたが、CAN SLIM法が、ブル相場でも、ベア相場でも、最も一貫して優れた運用成績を出す選別法のひとつであるという認識に至った。

AAII独自の調査によると、CANSLIMによる運用成果は次のとおりだった。1998年が＋28.2％、1999年が＋36.6％、2000年が＋38.0％、2001年が＋54.4％、2002年が＋20.7％で、２年間の上げ相場と３年間のきわめて難しい下げ相場を通じた５年間の複利型リターンは＋350.3％だった。同じ５年間でS&P500は8.3％下がっている。2003年３月14日にわたしたちのルールに従ってAAIIによってスクリーニングされた約１万銘柄のなかで合格したのはわずか４銘柄だった。それらは６月30日に＄61.80で引けた＄47.84のアポロ（APOL）、６月を＄24.97で引けた＄28.30のFTIコンサルティング（FCN）、６月を＄102.33で引けた＄78.01のインターナショナル・ゲーム・テクノロジー（IGT）、そして６月を＄56.90で引けた＄38.10のテバ製薬（TEVA）だった。平均値上がり率は24.5％だった。

1980年代から1990年代にかけて、多数の熱心なIBD紙の購読者たちは、わたしたちのすべてのルールと手法を勉強し、適用することによって、数百から1000％以上の純益を稼ぎ出した。多くは億万長者の仲間入りをした。もちろん、だれもがわたしたちが繰り返し説いたように、すべての損失をすぐにカットしたり、それなりの利益を確定するために売り時に関するわたしたちのルールに従うことが簡単にできたわけではない。わたしたちの資料を斜め読みするだけだったり、ほんとうの規律と決意をもって実践していなかったり、天井を見きわめるルールを理解できなかった人たちは、もっと残念な結果に終わっているはずだ。

わたしたちのデータアナリシス持株会社で運営されている内部資金管理グループは、2003年までの５年間で1356％の純リターンを達成した。

IBD紙の「ビッグピクチャー」コラムに掲載される市場全体の動向に関する日々の事実分析と「インベスターズコーナー」の多数の教育的記事を理解し忠実に従っていれば、2000年３月と４月には株を売って現金化することができたはずだ。

CAN SLIM法をかなり前から運用に利用しているのが、1977年からわたしたちの兄弟会社であるウイリアム・オニール＋カンパニーによって機関投資家向けに毎週発行されている「ニューストックマーケット・アイデアス」（NSMI）だ。開始時から2002年末まででNSMIサービスは合計で26173％のリターンを達成している。毎年の成果を複利で運用していくことでこのような信じられない成果が可能になるのだ。ちなみに、同期間中のS&P500のパフォーマンスは909％であり、バリューラインの最高値上がりランクの銘柄の６倍以上の成果だった。

CAN SLIM法が多数の真剣でひたむきな投資家たちにとってこれほどうまく機能したその真のカギは、個人的な見解や信条や意見に基づいていないことだ。CAN SLIMは100％、この半世紀にわたる毎年の超成長株を総合的に調査して得られたデータに基づいている。それら銘柄が最高の値上がりを演じる前に共通して持っていた特徴が、買いルールになった。そして、それら成長銘柄が天井に達したときに各種変数がどのように変わったかが、売りルールになった。

だから、本書でわたしたちが明らかにするルールと原則を守らなければ、おそらくそれだけ多くの不要な過ちを犯すことになるだろう。長年にわたり株式市場を現実に支配してきた法則に逆らうことになるからだ。

過去の経験に基づくモデルに対する細心な分析に加えて、わたしたちには、米国でも最高クラスの多数の機関投資家たちへ調査結果を提供してきたという長年の実績がある。1963年に初の日足履歴株式市場データベースを構築し、今日、ウィリアム・オニール＋カンパニーは全世界の600を超える大手機関投資家をコンピューター化されたリサーチサービスの正規クライアントとして持っている。サービスの一例が、データベースとの強力なインタフェースであるWONDAサービスだ。

わたしたちのビジネスはウォール街の企業とは完全に異なり、独立しているため、2002年に一部のウォール街の企業が直面した問題とは完全に無縁だ。わたしたちはファンダメンタルズアナリストによる調査レポートの発行や推奨の発表を行わない、投資銀行業務を行わない、証券の仲介を行わない、一般大衆相手のリテール営業やリテール支店を持たない、そして債券・コモディティー・通貨を扱わない。わたしたちは、洗練された、高度なコンピューター化された履歴データベースを活用した、高度に専門的な機関投資家向けのビジネスだけを行っている。

このコンパクトな本では、あなたが“ザ・サクセスフル・インベスター”になるために心得ておくべき、長い年月をかけて培われてきた秘訣をたった５つの簡単なステップに要約して紹介している。これら各ステップの内容を理解し、うまく実践できるようになるまで何度でも読み返す意欲と決意さえあれば、あなたの投資成果はより良い生活とより多くの望むものを手に入れることができるほどにまで向上するに違いない。資金もさほど必要なければ、名門大学を卒業している必要もない。だれにでもできる。あなたにもできる。だから頑張ってみよう。すべてあなた次第だ。

チャートについてひと言

一見は百聞に匹敵すると言われる。だが、“ザ・サクセスフル・インベスター”にとって株式チャートの価値はそれ以上のものだ。しかも単なる百聞にとどまらない。医者が使うレントゲン写真のように、見る人が見れば、チャートは個別銘柄や株式市場全体が健康か病気かをひと目で教えてくれる。つまり、チャートはその銘柄や市場に手を出すべきか、手を引くべきかを教えてくれる。いずれ分かるだろうが、それが大きな違いをもたらすのだ。

いままでチャートをじっくり見たことがなくても、取っつきにくいと感じていても、ご心配は無用だ。初めてプールに連れて行かれたとき、おそらく水に入るのが怖かっただろう。だが、少したてば——たぶん水泳のレッスンを何回か受けたら——今度はプールから出るのがいやになるものだ。チャートはプールほど楽しくてたまらないとはいかないかもしれない。だが、少し努力してチャートが描き出すパターンを理解できるようになれば、投資成果を劇的に改善できることが分かるはずだ。

チャートと長く接していれば接しているほど、あなたのスキルはそれだけ上達する。株価が大きく上昇する前兆となるパターンを見きわめることができるようになるだけでなく、手を出してはいけない、問題のあるダマシのパターンを見抜くこともできるようになる。ダマシのパターンを見抜ければ、高くつく過ちを大幅に減らすことができるようになる。

知識不足から、チャートを読むなんて茶葉で占うのと変わりないとバカにしている人もたくさんいる。だが、そういう人たちは、ほとんどのすべての分野の専門家たちが、より良い判断を下すためにチャートを使っていることに気がついていない。例えば、レントゲンやEKGやMRIなしに健康状態を自信をもって診断できる医者はいないだろう。

投資の世界における専門家たちも同じ意味でチャートを使用している。成功している投資家たちは、医者が画像を見ずに治療することがない以上に、チャートを見ずに株を売買することはない。

23ページの図は、投資家たちが最も一般的に使用しているバー形式のチャートだ。この図は価格と時間の２つの軸からなる。価格軸は右側の下から上に伸び、時間軸は下側の左から右へ伸びている。このチャートの場合、時間は１週間刻みだ。つまり、各バーは３種類のデータによって１週間の値動きを表している。バーの上端はその銘柄のその週の最高値を示す。バーの下端はその期間内の最安値を示す。水平のチェックマークであるクロスハッチは、その銘柄の終値、つまりその週の最後の価格を示す。

チャートの最下部にあるのは、その銘柄の週単位の出来高を表す、温度計のような役割を果たすバーだ。このチャートでは、例えば、右端の最終週の高値が約64ドル、安値が約60ドルで、終値がその週の高値近くの63 1/2ドルだったことが示されている。総出来高は1000万株を軽く超えている。その前の週は、高値が約63ドル、安値が56 1/2ドルの少し上、週の終値が60ドルの少し下だった。その５日間の出来高は2000万株を超えるまでに膨らんでいる。

違いがよく分かるように、値上がり週（終値が前週よりも高い場

週足チャートに7週間の大量売り……売り時だ！

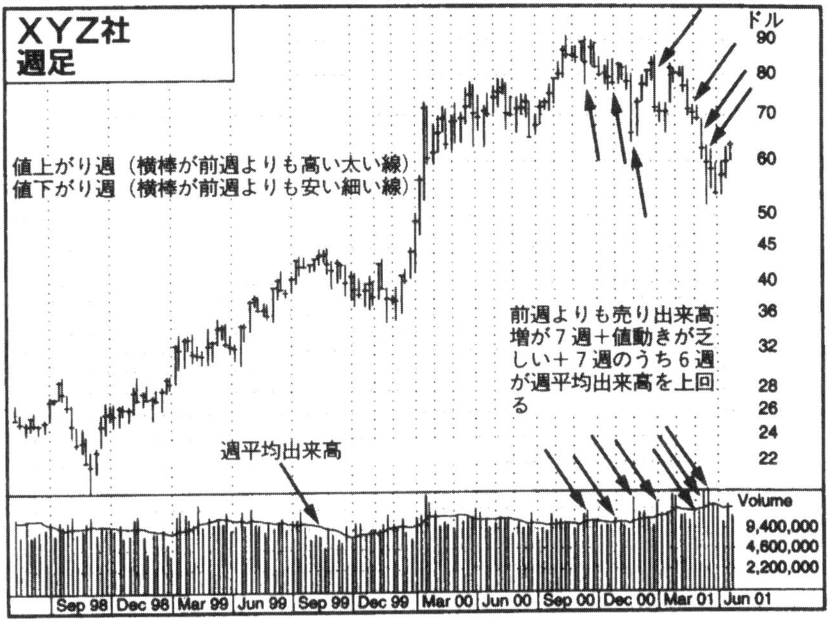

合）は太い線で、値下がり週（終値が前週よりも低い場合）は細い線で表記されている。いずれ分かるが、これがとても役に立つ。

価格軸がどこか妙なことに気づかれたかもしれない。アコーディオンのように、間延びしているところがあれば、縮まっているところもある。その理由は、このチャートが整数ではなく対数的にプロットされているからだ。対数チャートは株式や市場の動きを正しい比率で表すので、わたしは気に入っている。つまり、同じ40ポイントの上昇でも、40～80ドルへの100％の値上がりはチャート上では80～120ドルへの50％の値上がりの２倍の傾斜で表示される。

本書では、ここに記したような印の付いたチャートをたくさん目にすることになる。先に進むにしたがって、さらに多くの情報を伝えるために、さらに多くの線が追加されることになる。最終的には、それらの線を使って、あなた以外の投資家の99％が判断の材料にするどころか、目にすることさえ絶対にないようなことを読み取ることができるようになる。つまり、あなたもプロのように投資できるようになるのだ。

いったん説明を聞いてしまえば、この基本的なチャートがとてもシンプルに見えてきたはずだ。このチャートで何か分かるのだろうか？　もちろんだ。これらの何本かの線から、この銘柄は長いこと順調であり、保有する価値があったことを読み取ることができる。だが、もうトラブルに陥りそうである――つまり、長い間、値を押し上げてきた多数の買い手が売り手に押され気味になっている――ことが読み取れる。過去にどれほど順調であったとしても、この企業の業績が現在どんなに好調でも、株価が値下がりしてどんなに割安になっていても、この株を買うことはわたしには考えられない。もしわたしがこの株を保有していたら、売ることを考えるだろう。

実をいえば、このチャートは2001年４月のエンロン社の株価を示している。この直後に99％下落し、結局倒産してしまい、多数の従業員と株主に計り知れない苦痛を与え、米国の経済制度にいまだに癒されることのない信用低下をもたらした。チャートの読み方を知っていて、目前で繰り広げられようとしていた悲劇を見きわめることができたら、どれほど救われたことか！

この本のページ数は確かに少ないが、ひとつひとつの図に1000語の価値があると考えれば、この本は100万ページにも匹敵することになる。

エンロンの天井とその後

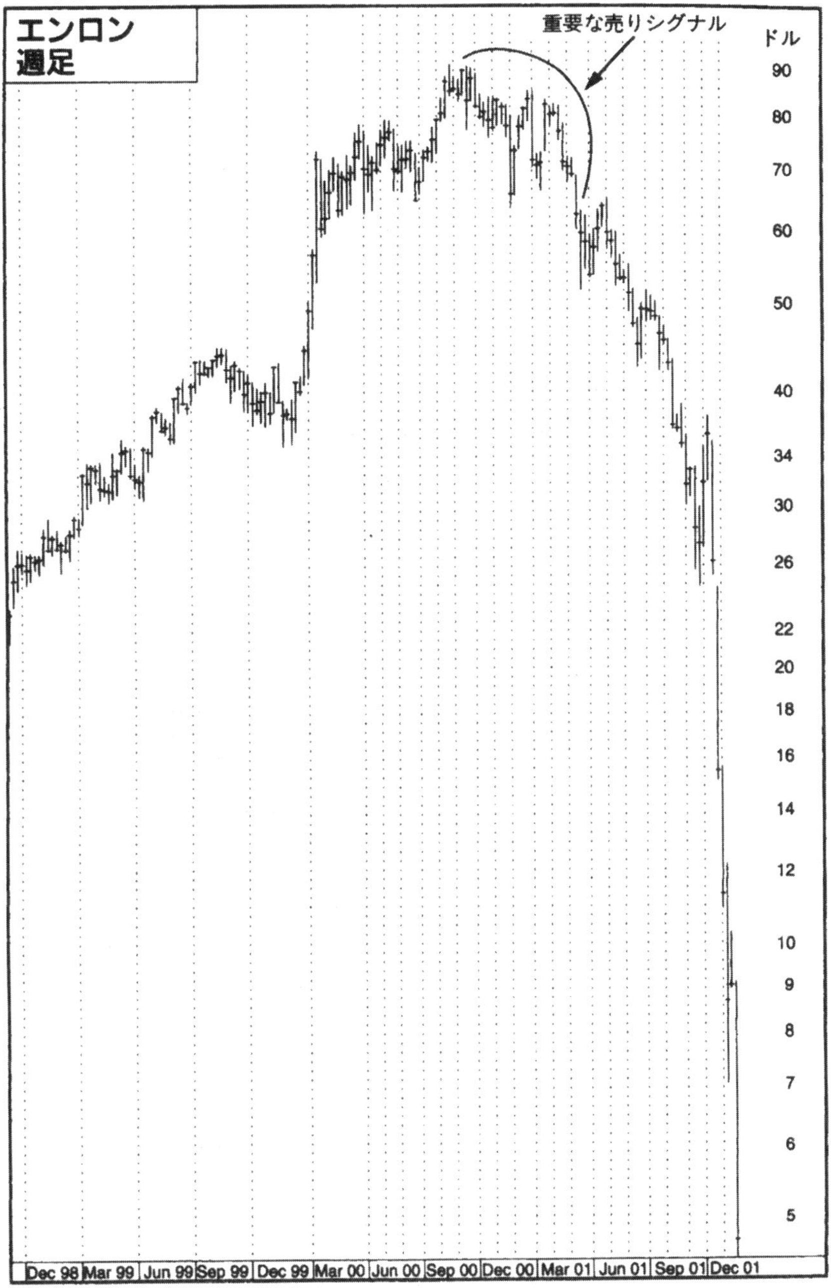

ステップ 1

市場全体の方向性を見きわめる方法

Which Way Is the General Market Going?

株式市場が全体として上と下のどちらを向いているのかを知る方法から始めるのはなぜか？　それは、市場全体――S&P500指数、ナスダック総合指数、ダウ工業平均などによって示される――が天井を付けて下方へ転換すると、あなたの保有株の４つに３つはその素性やそれまでの勢いに関係なく一緒に下落するからだ。

それに、市場が天井に付けたときを見きわめることができれば、あなたはきわめて限られた投資家だけが身につけているスキルを持つことになる。それはウォール街のプロたちも含めてのことだ。プロでも、市場全体が天井に達して全個人投資家の98％が痛手を被ったあの2000年に、株を売却して現金化するように顧客にアドバイスできた人はほとんどいなかった。

ブローカー、ストラテジスト、エコノミストたちはどこを間違ったのだろうか？　彼らは、市場がどう動くか、自分たちの意見だけに頼ったのだ。彼らは、彼らが好む各種の景気・経済指標に対する自らの解釈に頼りすぎたのだ。

経済が市場をリードしているのではなく、市場が経済をリードしているのだから、そんなやり方でうまくいくことはまずない。数年前に政府が毎月発表する――「同時」指標でも「遅行」指標でもなく――「先行」経済指標に、市場全体を表すS&P500指数が入れられたのはそのためだ。要するに、ウォール街のエキスパートたちは、まったく逆に、経済を株式市場の先行指標として使用していたのだ。

マーケットテクニカルアナリストと呼ばれる別のエキスパートたちは、騰落ライン、センチメント指標、買われ過ぎ・売られ過ぎ指標など、50～100種類のテクニカル指標に注目している。しかし、45年間でテクニカルアナリストが天井とその後の底の両方をとらえたケースをわたしは思い出すことができない。勝ったり負けたりを繰り返すのがせいぜいだ。その理由は、彼らが注目する大量のテクニカル指標が二次的なものであり、市場全体の平均と比べてもその精度がはるかに劣るからだ。

ここに重要な教訓がある。どんな仕事でも精度を高めようとすれば、対象そのものを注意深く観察し、分析しなければならないということだ。虎について知りたければ、天候ではなく、草木ではなく、山にいるほかの動物ではなく、虎を見ることだ。

昔、ルー・ブロックが盗塁記録を塗り替えようと、１塁ベースの後ろの席から高速フイルムでメジャーリーグのピッチャーたちを撮影した。それから、そのフイルムを見て各ピッチャーが１塁へ送球するときに体のどこがまず動くかを研究した。ピッチャーこそがブロックがやっつけたい対象だったのだから、彼が徹底的に研究したのはピッチャーそのものだった。

2003年のスーパーボウルでタンパベイ・バッカニアーズは、まずオークランドのクオーターバックの目の動きとボディーランゲージを研究し、それらに集中することによってオークランド・レイダーズのパスを５回インターセプトすることができた。彼らは相手がどこへ投げるかを「読む」ことができたのだ。

クリストファー・コロンブスは水平線の向こうに船が消えていくのを見ていたので、世界は平らだという世間一般の通念を受け入れることがなかった。政府は、盗聴、スパイ機、無人偵察機、衛星写真を使用して、わが国の安全を脅かす可能性がある対象を観察・分析している。ソ連のミサイルがキューバへ向かうのを発見したのもその方法だった。

株式市場でもそれは同じだ。どっちへ向くのか知るには、主要な市場指数を毎日見て分析しなければならない。けっして「市場はどっちへ向くと思う？」などと他人に聞かないことだ。市場が実際に何をやっているのかをリアルタイムに正確に読み取ることを学ぶことだ。

市場が毎日、毎週、上がり続ける上昇トレンドにあるなら、毎日の市場平均の値動きだけでなく、毎日の出来高にもっと注目すべきだ。あなたが観察するのは、総出来高が前日と比べて増えているか、減っているかということだ。また、その日の出来高が最近の１日の平均出来高と比べて多いか少ないかに注目する。上昇トレンドの相場では、ほとんどの場合、価格と出来高が連続的に上昇している。それは、市場が売りよりも買いが優勢な「アキュムレーション」状態にあることを示している。

この動きを追跡する最も簡単な方法は、各種指数の高値、安値、終値とその下に出来高がプロットされているチャートを使用することだ。同じ日の価格と出来高を目で追いながら簡単に結びつけられるように、出来高と価格が十分に近くに配置されているチャートがいい。

どんな上昇トレンドでもいずれ売りが買いを上回るときがやってくる。それは「ディストリビューション」と呼ばれ、それが起こっているのを見きわめられることが大切だ。ディストリビューションの１日目は、指数の終値が前日よりも低く、出来高が大きいときだ。

しかし、大量の売りによって出来高が１日増えただけで上昇トレンドが転換してしまうわけではない。この50年間のすべての天井を研究した結果わたしたちが発見したことは、２～４週間のなかで出来高ディストリビューションが３～５日（近年では５日）あれば、市場が上昇から下降トレンドへ転換したと判断できるということだ。

ディストリビューションの１日目以降に注目するのは、２日目であり、それから３日目、４日目、５日目だ。１日目のあと、出来高が増えて終値が下がる２日目が現れるまで、市場が２～３日間上昇することもある。２～３日目辺りであなたは疑いを持ち始める。そのころには、売りが予想以上に多くなり、あなたは１～２銘柄をすでに売却しているかもしれない。５日目になると、市場全体が下降へ転換する確率がきわめて高い。

市場がディストリビューションのシグナルを出す形がもうひとつある。「ストーリング（失速）」と呼ばれる動きだ。市場が活発な商いのなかで上昇し続けたあと、突然その勢いが止まってしまうことだ。下がるわけではなく、前日、前々日と比較して上がりが鈍くなるだけだ。一例を示すと、何週間にもわたり明確な上昇トレンドが続き、それからある日、大商いを伴って40ポイント上がり、その翌日にも30～40ポイント上げたものの、結局、前日と同等以上の出来高を伴って１～２ポイント上げただけで引ける……という状況だ。

両方の状況で起きていることは、そのポイントまで比較的順調に進んでいた何かが突然ストップすることだ。その何かとは売買比率の変化である。上昇トレンド相場では買いが優勢だ。しかし、出来高の伸びが失速し、下降を始めたら、増大した売りが優勢になったことが分かる。

「売り手」とは言っていないことに注目してもらいたい。上昇トレンド相場では、必ずしも買い手の数が売り手の数を上回っているわけではない。例えばミューチュアルファンドなどの大手機関投資家などの買い手が、売り手が売るよりも大量に買っている場合、買い手の数よりも売り手の数が多くてもアキュムレーションは起こり得るのだ。また、小口で買っている投資家が何百人いても、ひと握りの大手機関投資家が大量に売りに出れば簡単に圧倒されてしまう。

価格と出来高の両方を追跡することが大切なのはそのためだ。価格が下落し、出来高が減っても、それは何の意味もない。だが、出来高が大幅に増えたら、その数字は全く別の事実を伝えている。そういう数字は、売りの勢いが増して優勢になるまでに需給比率がシフトしたことを伝えているのだ。

ディストリビューション日を数えるうえで注意すべきことは、３～５日のほとんどの日は下げているが、１～２日は多少上げていることがあることだ。下げているケースのほうがはるかに見つけやすい。だが、どんな状況でも、出来高ディストリビューション日を見きわめ、正しく数えることが重要だ。

ディストリビューションは、S&P500、ナスダック総合、ダウ工業のどの主要指標ででも起こり得る。インベスターズ・ビジネス・デイリー（IBD）紙にはほぼ毎日、同じページにこれら３つのチャートが掲載されるので、わたし自身も毎日IBD紙でそれぞれチェッ

2000年3月に株式相場が天井を付けたとき

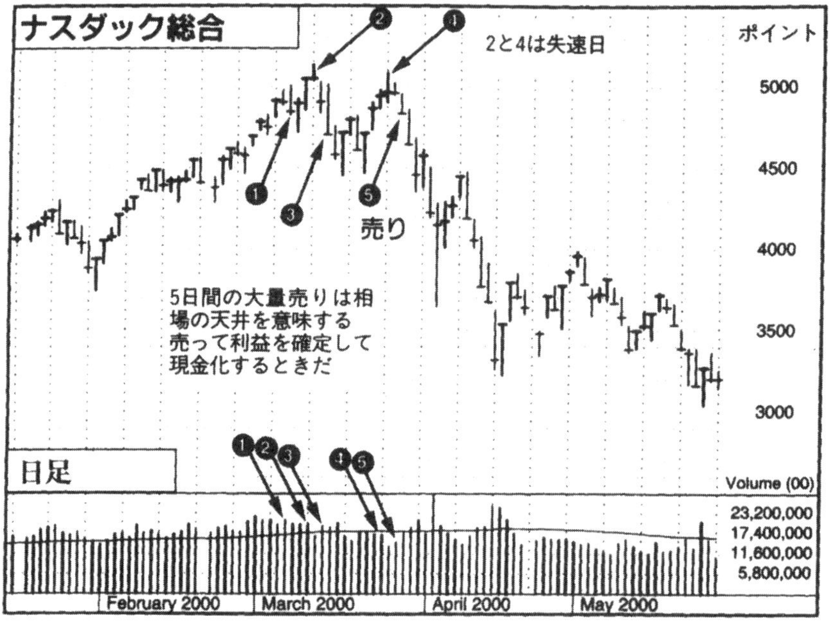

クしている。そのおかげで、市場が重いディストリビューションに入ったのにうっかりして気がつかなかったということは絶対にない。ほとんどの株式ブローカーやアドバイザーたちがこの市場分析法を学べば、彼らの顧客が失望することが今後なくなると同時に、彼らのビジネスと顧客の定着率を著しく向上させることができる。

市場が天井を付けたことを示すその他のシグナルとして、値上がりを主導してきた個別銘柄をチェックすることもできる。わたしたちの過去の相場に関する研究で、ディストリビューション日の出現と主導銘柄の天井が同時に起こることが分かっている。以降のステップで、まだ値上がりしていて評価益が出ている間に株を売るための、いくつかの重要なルールを示すことになる。それらルールの多くは、市場全体がディストリビューション状態になるのとまったく同時に有効になる。そのため、市場がトラブルに陥り始めたときを知るための――市場指標と個別主導銘柄という――２つの方法が手に入ることになる。

その時点では、相場から手を引き、買うことを控えなければならない。また、売っていくらかの現金を手に入れ、借りたお金を使うこと――つまり信用取引――から完全に手を引くべきだ。自分の希望的観測や他人がどう考えているかではなく、市場の実際の動きに基づき行動することが大切だ。99％の投資家たちのやり方は違う。彼らは個人的な意見や自分や他人の推測や願望に従って行動している。あなたが求めるべきものは、事実――市場が本格的なディストリビューションに入ったのかどうかを教えてくれる事実だ。

あなたの目的は、自分がそうなるべきだと考えていることを市場に期待するのではなく、市場で実際に起こっていることに百パーセント合意することだ。市場はあなたが何者だとか、何を考え、願い、欲しているかなどお構いなしだ。現実――そのときに実際に起こっていること――を認識することを学べば、ほとんどの人たちが絶対に持つことのないスキルと判断力を身につけたことになる。さらに重要なことは、米国のほとんどの投資家が見逃した2000年の天井のような大きな節目に当たっては、売却して現金化し、大切な資金を守ることだ。

このようなスキルをすぐに身につけることができなくても落胆することはない。何事にも忍耐と鍛錬が必要なものだ。それに学習の過程では一回や二回、ディストリビューション日を間違うこともあるだろう。

5つのディストリビューション日とともに市場指数と主導株が天井を付けている

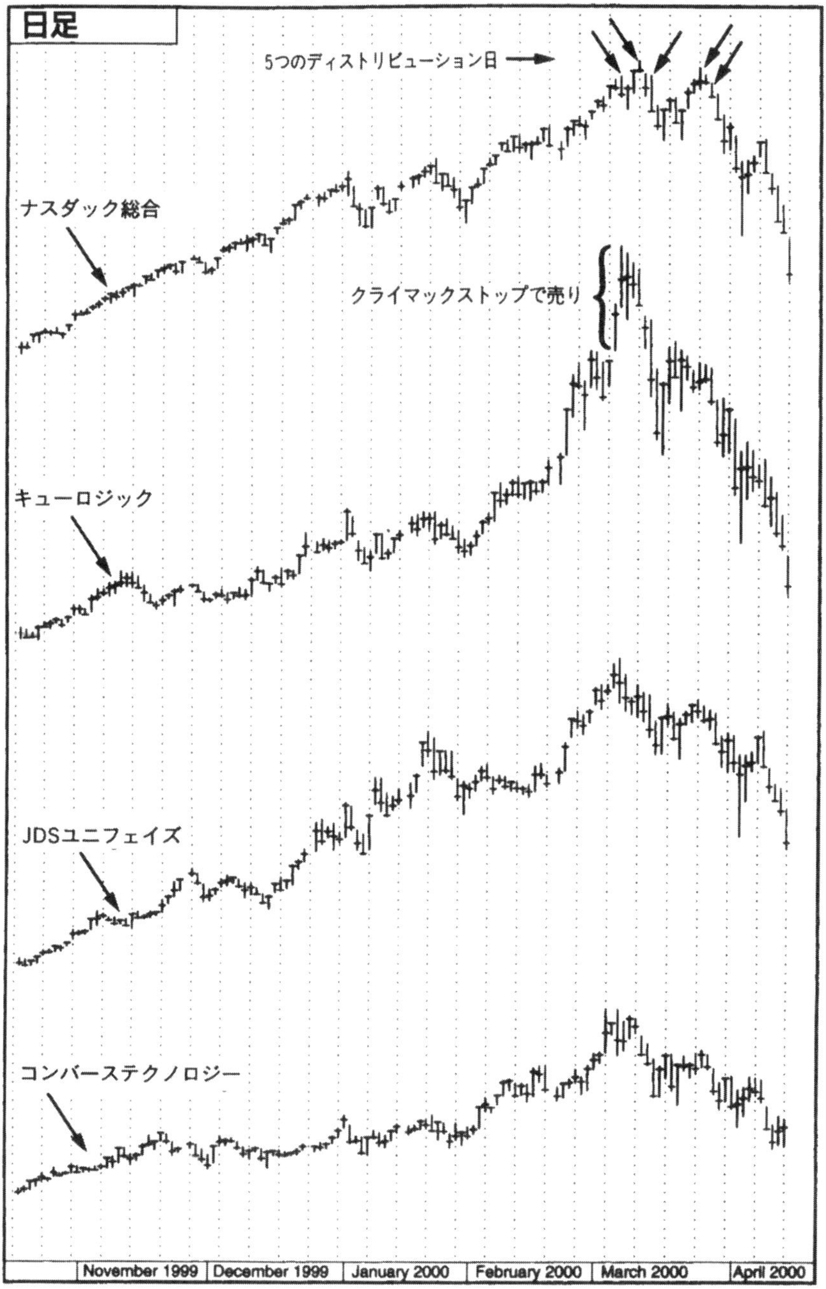

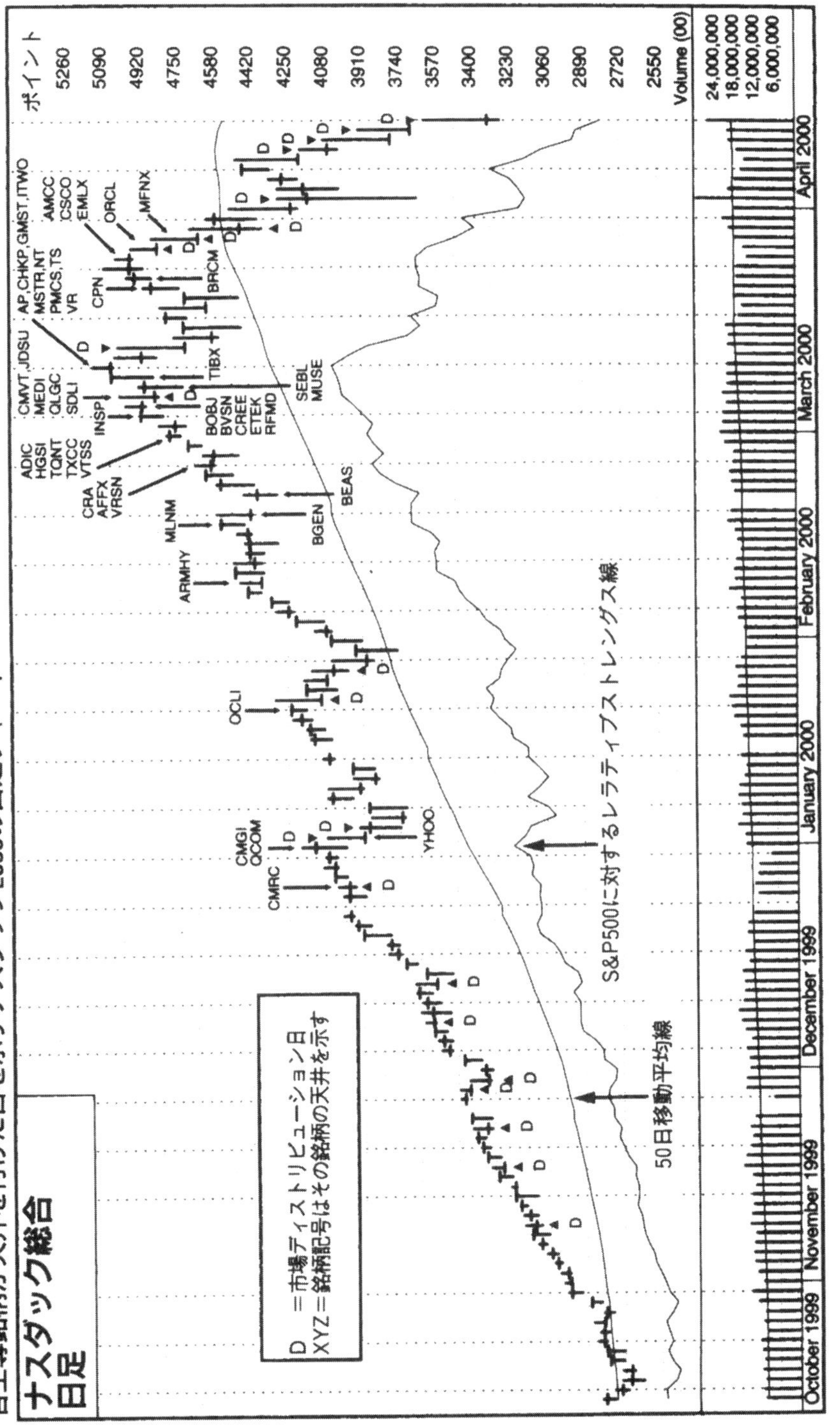

各主導銘柄が天井を付けた日を示すナスダック2000の日足チャート

わたしが知っている最もよくある間違いは、指数の高値と安値の開きが非常に小さく、前日からの実際の値下がりも非常に小さい、比較的落ち着いている日に起こる。そういう状況では、たとえ出来高が増え、終値が下がっても、動きは最小限になる。３～５日間のほとんどがそのような状態だと、そのディストリビューションは市場の下方転換を引き起こすほど大きいものではないかもしれない。どちらにしても、出来高増の下落日は見つけやすく、その日の高値と安値の開きは平均並みか平均よりも多少広くなるのが普通だ。

IBD紙のフロントページ「ビッグピクチャー」コラムでは、ディストリビューション日が網羅され、カウントが付けられ、市場全体ページの市場指数チャート上に矢印で示されていることがよくある。このコラムをいつも読むことによっても、市場全体に対する分析スキルを磨き、大きく向上させることができる。2000年に、このコラムを毎日読んで従っていた多くのIBD購読者は、当時連続的に起こっていたディストリビューションを知ることができたので、何度も売って現金化することができた。細心の注意を払っていた真剣な投資家たちは、それで資金を守ることができたのだ。

最後にヒントをもうひとつ。ベア（弱気）相場は、寄り付きで上げ、大引けで下げることがよくある。ブル（強気）相場では逆に、寄り付きで下げ、大引けで上げることがある。また、何回かの立ち会いにわたって安値の非優良の出遅れ銘柄が出来高リストの上位を占めていたら、それは市場全体が軟化するシグナルかもしれない。

ここまで、市場の本格的な下降トレンドがどのように始まるかを説明してきたが、今度はそのトレンドが終わり、新たな上昇トレンドが開始するときがどうしたら分かるか――つまり、市場の底を見きわめる方法について説明する。

下降トレンド相場がどこまで行くかは絶対に分からない。分かることは、重いディストリビューション状態にあり、下降するということだけだ（これは、ほとんどの人がまったく知らないことなので、あなたはすでに大きな強みを持ったことになる）。市場全体がどこまで下がるかは分からなくても、毎日下がっていくの注意深く見ていよう。ある時点で反発し、数日間、値を戻す。反発しても１日、２日は放っておこう。どんな下げ相場でも一時的に上昇することはある。主要なトレンドはそれでも下げだ。

トレンドが下げから上げに転じたと一般的に確信できるのは、反発が４日続いてからだ。出来高が前日から突然増加し、ひとつ以上の主要指数が大幅に上昇した場合、それは上昇１日目から始まった反発の「確認」だ。

この確認、つまり「フォロースルー」は、通常、反発局面の４日目から７日目にやってくる。ときには10日目、あるいはそれ以降にやってきて、それなりに構築されることはあるが、そこまで遅いタイミングでフォロースルーがあった反発局面は力強さに欠けることが多い。フォロースルー日は、ひとつのカギとなる市場指数が、前日とその１日平均よりも多い出来高を伴って約1.7％以上の決定的な幅で力強く上げている日だ。ここで大切なことは、１日や２日の上昇にだまされて本物かどうか分からない反発局面に乗ってしまわないことだ。なぜなら、確認を得るまでは市場が本当に方向転換しかのかどうかまったく分からないからだ。

わたしたちが作成したこのシステムの大きな価値は、単に市場全体が天井に近づいたときに手を引き、底打ちしてから次の上げ相場に乗ることを助けることだけではない。きちんとしたフォロースルーが絶対にないダマシの反発局面で、あなたの資金を守ることもできる。この実践的な考え方にはいくつかの大きな利点がある。天井を付けてから底を打つまで何度も上昇に転じそうな局面があったにもかかわらず、実際に底入れするまで有効なフォロースルー日が1日もなかったベア相場（つまり、ひとつ以上の主要平均が18～20％下げた相場）が2～3回あった。

下げ相場が数日間反発することはよくあり、主要平均が下げて引けて出来高が増えた1日目は、常にではないが多くの場合、反発開始の失敗と下降トレンドの再開を示す。

理解すべきことは、新たなブル相場がフォロースルー日なしに始まったことはなく、ほとんどのフォロースルーは反発開始の4～7日目にやってくることだ。この知識を得たことによって、わたしたちが設計・開発した、底から4～7日目に市場に入ることができるテクニックをあなたは身につけたことになる。ほかのテクニックではこれ以上の成果は絶対に上げられないだろうし、ニュースに頼ったり（ひどい目に遭うだろう）、気分に頼ったり（似たり寄ったりだろう）していたら市場に入るのはおそらくずっと遅くなるだろう。

フォロースルーに気がついたとしても、大多数の投資家にはそれが本物であるという確信をなかなか持てないことをわたしは長年の経験から知っている。彼らは怖くてたまらないのだ。彼らは下降トレンドで被った傷をなめるのに忙しすぎるし、ニュースがあまりに悲観的なので、あらゆる反発局面を疑い、恐れるように条件付けられているのだ。繰り返しになるが、大切なことは、この不安な時期にあなたがどう感じるか、どう考えるかではなく、市場指数そのものが実際にあなたに伝えていることは何であるかを認識し、理解することだ。相場が出来高増を伴い、4、5、6、または7日目にフォロースルーをした場合、それはこう言っているのだ。「あなたの

悪材料と不透明感のなかでの2003年3月の底

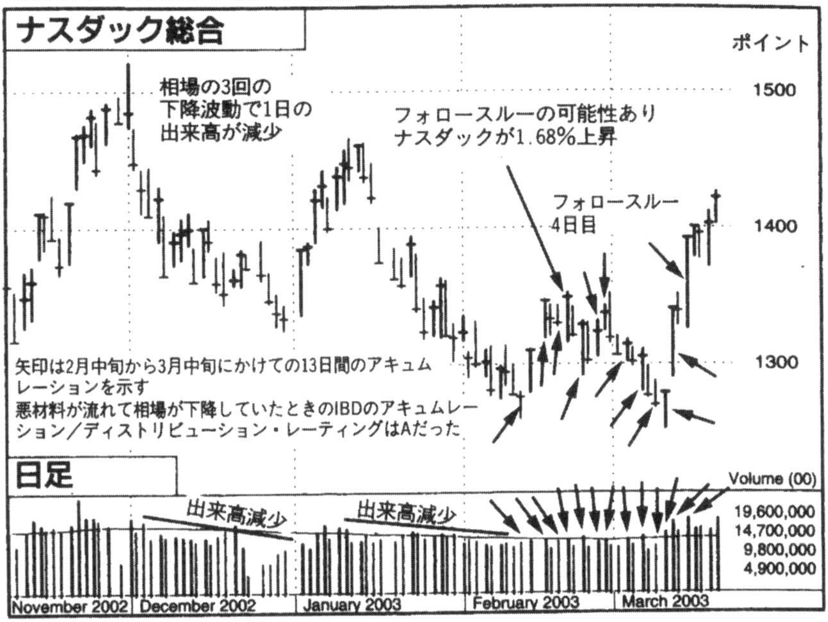

願望や恐怖や個人的意見など知ったこっちゃないが——新しい上昇トレンドをこれから始めるからね」と。

４～５週間前にあなたは市場に対して何らかの見方を持っていたかもしれない。だが市場が突然変わったら、それを認識することが必要だ。以前の見方にいつまでもこだわっていてはいけない。いつまでもこだわっていることは、市場に逆らうことであり、たいてい高くつくことになる。柔軟性を持ち、市場が変化したら見方を素早く切り換えられなければならない。市場に一貫性がないのだから、あなただけが一貫しているわけにはいかない。数週間前にあなたが言ったことや固く信じていたことは、市場が向きを変えたら完全に無意味になり、擁護する価値などまったくなくなる。自分の意見に自尊心を重ねたり、エゴを差し入れたりしてはいけない。エマソンが言うように「一貫性などというものは、小心者の心に宿るお化けのようなもの」なのだ。戦場における最高の軍師は、敵の動き、天候、予期せぬ展開、失敗などに臨機応変に対応して計画を変更する。あなたにとって大切なことは、市場において最も正しくあるべきときに正しくあることだ。そして、そのときとは、主要平均が大きく転換するときだ。

市場における最大の利益のひとつは、市場がフォロースルーをしたときに新高値圏へ動いた最初の銘柄を買うことによって得られる。一般的に、新しい上昇フェーズには新しい主導銘柄が存在し、やがてほかの銘柄が勢いづいてからも、それら主導銘柄がほかの銘柄よりも速く、より遠くまで上がることになる。だが、そういう新しい主導銘柄は、市場が底を打って明確に反転するまで、その姿を現さないのが普通だ。それら主導銘柄は、それから最大3カ月間にわたって特有のパターンから次々と上放れする。その時点でその新しい上昇局面を見逃さずに新しい主導銘柄を見つけ、買うことに努力することだ。新しい上昇トレンドがだれの目にも明らかになるまで待っていてはいけない。数カ月後にはだれの目にも明らかになっているだろうが、価格もはるかに上がっている。

わたしの長年の経験では、フォロースルー日は80％の確率で当たる。残りの20％のケースでは、出来高増の指数終値安という状態でたいてい数日間で挫折してしまう。

75～80％の確率で当たるシステムやルールなら、利益を狙うために使用できる十分な信頼性を持っているといえる。システムやルールをまったく持たずに、自分の感情やおそらく同じような感情を持

1974年のダウジョーンズ工業の底を示す日足チャート

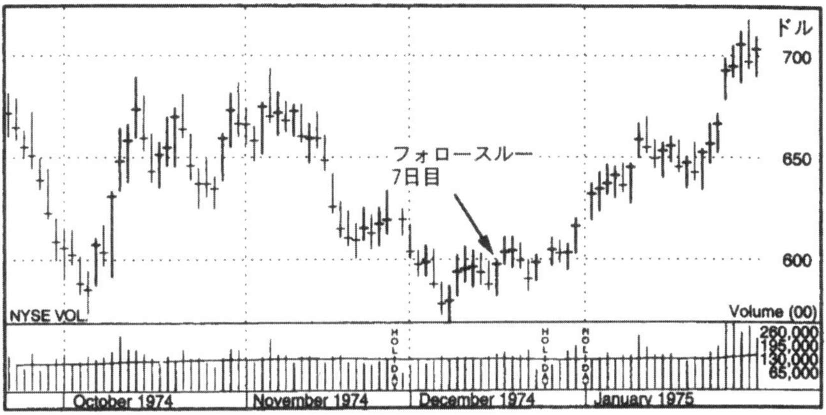

っているであろう他人の意見に頼るよりもましなことは確実だ。

2000～2002年のベア相場では、フォロースルーがあってから数日後に挫折したケースが何回かあった。だが、このほぼ３年間における２～３回の小さなウイップソー（買ったとたんに下がって損をする状況）は、できるだけ早い時点で超成長銘柄が現れる可能性がある次のブル相場に確実に乗るために支払う、非常に小さな保険料だった。

このシステムの肝心なところは、大きな天井や底を見逃すことが絶対になく、ほとんどの場合、手を出すと高くつくたくさんのダマシの上昇から守ってくれることだ。

このシステムを初めてテストしながら開発したとき、過去50年間のすべての天井と底のモデルを使用した。だが、2000～2002年の下げがいっそうの厳しさを増すに従い、以前にこれほど下落した状況――すなわち、大恐慌につながった1929～1932年のベア相場――に

1978年のダウジョーンズ工業の底を示す日足チャート

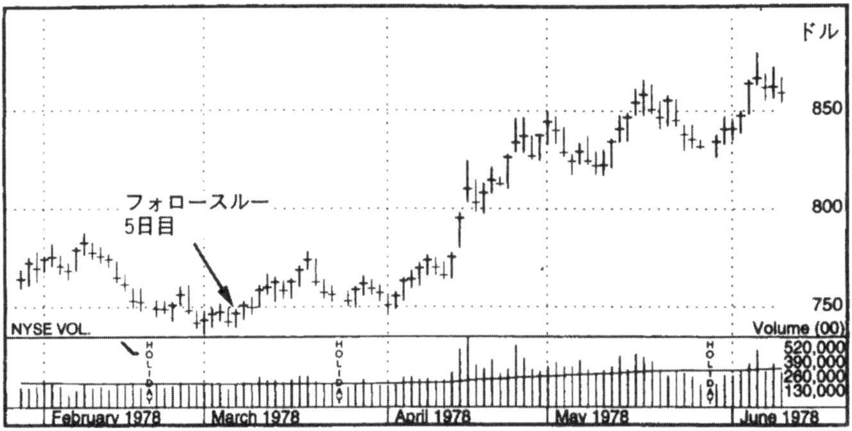

1982年のダウジョーンズ工業の底を示す日足チャート

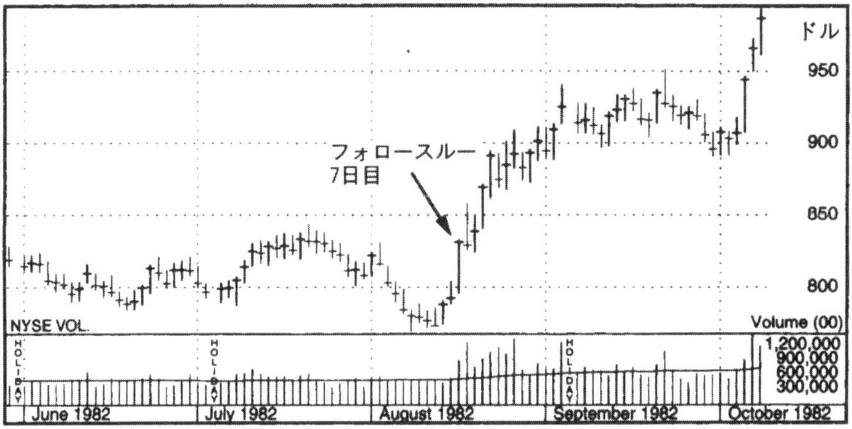

1998年のS&P500の底を示す日足チャート

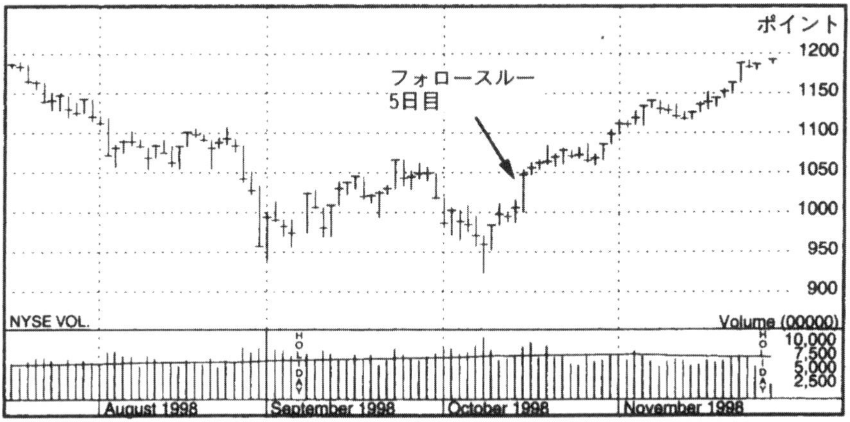

1987年のダウジョーンズ工業の天井を示す日足チャート

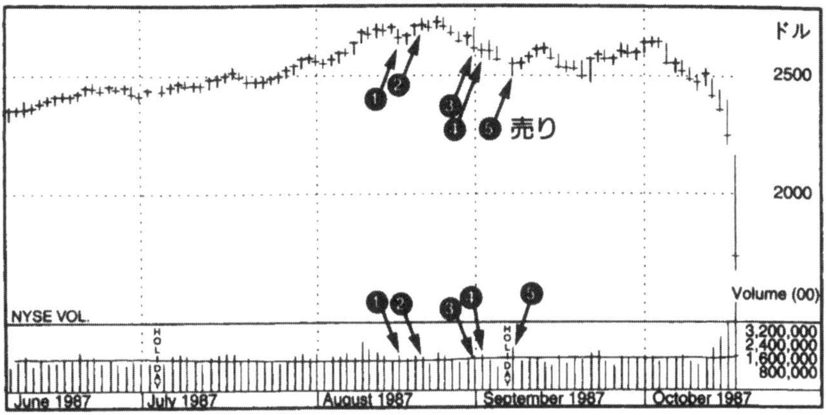

対してこのシステムがどこまで対応できるか、興味が高まっていった。果たせるかな、このシステムは1929年のピークの２日後に天井をとらえた。つまり、どんぴしゃりと当てたのだ。

市場のタイミングは読めないものだ……という市場にまつわる通

1998年のS&P500の天井を示す日足チャート

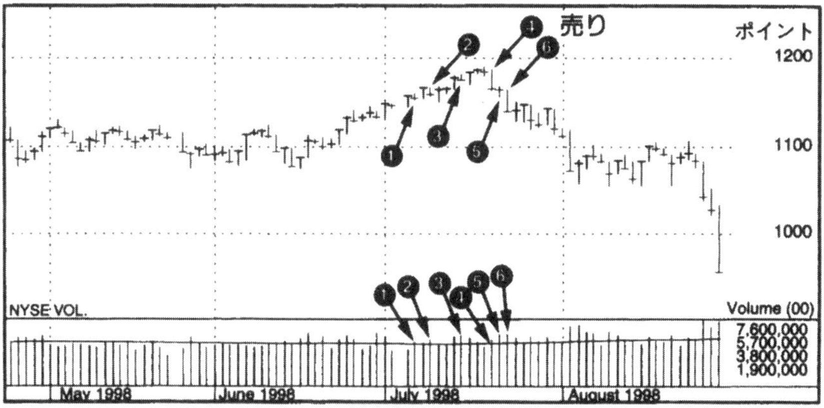

IBDのマーケット・ディストリビューション・システムは2日後に1929年の天井を見きわめている

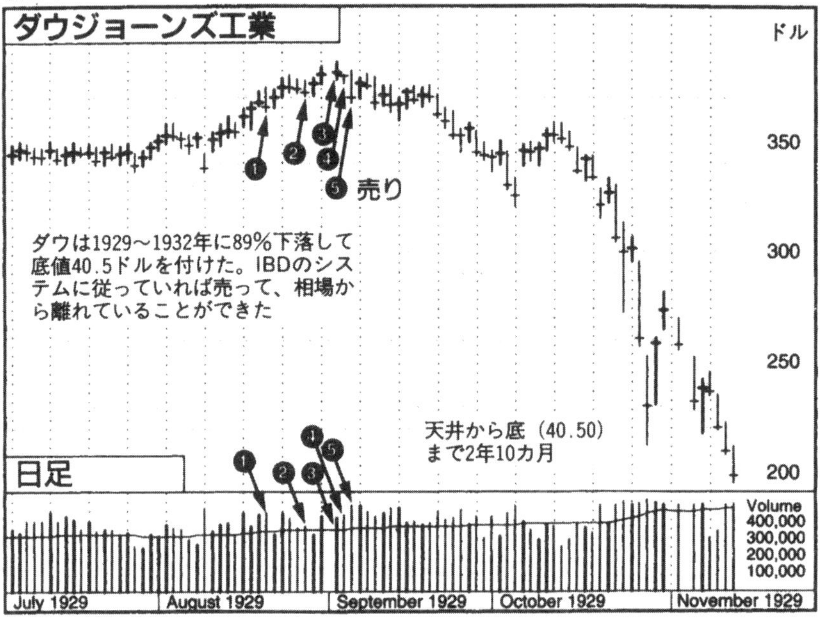

念はもう通用しない。このシステムを使用することによって、1962年4月に市場が天井を付けてIBMが50％下落し始める前に、わたしは100％手を引いていた。1日にダウが500ポイント（当時では22％以上）急落するほど悪くなった1987年の市場では、本格的に悪化するずっと前にわたしたちは100％現金化していた。そして、2000～2002年のベア相場では、わたしたちの個別銘柄の売りルールと市場平均のディストリビューション日だけに基づき、2000年3月には大量に現金化していた。わたしたちは今までこのシステムで何回も成功しており、しっかり勉強し、熱心に取り組んでいる人ならば同じように成功することができるはずだ。

かなり前になるが、いくつかのミューチュアルファンドの運用マネジャーたちが失敗して以来、市場のタイミングを読むことはできないという通念が定着してしまった。彼らは競争相手に運用成績で負けないように、売るときも買い戻すときも完璧なタイミングで行わなければならないと教えられていた。もっと具体的にいえば、全資金を投資しているライバルたちのように、底からの急激な反発の効果を享受する、完璧なタイミングで買いに入らなければならなかった。だが、資金が大きすぎ、例えば、30％を現金化することも、30％の現金を市場に戻すことも難しいため、そういうことは不可能だった。

マネジャーたちに常に全額（少なくとも95％）を投資しているようにミューチュアルファンド会社の経営陣たちが強制し始めたのはそのときだった。その状況から生まれたのが、市場のタイミングを読み取ることはできないという誤った考えだ。真実は、ほとんどのミューチュアルファンドが大きすぎ、遅すぎで、硬直的であるため、知的に導かれたタイミング情報を利用することができないということだ。だから、規模の足かせなしに売ったり買ったりできるあなたのような小回りのきく個人投資家には大きな強みがあるのだ。

優良株に全額投資しておくというファンドの方針は、20～25％ぐらいしか調整しないほとんどのベア相場では結構うまく機能する。だが、35～50％以上の調整があるベア相場もあるので、壊滅的な打撃を受ける可能性もある。市場指数よりも割合的にはるかに大きく調整する個別銘柄も多い。だからこそ、あなたのような個人投資家は、長年蓄えて築いた資金を守るために実績に裏付けられたシステムを持たなければならないのだ。

このシンプルなシステムで実際に経験を積みスキルを身につける

ために１年か２年かかるとしても、相場が実際にどう動いているのかを読めるようになれば、自分の投資ポートフォリオを守り、育てることがどれだけできるようになるか考えてみよう。この知識とスキルは、あなたを守り、あなたに報いることができ、あなたの人生を一変させることができる。本当にやる気があり、努力を続ければ、だれにでも習得できる。それに、IBD紙の「ビッグピクチャー」コラムがあなたのガイドとインストラクターになってくれる。

ステップ

2

利益と損失を3対1に想定する方法

Use a Simple 3-to-1 Profit-and-Loss Percentage Plan

2000～2002年のベア（弱気）相場であまりに多くの人があまりに多くのお金を失った主な原因は、損失から自分をどう守ったらいいか知らなかったことだ。保有している株が買値の特定のパーセンテージ以下になったら例外なく大急ぎで売却しなければならないのはなぜか、そしてどうすれば売却できるかを知らなかったのだ。

つまり、彼らは守りの策を持っていなかったのだ。上がると思った株を買ったのだから、攻めの策は持っていたのかもしれない。あるいは攻めの策を持っていると思っていたかもしれない。だが、保有株の値動きがおかしくなって下がり始めたとき、いつ売ればいいのか教えてくれる一連のルールを持っていなかったのだ。

その一連のルールをすぐにお教えしよう。それらルールを理解し、正しく守れば、仮に値上がりするのが購入銘柄の３つに１つだけだったとしても、大きな、致命的な損失からあなたを永久に守ってくれる。あとはその３割３分３厘の平均打率を上げていけば、このシステムによってあなたは大金を得ることができるようになる。

いつ、なぜ、売らなければならないかも分からずに株を買うことは、ブレーキのない自動車を買うようなものであり、救命具を持たずにボートに乗るようなものであり、離陸は教えてくれるが着陸方法は教えてくれない飛行機の操縦訓練を受けるようなものだ。風邪をひくといけないので打っても塁に出られない大打者ばかりをそろえた野球チームを持っているようなものだ。

株式投資をしているほとんどの人たちは、たいした努力もせずに、他人の話を聞いていればお金持ちになれると思っている。リスクがあることなど頭にないし、ましてやリスクを減らさなければならないことなど考えてみたこともない。そんなお気楽気分でやっているのだ。

もちろん、「良い」株を買い、あとはその株価が勝手に上へ上へと上がっていくのをながめていればよいのなら、それはそれに越したことはない。1990年代の狂乱的なバブル相場の時代ならそれでもよかったかもしれない。だが、たくさんの人たちが身をもって学んだように、そんな調子にはまったくいかないのだ。

あなたが理解しておかなければならないことは、「良い」株とか「安全な」株というものは存在しないということだ。ある意味、すべての株は――値上がりしないかぎり――悪い株だ。あなたが選択した株が良い株であると考えてもいい唯一のケースは、買ったあとで値上がりすることによってその株自身が良い株であることを証明してからだ。結果がすべてだ。

大きく値上がりする株は存在する。あなたはそういう株を見つけださなければならない（以降の各ステップでそういう株を見つける方法を説明する）。だが、どんな優良株でも永遠に優良であるわけ

ラジオ・コーポレーション・オブ・アメリカ（RCA）の1929年の急騰と急落

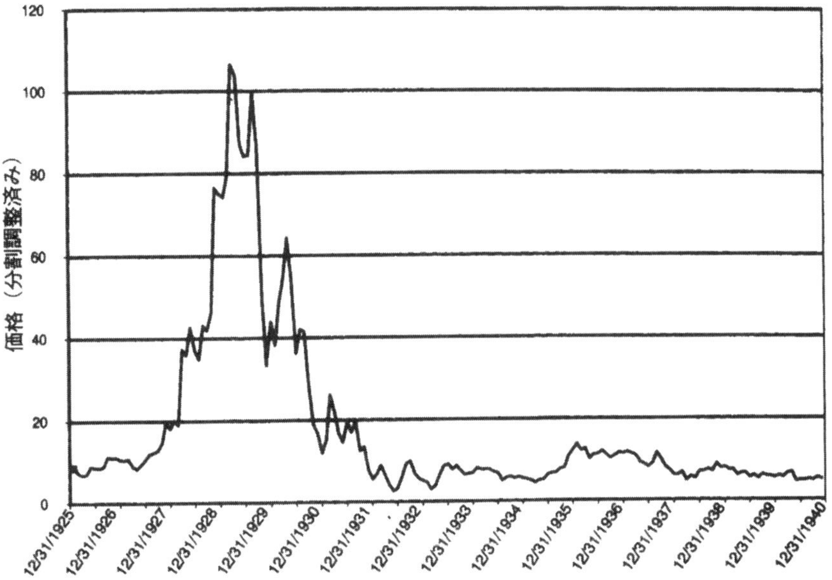

ではない。過去50年間の全優良株に関するわたしたちの研究では、最高水準の運用成績を出す期間は平均してわずか約１年半から２年間しか続かないことが分かっている。一部の銘柄は３年間続く。５〜10年続くのはほんのわずかだ。どんな優良株でもやがては下落する。下落したときは並の株と同等かそれ以上にあなたに損害を与える。特に1990年代のバブル相場がはじけたときの多くの投資家のように、買いに入ったタイミングが遅すぎた場合には。

真の主導株――ほかの銘柄の２〜３倍以上値上がりする株――はピークに達したあと平均で72％下落する。これは過去50年間の各相場サイクルにおける全主要主導株の「平均」下落率だ。1990年代におけるハイテク主導株の多くはその価値の90％以上を失った。

でも結局は値を戻したのでは？――とあなたは思うだろう。保有し続けている人には申し訳ないが、答えはノーだ。それら主導株の半分近くが前の高値まで回復せず、回復した銘柄でも回復までにほぼ５年間を要している。最高クラスの値上がり株のなかには、それよりはるか長くかかっているものもある。

1990年代の優良主導株はすぐに回復すると考えている投資家は、同様に心理的に加熱した時期――1920年代――における主導株が1929～1932年のすさまじいベア相場から完全に回復するのに1940年代から1950年代までかかっていることを知るべきだ。例えば1920年代に1100％（8.70ドルから106ドルへ）値上がりしたRCAは1932年に３ドルまで下落したが、暴落前の水準を回復したのは第二次世界大戦後（1963年）だった。

1920年代のRCAは1990年代のAOLやシスコのようなものだ。この10年間におけるインターネットのように、生活に変化をもたらす新しい通信技術（RCAの場合は1920年に始まった商業放送を担ったラジオ）を切り開く先駆者だった。次の表に示すように、狂騒の20年代に暴落したあと、立ち直るまでに長い年数を要した主導株はRCAだけではなかった。

この重要な歴史的事実を覚えておこう。ブル（強気）相場における主導株で、次回以降のブル相場においても主導株になった銘柄は８つに１つだけだ。時代は変わり、それにつれて経済状況や競争条件も変わる。市場は新しい主導株へ移行していくのが普通だ。

経済システムについて考え、どのように機能するかを理解すれば、その理由は実に簡単だ。わたしたちのシステムは、自分の夢を実現

1929年の主導株の1940年12月における回復状態

銘柄	価格		
	29年8月	32年6月	40年12月
ダウジョーンズ工業			
アメリカン・キャン	$178.00	$32.50	$88.50
ゼネラル・エレクトリック	$98.88	$9.50	$33.13
RCA	$100.00	$3.25	$4.63
シアーズ・ローバック	$157.02	$9.97	$78.13
スタンダード・オイル	$68.96	$22.58	$34.38
USスチール	$256.50	$22.00	$69.63
ダウジョーンズ鉄道			
アチソントピーカ&サンタフェ鉄道	$295.50	$19.00	$18.25
ニューヨーク・セントラル鉄道	$231.97	$10.76	$13.75
サザンパシフィック	$153.75	$7.38	$8.13
ダウジョーンズ公益事業			
アメリカン ‥パワー&ライト	$117.19	$4.00	$2.50
AT&T	$298.63	$76.88	$167.25
コロンビア・ガス・システム	$62.95	$5.50	$4.50
IT&T	$142.01	$3.25	$1.88
パシフィック・ガス&エレクトリック	$78.20	$18.75	$27.50

するために努力することを惜しまない人になら、だれにでも自由と無限の機会を提供することを基本にしている。あなたに成功しようという意欲さえあれば、あなたは勝利することができる。あなたが何者で、どんな風貌で、出身がどこであるかに関係なく、達成することができる。全世界のあらゆる国の意欲のある人たちがこの素晴らしい機会を利用するためにこの国に移り、この国のさまざまな力を高めるために貢献している。

最高水準の革新者、発明者、起業家の数は比較的少ないかもしれない――おそらく全体で100万人ぐらいだろう。だが、条件さえ整っていれば――例えば、税金やその他の政府の政策や規制が革新者のじゃまをするのではなく奨励、援助するなら――その人たちは、ほとんどの新製品、技術、未来の産業とともに新規雇用の80～90％以上を創造することになる小さな会社を立ち上げるようになる。

さらに、それら新規企業のなかのうまくいっている企業がさらに成長するための資金を調達するために、一般向けに株式を売るようになる。そしてそういう新規発行された株式の一部（新規株式公開またはIPOと呼ばれる）が市場の主導株になる。**1990年代のブル相場では、法人証券に対するキャピタルゲイン税率の引き下げも追い風となり、主導株の５つに４つが1980年代と1990年代初頭に株式公開された新規企業だった。**ミューチュアルファンドやその他の機関投資家がユニークな新製品や発明品を武器にダイナミックに急成長する新しい主導株を大量に買い込むため、それら新しい血液は各相場サイクルを活性化させる大きな力になる。この買い入れによって、その株価が目立った動きを始めた当初と比べると、株価収益率（PER）――株の現在値の最も一般的な測定値――が２倍以上にまで押し上げられる。

だが、それら新しいベンチャー的な企業の市場が飽和状態になったり、競争相手（より新しい、より良い、またはより安い製品や技術を持った企業を含む）が増えたり、調子に乗って拡大しすぎたり、または単に大きくなりすぎて以前の高い成長率を維持できなくなるときがやってくる。それが潮の流れが変わるときであり、その株を大量に買い入れていた大手ミューチュアルファンドの一部が大量に売りに出るときだ。その状況が収束し、経済がそれまでの行き過ぎを再調整したあと、新しいサイクルが始まる。そのサイクルは、主に、画期的な新製品や技術革新を伴った革新的な新規企業の新鮮なグループによって主導されることになる。米国における変化と成長のペースは加速し続けている。そのため、この新規企業（IPO）の流れが続くことは、米国経済と市場の将来にとって不可欠だ。本書執筆時点におけるIPO数は少ない。

また、ミューチュアルファンドやその他の機関投資家が市場の方向性を決定するうえで大きな役割を果たしていることを理解することが必要だ。株式市場の動向に関するニュースで――まるで個人投資家たちが原因でそうなったかのような――「投資家たち」がこのことを懸念したためとか、あのことを歓迎したためとかいう表現を見たり、聞いたりすると、わたしはいつも失笑してしまう。実を言うと、株式市場の方向性に対する個人投資家たちの影響力はゼロに等しいも同然なのだ。

だから、あなたがこれを200株買ったとか、おたくのサリー叔母さんがあれを500株売ったとか、あなたの同僚のボブが別の銘柄を1000株売り払ったとか――そんなことはささいなことなのだ！　世の中には、これを５万株、あれを10万株、別のを20万株売ったり買ったりするファンドがいくつも存在する。それらファンドの取引に比べれば、あなたや、サリーや、ボブや、その他のすべての個人の取引など無に等しいのだ。

機関投資家やプロの投資家たち――その多くが数百億ドル単位のポートフォリオを運用している――がすべての重要な市場活動の約75％を占めている（プログラムトレーディングを除外した場合）。ほとんどの場合、問題になるのは彼らの動き――それだけだ。だから、間違うことも多々あるとはいえ、彼らがどのように感じているのか、何を懸念しているのか、先をどう見ているのか知っていたほうが有利だ。だが、連中のほうからそんなことをあなたに教えることはない。もちろんテレビでインタビューに答えているのを見ることもあるだろうが、それは例外的だ。過去40年間で数百人のプロたちと仕事をしてきたわたしの経験から言えることは、最も成功している人たち――ほんとうのエキスパートたち――がテレビに出たり、コメントを出したりすることはめったにないということだ。彼らは一般人には時間的にも資金的にも手の届かないような調査に基づいて難しい判断を下すのに忙しすぎるのだ。彼らが一番やりたくないことは、全国放送のテレビ番組に出演して自分が何をやろうとしているか、みんなに明らかにすることだ。

目立ちたくないのには理由がある。それは大手機関投資家の仕事がいかにやりにくいかに関係する。あなたやわたしなら、200、500、1000株程度の注文を入れても、ものの数分で執行されるだろう。だが、1000万、１億、数十億ドル規模の資金を運用するファンドでは勝手が違う。

例えば50億ドルの資産を運用しているファンドが、特定の銘柄でそのファンドの２％のポジションを持ちたいと考えたとしよう。つまり、その銘柄の１億ドル分の株数を購入する必要があるということだ。仮に１株50ドルとしよう。そうするとファンドは200万株を購入することが必要になる。仮にその株の１日の平均出来高が100万株だとしよう。そしてそのファンドが１日に取引されるその株の５％である５万株を買いに入るとしよう。つまり、１カ月に取引日が22日あるとして、そのファンドがその２％のポジションを取得するためには２カ月かかるということだ。それも毎日買いに入った場合だが、現実にはそれほど頻繁にはやらないだろう。おそらく数日間買いに入っては1日か2日休み、値が多少下がったのを見てから買いを再開するだろう。そのようなやり方なので、目的のポジションを集めるの必要な期間が3カ月にわたってしまうこともある。

このようなファンドによるじりじりとした株のアキュムレーション（買い集め）やその他の似たような動きが値を押し上げるのだ。だからこそプロたちが買いに入っていることを見きわめることが大切だ。そのやり方については次のステップで説明する。このステップの目的からいえば、プロたちが「売り」に出ていることを見きわめることが重要だ。なぜなら、機関投資家たちが大量に株を売りに出ること――つまりディストリビューションが株価の値を引き下げるからだ。

機関投資家は何を買っているのか話したがらないが、何を売ってしまいたいのかについてはもっと口が堅い。その理由は明らかだ。株の方向性を本当に決めているプロたちが見限ろうとしていることを知れば、ほかの人たちもその株を売りに出てしまうからだ。値下がりの速度はそれだけ速くなり、タイミングよく売ることができなかった機関投資家は、大量の株を売りさばくためにどんどんと安値を受け入れざるを得なくなる。そういう状況は、機転の利く個人投資家にとって絶好のチャンスになる。ただし、当たり前のことだが、機関投資家が売りに出ていることを察知できればの話だ。

この絶好のチャンスに当たって特に重要なことは、自分の感情や他人の意見に左右されないことを学ぶことだ。あなたの保有株が思惑に反して動いても、あなたは完全に客観的でなければならない。テレビでだれかが、あなたが持っている株の会社がまだまだ優良で、80ドルだったのが50ドルというのは割安だと言うのを耳にしたとする。保有株が37.5％も下がったあとだから、こういう専門家の意見はあなたの苛立っている神経を和らげてくれるかもしれない。だが市場はあなたの感情や専門家が考えることなどお構いなしだ。あなたが関心を持つべき唯一の意見は、市場そのものの意見だ。その値と出来高の動きを通じて、市場はプロたちが何をしているかを明確に伝えてくれる。

この場合、あなたの株が80ドルから50ドルに下がったという事実は、何かがおかしくなっていることを意味する。どこかの機関投資家が売りに出ているのだ。理由は分からない。ひょっとすると永久に分からないかもしれない。だが、詳しい情報が入るまで待っている余裕などあなたにはない。ニュースが流れるころには、値が下がりすぎて回復できなくなっているかもしれない。

2000年にバブルがはじけたときにたくさんの投資家に起こったことは、そういうことだった。1990年代の市場における並はずれた主導株の多く――だれもが保有しなければならず、だれもがやがて保有した銘柄――は２月と３月に頭を打った。だがそれに気がついた人はほとんどいなかったようだ。気がつくどころか「専門家たち」は買いを推奨し続けていた。さらに悪いことに、株価が下がったら買い増し――「押し目買い」――するようアドバイスしていた。この言葉はどこかにメモをしておいたほうがいい。「押し目買い」という言葉は、「お買い得」という調子のいい言葉が「お金を捨てる」と同義語になることがあるように、破滅への招待状になる可能性がある。

そのような状況を可能にしたのは、それら主導株の企業の多くの収益が前四半期に100％上昇し、ウォール街のアナリストたちが次の四半期もおおむね同様な好業績になると予測していたからだ。

業績が発表になって初めて収益が下がったことが分かると、株価

1株当たり利益が天井でも良好（350%上昇）

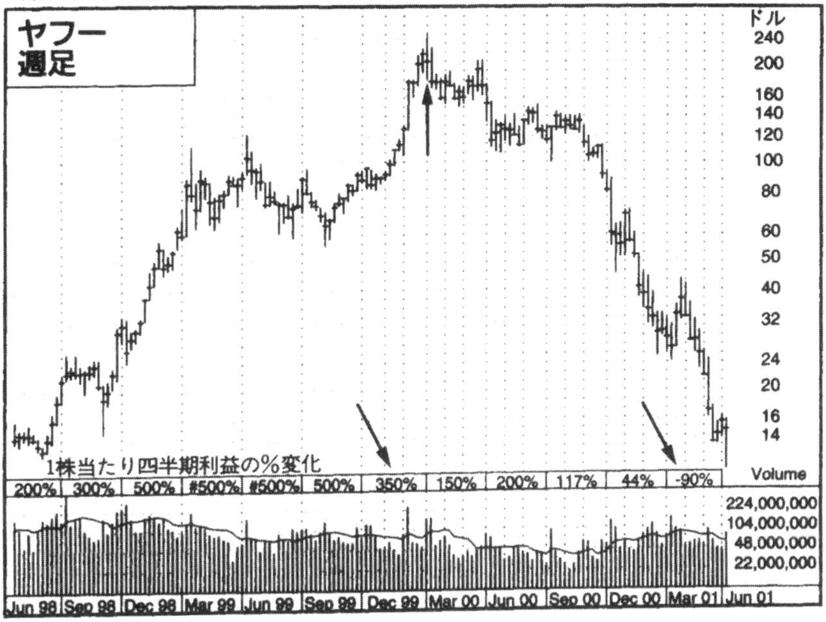

は50～60％下落した。それから売りが殺到し、株主たちが最悪の悪夢としても予想だにしていなかった水準まで値を崩した。

保有株がもともとの買値から50～60％――あるいは25～30％でも――下落したら、自分がどれほど深い穴に落ちてしまっているか認識する必要がある。80ドルだった株が50ドルになったという例で考えてみよう。37.5％の損失を取り戻すには、その株――またはその株を売る場合は、次に買う株――が60％（50ドルから80ドルへ）値上がりする必要がある。売らずに（なぜならかなりの「割安品」になったため）、40ドルまで下落した場合（さらに大幅な「割安品」）、トントンで収めるには2倍に上がる必要がある。75％下落したら、

もうひとつの主導株も天井で1株当たり利益が良好

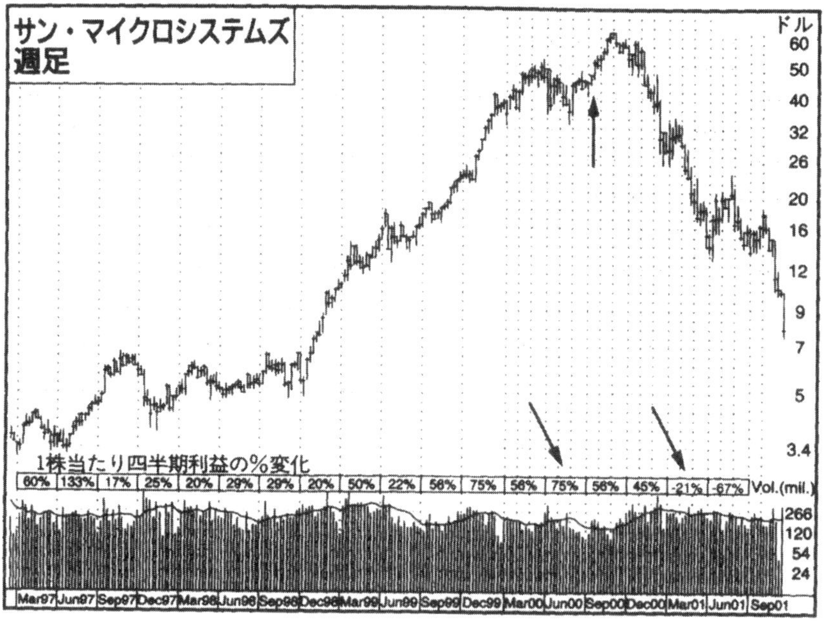

もとに戻るには300％の値上がりが必要だ。300％はもちろん、100％上がる株などほとんどないことはご存じだろうか？

主導株（あなたが探し求めるべき株）は天井を付けたあと、平均で72％調整するということを覚えておこう。おまけに1990年代の代表的な主導株の多くの調整はそれよりも下げ幅がはるかに大きかった。株価が４倍（＋300％）に上がってトントンに戻る可能性はどう考えても微々たるものだ。それに、あなたが次に買う株が仮に値上がりしたとしても、それほどの水準の利益を出す可能性は同様に低い。

では、ほとんどすべての投資家に起こり得る破滅的な損失に対して、自分を守るために何ができるだろうか？　わたしが知っている唯一の確実な方法は、株価が上昇している間に売って利益を確定すること、そして株価の勢いがなくなり下降し始めたら売って早めに損切りするという現実的なプランを持つことだ。具体的には、株価が買値から20～25％上がったところで保有している一部を売ること、７～８％値が下がるまでにすべて損切りすることだ。つまり、目標利益を許容損失の約３倍に設定するのだ。

この３対１の利益対損失比率を維持すれば、買った株の30％だけが当たりで残りの70％がはずれでも深刻なトラブルに陥ることがない。5000ドルの資金を使ったシンプルな例で考えてみよう。

《取引１》

１株50ドルを100株購入	5000ドル
ところが７％下落	－350ドル
46.50ドルで売ると残金は	4650ドル

《取引２》

１株46.50ドルを100株購入する	4650ドル
ところがこれも７％下落	－326ドル
43.24ドルで売ると残金は	4324ドル

《取引３》

１株43.24ドルを100株購入	4324ドル
これは20％上昇	＋883ドル
51.89ドルで売ると残金は	5189ドル

これら６回（３往復）の取引にかかる手数料は、おそらく下は超ディスカウントブローカーの60ドルから上はフルサービスブローカーの600ドル以上の範囲になるだろう。平均の１回50ドルをとると取引手数料は合計で300ドルになり、スタート時とほぼ同じの5000ドルが残ることになる。

株の正しい買い方を学んだら（次のステップで説明する）、２分の１から３分の２の取引で正しくなければならない。だがそのレベルに達するまでは、取引の３つに１つしか正しくなくても、この規律――７～８％で損切りし、20～25％で利益を確定する――があなたをこのゲームにとどまらせてくれる。

打率５割を打てるようになったら、この規律はあなたをさらに成功させてくれる。例えば、次のようになる。

《取引１》

１株50ドルを100株購入	5000ドル
ところが７％下落	－350ドル
46.50ドルで売ると残金は	4650ドル

《取引２》

１株46.50ドルを100株購入	4650ドル
それが20％上昇	＋950ドル
55.80ドルで売ると残金は	5191ドル

《取引３》

１株55.80ドルで100株購入	5580ドル
それが７％下落	－391ドル

51.91ドルで売ると残金は　5191ドル

《取引４》

１株51.91ドルで100株購入　5191ドル
それが20％上昇　＋1038ドル
62.29ドルで売ると残金は　6229ドル

手数料として400ドル（１回50ドルを８回）差し引くと残金は5829ドル、つまりスタート時よりも17％増えている。

20～25％という小さな利益をつなぎ合わせていくことでもっと良い成果が得られる。例えば、25％の利益を３つ重ねると90％の利益になる。強力なブル相場で（証券会社からお金を借りて）50％の証拠金でやればあなたの利益は180％に膨らむ。

買ってからわずか１、２、３週間後に20％値上がりする株をつないでいくことで利益を重ねるための基本的なルールについてはのちほど説明する。あなたの保有株のなかでホームランバッターに化ける株もあるだろう。そういう株が現れるまで、損失を利益で相殺するシンプルな３対１の方程式があなたが必要とするすべての守りを提供してくれる。それに、株をいったん買ってしまったら上がろうと下がろうとただただ長いこと持ち続けているよりも、何ものにも代え難い市場経験を積むことができるはずだ。

利益がなかなか出そうにないきわめて難しい相場では、前線を縮小し、規模や露出度を減らしたほうがいいかもしれない。例えば、株価が３～５％下がったところで売り、10～15％上がったら利益を確定し、投資資金における現金の割合を増やすことなどである。だが何をやるにしても、カギは３対１の比率を守ることだ。

買値から７～８％安で売ったとたん、反発してしまうことがよくあることに注意しなければならない。そうなったら、あなたは自分を愚かだと思うだろう。あなたは「そもそもこの株を買ったことは正しかったが、売ったことが間違いだったのだ」と自分に言い聞かせるだろう。

だが、売ったことが本当に間違いだったのだろうか？　７～８％で売ったことは、回復できないほどの破滅的な損失を確実に避けるためにやったことだ。７～８％が、15～20％、さらに30～40％、あるいはそれ以上に下落することに対して防御しているのだ。一種の保険だと考えてみよう。あなたの家には火災保険が掛けられているだろうか？　あなたの家が昨年火事で焼失しなかったからといって、火災保険を掛けていたことで自分を責めるだろうか？　そんなことはないだろう。損失を早めにカットすることはそれと同じだ。反転して20％値上がりすることもあり得る株を７％の損失で売ることは、保険を掛けていない家が焼失した場合のように、回復できたとしても、回復するために何年もかかることになる、70％級の損失を避けるための小さなコストなのだ。

そういう売買方法も、もっと大きなリスクを背負って株式投機をやっている人にはいいだろうが、変動幅の小さい「優良株」や「投資適格銘柄」に投資している買い持ち型の長期投資家たちにはどうだろか？――とあなたは思うかもしれない。さて、皆さんにお知らせがある。そんなものはないのだ。すべての普通株はきわめて投機的であり、一般に安全だと見られている銘柄も含め、大きなリスクを持っている。多数の買い持ち型の長期投資家たちは、売りルールを持っていなかったために2000～2003年にかけて50～75％を失った。

わたしがこのビジネスを40年前に始めたとき、ほとんどのアメリ

リスクのない銘柄はないので、損切りは常に早めにしなければならない

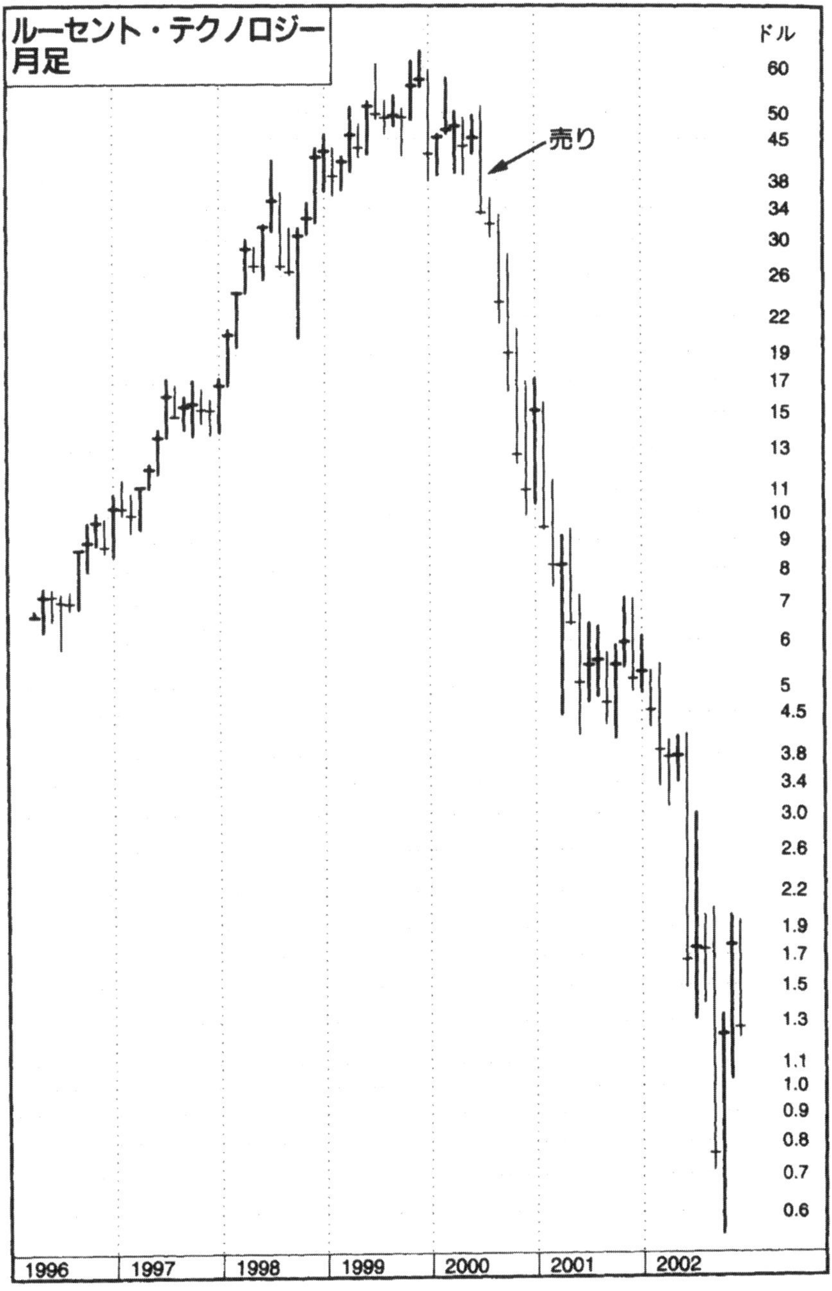

カ人はAT&Tを持たなければならないと考えていたし、持たなければダメだと言われていた。なんといっても電話会社なのだから、倒産することは絶対にないというわけだ。しかも優良株だった。しかも、配当もあるし、安定もしている。おまけに、あなたの父親も持ってるし、それよりも前にあなたの祖母も持っている。さて、AT&Tは1999年１月に１株98.80ドルだった。ところが、2002年７月には17ドルで取引されていた。83％の下落だ。安全性とはそんなものなのだ。

TXUと呼ばれるテキサス・ユーティリティーズも同じような例だ。ピークの57ドルから10ドルへ82％下落した。それに、カリフォルニア州による信じがたいほどお粗末な経営管理が原因で倒産に追い込まれた優良公益事業はどうだったろうか？　それからAT&Tから分離独立したルーセント・テクノロジースがあった。これも米国で広く保有されていた銘柄だ。同社は世界最大の電気通信機器のサプライヤーであるだけではない。わたしたちの時代におけるいくつかの最も画期的な技術革新を生み出した、伝説のベル研究所を擁する企業だ。ルーセントは分離独立した1996年から1999年12月に64ドルの天井を付けるまでは順調だった。だがそこから98％急落し、１株１ドル未満にまで落ちた。

ルーセントは、合併や倒産でまるっきり消えてしまうか、さもなければ１ドル株に成り下がってしまった以前の相場サイクルにおけるハイフライヤ株（上げ足の速い株）と変わりなかった。カラーテレビが登場した1960年代には、アドミラルが39週間で４倍に上げた。今ではテレビを製造している米国企業を見つけることが難しい状態だ。1970年代には、サービス・マーチャンダイズが139週間で586％急騰した。だが、あなたが最後にカタログ・ショールームで買い物をしたのはいつだろうか？　1980年代後半と1990年代には、携帯電話の普及によってL・M・エリクソンが急上昇した。だがこのスウェーデンの企業は2000～2002年のベア相場ですべてを失った。

わたしはゼロックスが1株260ドルで取引されていたのを覚えている。だが2002年の秋には5ドル以下になっていた。1960年代には100ドルを超えていた大主導株のアメリカン・マシン・アンド・ファウンドリは、その後ニューヨーク証券取引所から上場廃止になった。このように粗末に扱われた有名企業はこれらだけではない。次に、上記以外の優良株と元主導株の一覧を2000～2002年におけるその状況とともに示す。

ご覧になって分かるように、あらゆる普通株にはリスクがあり、今日の優良株（ブルーチップ）がたちまち明日の糞株（カウチップ）になることがある。後知恵で見れば、時間をかけて徐々に上昇したゼネラルエレクトリック（GE）やミネソタ・マイニング・アンド・マニュファクチャリング（3M）などの株から、「そうだ！こういう銘柄を見つければ大丈夫なのだ」と考えることはできる。だが、GEや3Mのような真の長期成長株はきわめて例外であり、エンロンやワールドコムのような結末になる可能性のほうが高い。あるいは、GEを買っても、それから5年間下降し続け、市場平均以下で低迷するかもしれない。主導株は常に入れ替わるのだ。

運良く長期的な成長株を手に入れることができたとしても、おそらく10銘柄以上のポートフォリオのなかで1つか2つだけだろう。厳密な売りルールとそれを実践するための規律なしに、その他の銘柄の下落による損失や、数少ない稼ぎ手による利益を相殺してしまうことを、どうやって防ぐことができるだろうか？

ほとんどの人は分散化がカギだという。つまり、資金をたくさん

長期的な買い持ちはけっして安全な投資法ではない！

以前の主導株 または優良株	底までの期間	天井からの最大下落率
AOLタイムワーナー	2年6カ月	91%
AT&T	3年6カ月	83%
アマゾンドットコム	1年9カ月	95%
アップルコンピュータ	9カ月	86%
ブランズウィック	2年 6 カ月	87%
サーキットシティストア	3年	91%
シスコシステムズ	2年6カ月	90%
コーニング	2年	99%
EMC	2年	96%
イーストマンコダック	4年9カ月	74%
エリクソン	2年 6 カ月	99%
FAQシュワルツ	3年	99%
フォード・モーター	3年6カ月	83%
ギャップ	2年9カ月	84%
ゼネラル・エレクトリック	2年	65%
グッドイヤータイヤ＆ラバー	5年	96%
ホーム・デポ	2年9カ月	71%
インテル	2年	83%
JCペニー	2年3カ月	89%
JDSユニフェイズ	2年 6 カ月	99%
JPモルガンチェイス	2年 6 カ月	77%
Kマート	10年	99%
マテル	2年	81%
マクドナルド	3年3カ月	75%
マイクロン・テクノロジー	2年 6 カ月	93%
ネクステル・コミュニケーションズ	2年 3 カ月	97%
オラクル	1年9カ月	84%
ポラロイド	2年3カ月	91%
クアルコム	2年 6 カ月	88%
ライトエイド	2年	97%
スプリントフォングループ	2年9カ月	91%
サンマイクロシステムズ	2年	96%
TXU	7カ月	82%

長期的な買い持ちはけっして安全な投資法ではない！

以前の主導株 または優良株	底までの期間	天井からの最大下落率
テルラボ	2年9カ月	95%
テキサス・インストルメンツ	2年6カ月	87%
トミー・ヒルフィガー	3年9カ月	86%
タイコ・インターナショナル	1年6カ月	89%
UAL	5年	99%
ウォルトディズニー	2年3カ月	69%
ワールドコム	3年	99%
ゼロックス	1年6カ月	94%
ヤフー	1年9カ月	97%

の銘柄に振り分けておけば、一部がコケても大けがをしないですむということだ。そういう方法もある程度有効だろう。だが長期投資をしている投資家も、広く分散化している投資家たちも、「家屋（市場）が崩れたら、無傷でいられる住人（銘柄）はいない」という昔から言われている言葉にも真理があると証言するだろう。つまり、2000～2002年のようなベア相場では、遅かれ早かれすべての主導株が引きずり下ろされることになるのだ。

相場は2000年初頭に天井を付けたあとも当世きっての超優良株のシスコシステムズはずっと持ちこたえていたが、9月になるとついに下げ始めた。シスコの信奉者たちは、2000年3月に82ドルだったシスコが（利益と売り上げをともに1四半期で55％以上伸ばし続けたにもかかわらず）1年後に13ドルに、やがて8ドルにまで下がったことをまだ信じることができないでいる。要するに、20や30の銘柄に分散化しても、急激なベア相場でその20か30の銘柄が全体で50

%下がってしまえば効果はあまりない。2000～2002年には、トップクラスでも、ポートフォリオの資産価値を50～60%以上下げたミューチュアルファンドのマネジャーが何人もいた。100以上の銘柄に大きく分散化しても、大きな損失を避けることができなかった。だから分散化は絶対保証付きの安全策ではないのだ。

伝説の投資家ジェラルド・ローブは、大恐慌の真っただ中の1935年に同氏初の本を著した。彼はその惨状をじかに知っていた。彼は広い分散化は「無知な人のためのヘッジ」だと断定した。わたしは、隅から隅まで知り尽くした限られた数の銘柄を保有し、おかしな動きを見せたら間髪入れずに対応できるように、じっくり見守るほうが確かな方法だと思う。繰り返そう。どんな銘柄でも上がらなければ悪い株だと考えなければならないのだ。

下がったときは、すべてあなた次第だ。もしあなたが（もしブローカーを使っているなら、あなたとあなたのブローカーが）自立した投資家なら、損失が大きくなる前に迅速に行動することだ。大切なことは、こだわりを持たないことだ。

例えば、あなたのことを考えてみよう。あなたは保有株に対して、お金だけではなく、あなたの自尊心、あなたのエゴ、あなたの感情をあまりに多く投資してしまっているため、手放すことをためらってしまう。そして、手放さないためのありとあらゆる言い訳を考え出す。「保有株が悪いわけではなく、市場全体がトラブルに陥っているんだ」と考えるだろう。あるいは「この会社は好調だけど、経済が厳しい状況にある――だからいずれ回復するだろう」と。または、「前にもこのくらい下げてから戻ったことがある。もう戻らないと考える理由はない」と。または、「好業績が発表されたばかりだ。まだまだ大丈夫だ」と。やがて、株価が60%下がっているのに、

「わたしは長期投資家だ。市場は常に回復する」「下がるところまで下がったのだから、これ以上下がるわけがない」「まだ配当（２％）をもらってるからまだまだオッケー」ということになる。

この種の正当化はどれも無理からぬものだ。それが人情というものだ。だが、市場で成功するにはそれを克服することが絶対条件だ。自分の感情を抑え、冷徹かつ厳然たる客観的事実とルールに基づいて意思決定を行わなければならない。繰り返すが、なぜなら、株式市場はあなたが何者で、何を感じ、何を恐れ、何を願っているかなど一切意に介さないからだ。

もうひとりの偉大な投資家ジェシー・リバモアは「人は恐れなければならないときに願い、願わなければならないときに恐れる」と言っている。つまり、保有株が少し値上がりしたら、上げが止まるのではないかと恐れて上げきらないうちに売ってしまうのではなく、もっと上がるように願わなければならない。株価が下がって評価損が出ているときは、反発して戻ってくれとやみくもに願うのではなく、さらに下がるのではと恐れなければならない。

売ることをさらに難しくするのは、あなたの保有銘柄に関してだけでなく、市場や経済全般に関して耳にするたくさんの意見だ。「専門家たち」――そもそもその株を購入したときに耳にしたのと同じ専門家たちかもしれない――が、その会社がまだ優良であり、数ポイント下がった今こそ以前にも増して買い時であると口にするのを耳にするだろう。だが、繰り返すが、それらは彼らの個人的な見解にしかすぎない。株式市場では個人的な意見になんの価値もない。あなたが尊重しなければならない唯一の意見は、市場そのものの意見だけだ。相場はあくまで需給関係で決まるのだから、どこへは行くが、どこへは行かないということはない。だから、戻って来られないような場所へ連れていかれないように気をつけるのは、あなたの役目だ。

あなたのブローカーも断固たる措置を勧める勇気を持たなければならない。だが、ブローカーに勇気がなければ、あなたはブローカーの視点に立って理解しなければならない。ブローカーは同じ銘柄をあなた以外の50人の顧客にも買わせているかもしれない。ブローカーがすべての顧客に電話をかけて、自分の間違いを認め、できるだけ速く調整する必要があることを告げることがどういうことか、想像できるだろう。それはどう考えても気乗りのしない仕事だ。ブローカーは、自立した投資家が克服しなければならない、心理的な問題に対処することが必要になる。ほとんどの人にはこれができない。あなたとあなたのブローカーは、両者が買うことに合意したものを売らなければならないときがいつか来ること――そしてそういうときがしばしば来ること――を最初から理解していなければならないのはそのためだ。それもすべて、投資の一部なのだ。

これは明らかにすべての投資家が学ばなければならない最も難しいレッスンであり、学ぶことができない投資家も多い。多数の投資家が並の成果しか出せないのはそのためだ。だが、もしわたしが本書で説明するもっと現実的なシステムに従えば、どんな銘柄でもリスクが７～８％を超えてしまうことは絶対にない。

ステップ

3

最高の銘柄を最適なタイミングで買う方法

How to Buy the Very Best Stocks at the Very Best Time

目標利益と許容損失の比率を想定するというシンプルなプランを使って資金を守る方法を学んだので、次はブル（明確な上昇トレンド）相場において、過ちを犯す可能性が最も少なく、本格的に値上がりする可能性が最も高いタイミングで、最高の銘柄を選択するための12の法則を説明しよう。

これら法則は、わたし自身やウォール街のアナリストたちの意見や感情に基づいているものではない。この半世紀にわたる各年のほとんどすべての大きな勝ち銘柄――100～1000％以上高騰した銘柄――が共有する特徴に基づいている。

この「以上」には最大75000％が含まれている。シスコシステムズの公開時の1990年からピーク時の2000年初頭までの値上がり率だ。3000ドルで100株買っておけば優に２億200万ドルになるほどの値上がりだった。その他の例としては、AOLが1998年10月から1999年４月までのわずか６カ月間で485％上昇したケース、クオルコムが

1990年から2000年で7万5000%上昇したシスコ・システムズ

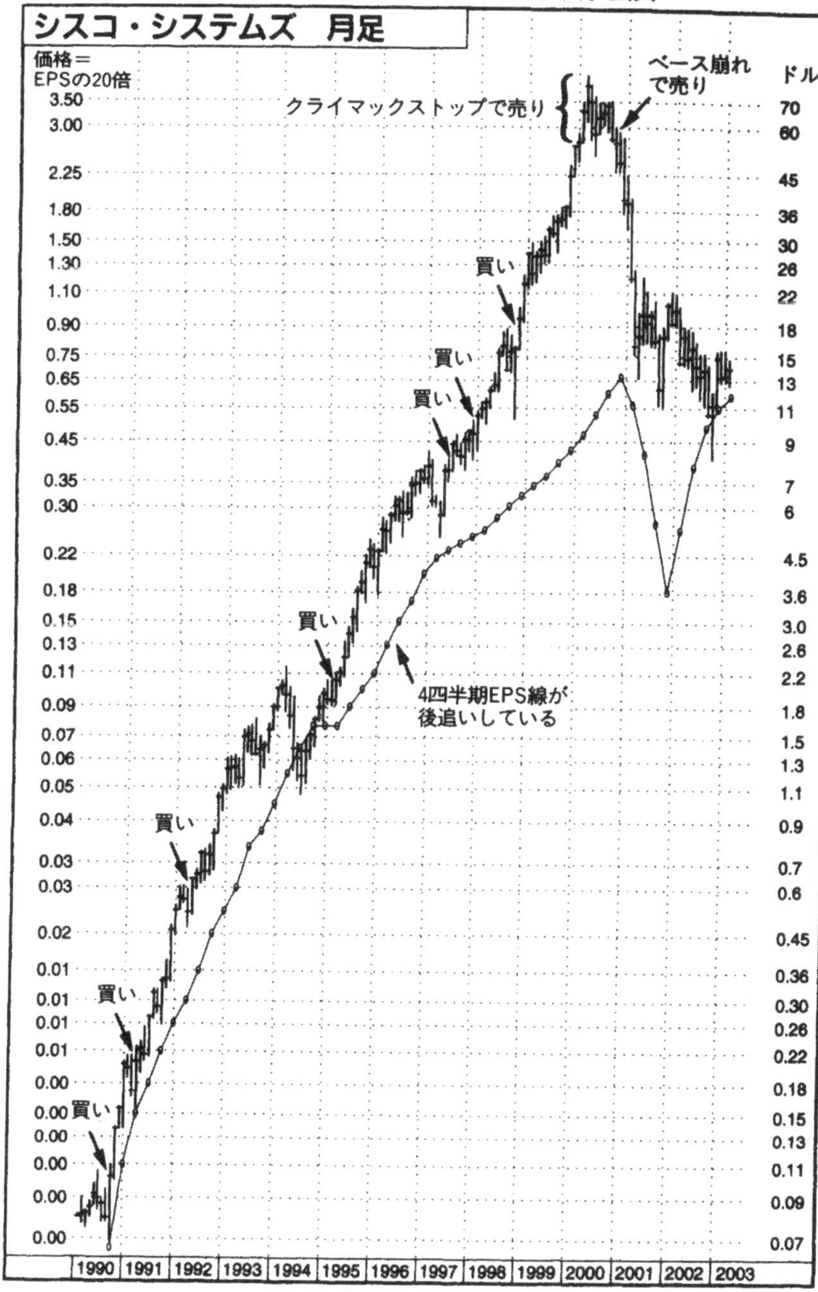

AOLには上昇過程で買いポイントがたくさんあった

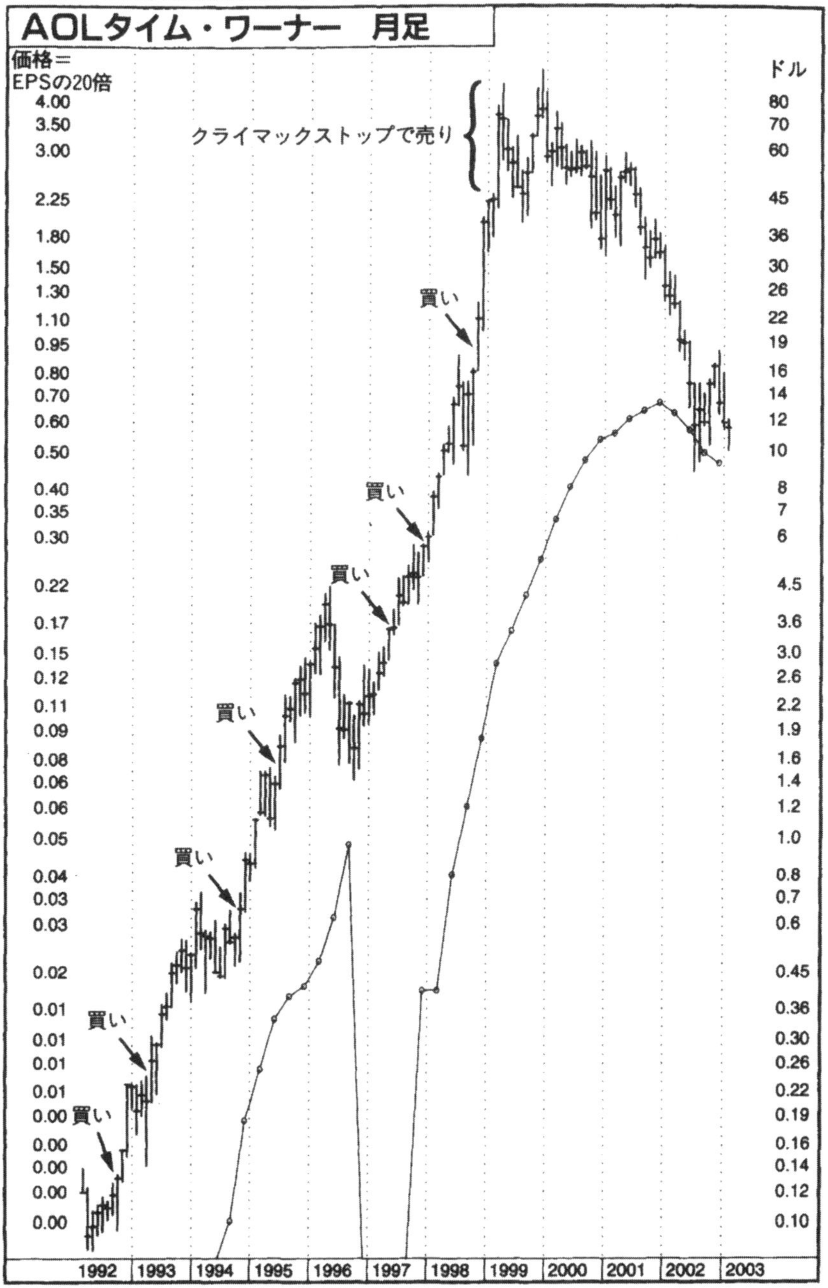

クアルコムはわずか1年間で2567%上昇した

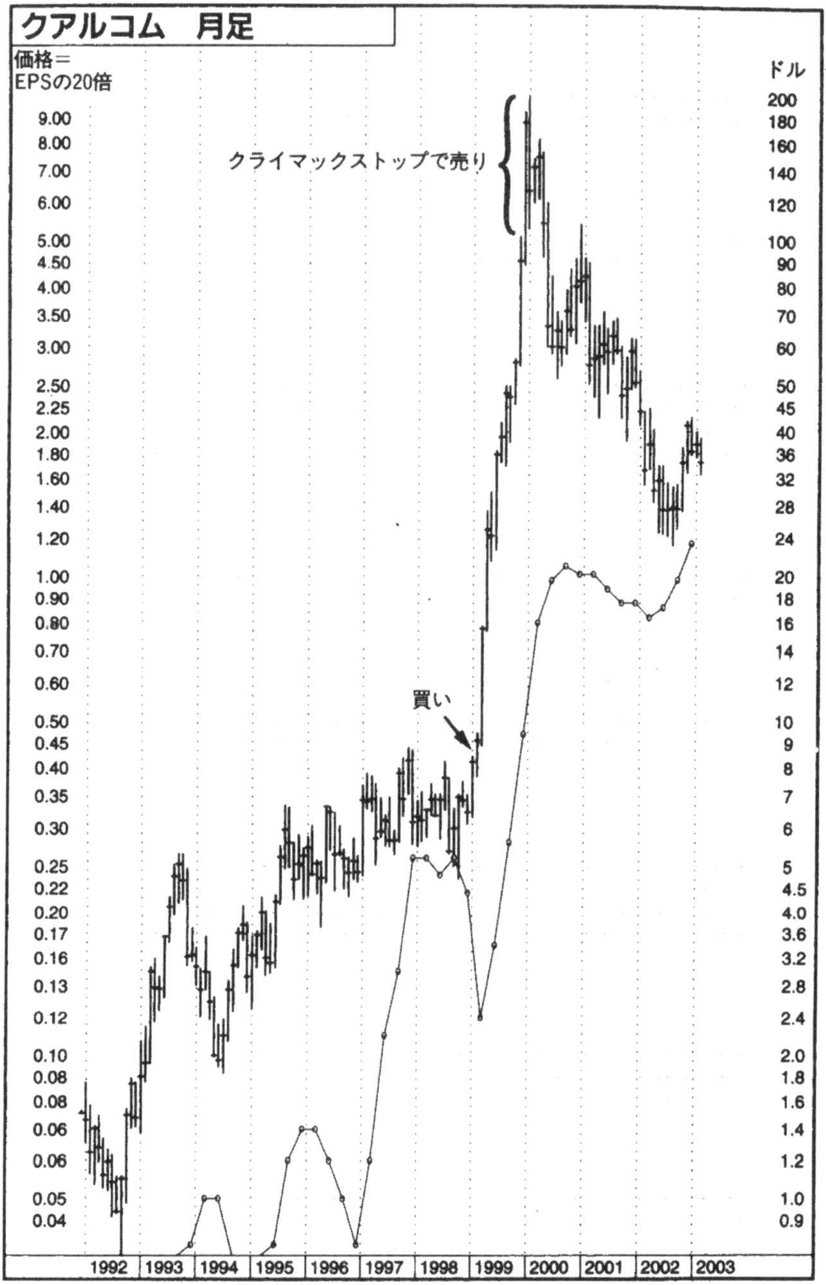

1998年後半から1999年末までに2500％上げたケースがある。

つまりこれらの法則は、人々が頭のなかで考えていることではなく、株式市場の実際の動きという現実に基づいているのだ。

1．直近四半期における１株当たり利益が前年同期より少なくとも25％増、できればそれ以上増えていること

株価に影響を与えるあらゆる要因のなかで、収益性が最も重要だ。１株当たり利益（EPS）は収益性を測定する尺度だ。企業の税引き後総利益を発行済み株式数で割って算出される。

2．利益の伸びが、以前の伸び率と比較して、最近の各四半期の特定の時点で伸びが加速していること

「加速」とは、１株当たり利益の伸び率が以前の各四半期を上回っていることだ。例えば、数四半期にわたり25％で伸びていた企業が突然40％で伸び始めた場合だ。その伸びが２～３四半期以上続いたケースもある。

加速は必ずしも直近の期間に起こっている必要はない。最高で６～８四半期前に起こっていても構わない。だが、現在でも、最近でも、どこかで利益の伸びが明確に上昇していなければならない。見つけだすのは、こつこつと成長していてあるとき突然伸び率が一段と向上している企業だ。市場は、常に、上向きの、伸びている銘柄に興味を持っている。

ウォルマートは3年間で1000%上昇する前に利益を加速させた

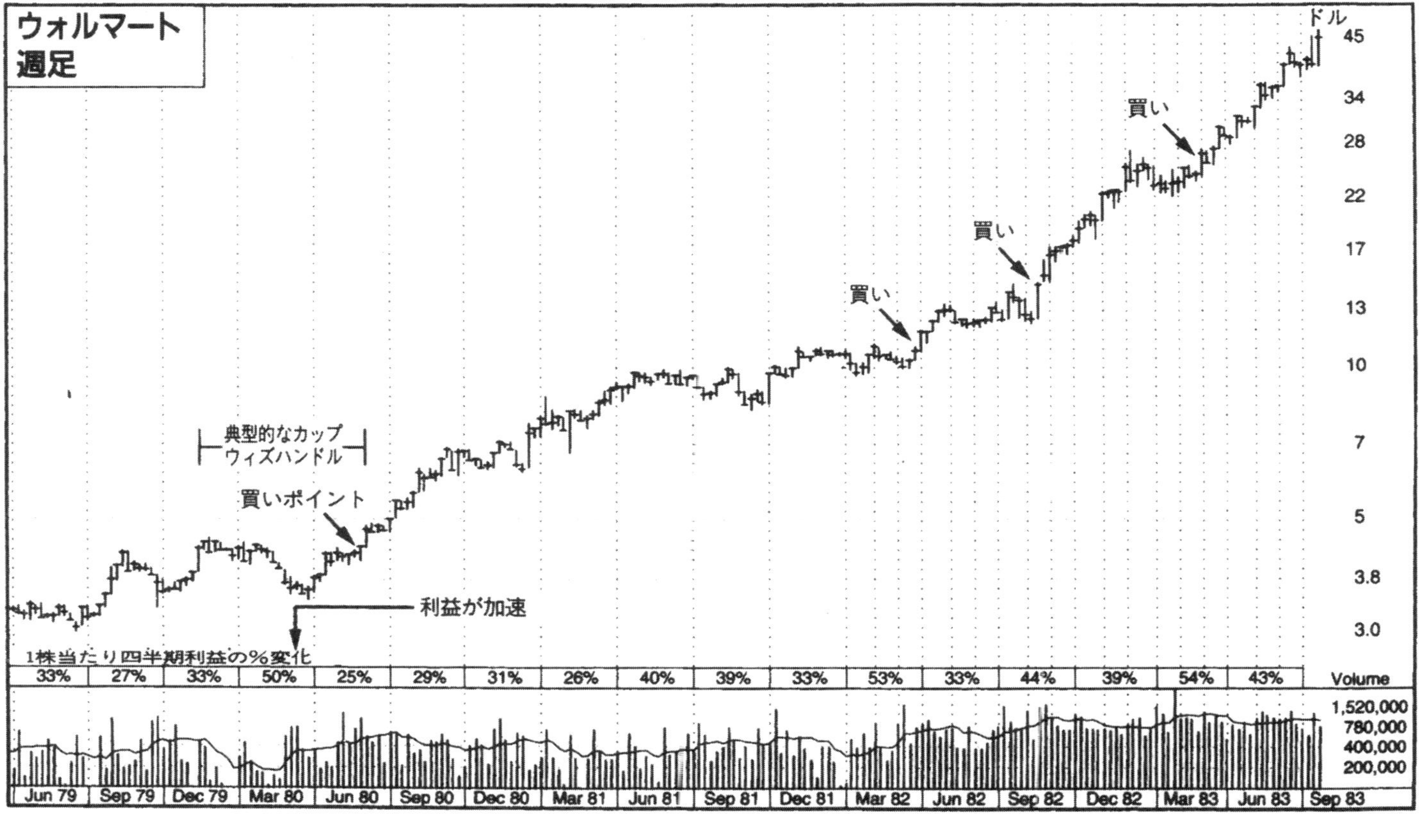

３．過去３年間の年間利益が年率25％以上で増えていること

最近IPO（新規株式公開）をしたばかりの若い企業で３年間利益が伸びていない場合は、過去５～６四半期の利益と売り上げが大きく伸びていることで代用できる。

企業の３年間の利益の伸びと最近の各四半期における利益の伸び率を評価するためのもうひとつの手っ取り早い方法は、まさにこれら２つの要素を評価しているインベスターズ・ビジネス・デイリー（IBD）紙のEPSレーティングを参考にすることだ（IBDのすべての株式テーブルで95以上のレーティングを取っている銘柄は優れた候補だとみなすことができる)。

４．最近の１つ以上の四半期において売り上げが25％以上増えているか、直近３四半期における伸び率が少なくとも加速していること

加速は、－５％、＋10％、＋30％という具合でもよい。企業の成長が持続可能なものになるには、売り上げと利益がともに力強く加速していることが重要だ。一方だけでは当てにならない。

５．直近四半期における税引き後利益率が新記録か少なくとも新記録に近く、その企業が属する業界で最高水準にあること

小売業は一般的に利益率が低い業界だ。だがその場合も、小売業者としては最高水準の利益率を出していることが条件となる。大躍進していた当時のウォールマートとホームデポの税引き前利益率は、

資本利益率が高いことが重要

銘柄	当時の資本利益率	値上がり開始年	天井への上昇率
ピック・エン・セーブ	28.7%	1976	2950%
ホーム・デポ	27.8%	1982	958%
プライス・カンパニー	55.4%	1982	1086%
リズ・クレイボーン	42.4%	1984	715%
ザ・リミテッド	42.3%	1985	451%
TCBY	41.2%	1985	2073%
メルク	19.8%	1985	870%
マイクロソフト	40.5%	1986	340%
シスコ	36.3%	1990	74,445%
インターナショナル・ゲーム・テクノロジー	22.9%	1991	1691%
ノキア	30.9%	1998	862%
キューロジック	18.8%	1998	3345%
アメリカオンライン	36.3%	1998	481%
チャールスシュワップ	29.4%	1998	434%

それぞれ６％と3.8％だった。小売業以外でみると、過去に大きく値上がりした銘柄は18％以上の年間税引き前利益率を出していた。

６．資本利益率が15～17％以上であること

資本利益率（ROE）は、企業が資金をどの程度有効に使用しているかを表す。過去の相場サイクルにおけるほとんどの代表的な成

長株は、15～17％以上の資本利益率を出している。すべての例からみて、この率が高いほど良いと想定できる。25％のROEは17％のROEよりも良く、35％や40％は25％よりも良い。

7．ハイテク企業はキャッシュフロー1株当たり利益が通常の利益よりも大きいこと

キャッシュフローの場合、社内的に生成されたキャッシュの額を反映するように、減価償却額が足し戻されている。一般的に、成長企業――特にハイテク企業――は、実際の年間1株当たり利益よりもキャッシュフローが20％以上大きい。

では、信頼できる情報はどこで入手できるか？　http://investors.com/　には銘柄のチャートがあり、デイリーグラフという投資リサーチツールでは、ほとんどの会計士が使用している基本的な指標であるROEを含む各種の情報を入手できる。一部のレポートでは掲載されていない可能性もあるが、少し調べれば必ず手に入るはずだ。ROEは企業の収益性と成長を表すもうひとつの指標であるため、重要だ。

8．通常のブル相場では、1株当たり利益とレラティブストレングスの両レーティングがほとんどの場合90以上であること

EPSレーティングは、企業の3年間の利益成長率と最近の四半期利益を組み合わせて算出されており、短期と長期における収益の伸びを簡単に評価するための指標になっている。IBD紙のEPSレーティングは1～99の範囲の値をとり、99が最も良い。ある企業の

197種類の各産業グループは1（最高）から197（最低）までランク付けされる

197の産業グループ*

（1998年12月31日）

グループランキング	産業グループ
1	コンピューターソフトウエア——インターネット
2	電子半導体製造
3	コンピューター——記憶装置
4	小売り／卸——コンピューター/セル
5	コンピューター——ローカル網
6	電子機器——各種構成部品
7	電子機器——半導体機器
8	コンピューター——ミニ/マイクロ
9	小売業——通販
10	コンピューター——大型コンピューター
11	コンピューターソフトウエア——エンタープライズ
12	コンピューターソフトウエア——デスクトップ
13	食品——肉製品
14	メディア——ケーブルテレビ
15	医療——生物医学/遺伝学
16	小売業——家電製品
17	医療——製品
18	メディア——本
19	コンピューターソフトウエア——セキュリティ
20	医療——卸売り薬品/雑貨

197の産業グループ

（2003年3月28日）

グループランキング	産業グループ
1	電気通信——光ファイバー
2	インターネット——ISP
3	電子半導体製造
4	インターネット——Eトレード
5	電気通信——無線機器
6	メディア——ケーブル/衛星テレビ
7	インターネット——コンテンツ
8	コンピューター——データ記憶装置
9	コンピューター——ソフトウエア・エンタープライズ
10	コンピューター——デスクトップ
11	医療——ジェネリック医薬品
12	コンピューター——ソフトウエア医療
13	交通運輸——サービス
14	コンピューター——ネットワーク
15	銀行——南東
16	機械——資材処理/自動化
17	医療——製品
18	銀行——北東
19	電気通信——無線サービス
20	銀行——海外

＊ウィリアム・オニール＋Co.197産業グループはウィリアム・オニール＋Co.,Inc.が所有する商標であり、ライセンス契約に基づきIBDによって使用される

EPSレーティングが95だということは、最近の各四半期に重みを付加して計算された過去３年間の利益の伸びが、95％の公開企業よりも優れていることを意味する。場合によっては、80という低いEPSレーティングでも受け入れることもあり得る。だがすでに説明したその他の指標と同様、値が大きいほど良い。EPSレーティングが95～99の企業はブル相場ではおしなべて85の企業よりも良い。1990年11月にシスコが75000％の高騰を開始する前、IBD紙の株式テーブルにおける同社のEPSレーティングは99、レラティブプライスストレングスは97だった。

レラティブストレングス・レーティングは過去12カ月における株価のパフォーマンスを表す。レラティブストレングス・レーティングが90であることは、その企業の株式がその期間中にそれ以外の90％の銘柄よりも値上がりしたことを意味する。あなたが買う銘柄は強いEPSレーティングと強いレラティブストレングス・レーティングを兼ね備えていなければならない。2000～2002年のように異常なほどに急激なベア相場が過ぎ去ったあとの新たなブル相場の序盤では、６カ月レラティブストレングス指標が役に立つかもしれないし、少なくとも相対的な値動きに関するもうひとつの見方を提供してくれるはずだ。

IBDの「フライデー・ウイークリー・レビュー」セクションには、１株当たり利益とレラティブストレングス・レーティングが85以上の企業の一覧とチャートが掲載されている。この一覧に掲載されている銘柄は、長年にわたり、ほとんどの主要株式指数よりも高いパフォーマンスを達成する傾向がある。

毎週月曜日、IBDのＢセクションにEPSとレラティブストレングス・レーティングに関する上位100企業が、各企業に関する解説と最新ニュースとともに掲載される。これを、チャートやファンダメンタルズ調査によって追跡する価値のある有望銘柄リストとして使うことができる。

9．その銘柄が属する産業グループが、IBD紙が追跡している197の産業グループのなかで上位10位か、20位以内にランクされていること

保有する銘柄はIBD紙が追跡している197の産業グループの上位20以内の産業グループに属していることが望ましい。すでに説明したように、どんなブル相場でもリードするのはわずか５～10の産業グループだが、関連産業のなかにも強いグループが存在する。例えば、建設ブームのときはすべての住宅建設株が値上がりするので、住宅ローン会社や芝刈り機や洗濯機のメーカーの株も上がる可能性がある。あなたが探し求めるのは、最強の産業グループのなかの最強の銘柄だ。その銘柄が上位の産業グループに属していない場合は、その銘柄が属する産業グループ内にあるそれ以外の少なくとも１～２銘柄が高いEPSとレラティブストレングス・レーティングを持っていなければならない。過去における有力な勝ち銘柄の60％が、属する産業グループの強い動きに乗って値上がりしている。

10．その銘柄が、ミューチュアルファンド、銀行、保険会社などの機関によって保有されていて、組み入れられているミューチュアルファンドの数が数四半期にわたって四半期ごとに増えていること

また、少なくとも複数の高い運用成績を出しているミューチュアルファンドが、その銘柄をこの１～２四半期に新たに組み入れたか、またはその銘柄の保有高を大幅に増やしていることも必要だ。

11．企業が自社株を買い戻している場合――望ましくは5～10%以上――それは一般的にプラス材料である

その銘柄がほかのCAN SLIM条件をすべて満たしていて、その企業がその株を買い戻している場合、経営陣が収益の向上を見込んでいる可能性が高い。買い戻しがない場合、経営陣がすでに妥当な株数を保有していることが必要だ。経営陣が保有しているべき割合を一般化することは難しい。発行済み株式数が多い大手老舗企業の場合は２％で十分かもしれない。発行済み株式数が少ないもっと若い企業の場合、経営陣による保有は５～30％程度必要かもしれない。

12．どんな銘柄でも、その企業の実態が本当に理解できている銘柄を買うこと

その企業が何を作り、何をやっているのか？　その企業の製品やサービスはどのように使用するのか？　その企業の製品やサービスはどのようなユニークなメリットを提供しているのか？　どんな人たちがそれらを購入しているのか？　要するに、ほんとうに理解できるものを保有することだ。企業について知っていれば知っているほど、そしてその企業が良いと考えていれば考えているほど、しっかりした決断を下せる可能性が高くなり、並の調整相場で手放してしまうようなことなく保有し続けることができるようになる。もち

ろん、保有株が思ったほどの結果を出さなくてもやみくもに保有し続けたほうがいいという意味ではない。常に、保有株に関して市場が何を伝えようとしているか、注意を払うことだ。

ここでいちばん肝心なことは、できるかぎり属する産業や特定の分野においてナンバーワンの企業を選ぶことだ。注意してもらいたいのは、知名度やブランドでナンバーワンという意味ではなく、EPSの伸び率、資本利益率、売上利益率、売り上げの伸び、およびその企業の株価の相対的なパフォーマンスなどの主要な指標に関してナンバーワンだということだ。シアーズの知名度は高いが、ファンダメンタルズの業績数値で見て、いまでも小売業界のナンバーワン企業と言えるだろうか？　正真正銘の現在のリーダーを見つけよう。リーダーは絶えず入れ替わっているのだ。

独自の銘柄選別法を駆使し、各企業の主な変数を詳細に比較して目ぼしい企業を絞り込んだら、あとはそれらの銘柄を買う絶好のタイミングを見きわめることが必要だ。その銘柄がすぐに値上がりして大きな勝ち銘柄になる可能性が最も高いのは、どんなときだろうか？　それは株価が最安値にあるときという意味ではない。大きく値上がりする確率が最大であるときという意味だ。

そのタイミングを見きわめるなににもまして簡単で効率的な方法は、ファンダメンタルズデータを参考にしながらチャートを読むことだ。チャートを使えばほかの方法では不可能なほどたくさんの銘柄を追跡できる。本書で例でとして示す各チャートはすべて株式分割に対して調整済みなので、安値の銘柄を買うように推奨していると誤解してはいけない。５ドルとか10ドルで始まっているほとんどの銘柄は、その時点では30～50ドルであった可能性が高い。

わたしは主に日足と週足の値と出来高のチャートを使っている。

だが、月足チャートや、５分とか10分という短い刻みの日中チャートも見る。見渡せる範囲が手ごろで、しっかりしたパターンを見つけやすいので、わたしは週足チャートを好んでいる。いつも日足チャートも合わせてチェックしているので、週足に現れない可能性がある重要なポイントで、１日とか２日刻みで現れる値と出来高の重要な買いシグナルを見逃すこともない。数年間という期間が網羅される月足チャートをチェックするのも有効だ。普通の短期的なパターンだけでなく、10年間にわたるベースや大昔の高値を抜けようとしているところを発見できるかもしれないので、読みの幅が広がる。

充実したIBDデータベースやほかのデータベースを使い、あらかじめファンダメンタルズ的に選別した大量の銘柄のチャートに目を通すことによって、たくさんの新しい投資アイデアを見つけだすことができる。以下の５つの基本的なチャートパターンを見つけだそう。

カップウィズハンドル（取っ手付きカップ）

これは過去50年における最高の銘柄で最も頻繁に見受けられた、上放れのベースとなるパターンにわたしたちが付けた名前だ。コーヒーカップを横から見たときの形に似ているからだ。

典型的なカップウィズハンドル・パターンでは、５～７週間にわたる下落でカップの左側が形成される。それより長いことも短いこともある。ほとんどのカップは数週間で底の丸みが形成されるが、底がもっと浅い場合もある。それから右側へ移るとパターンも半分以上完成だが、そのパターン内の前の高値の10～15％以内に達するのが一般的だ。それから横ばいに動いてパターンのハンドル（取っ手）部分を描き始める。ハンドル下部での出来高とカップの底部で

リーボックの14週間カップウィズハンドルを示す日足チャートパターン

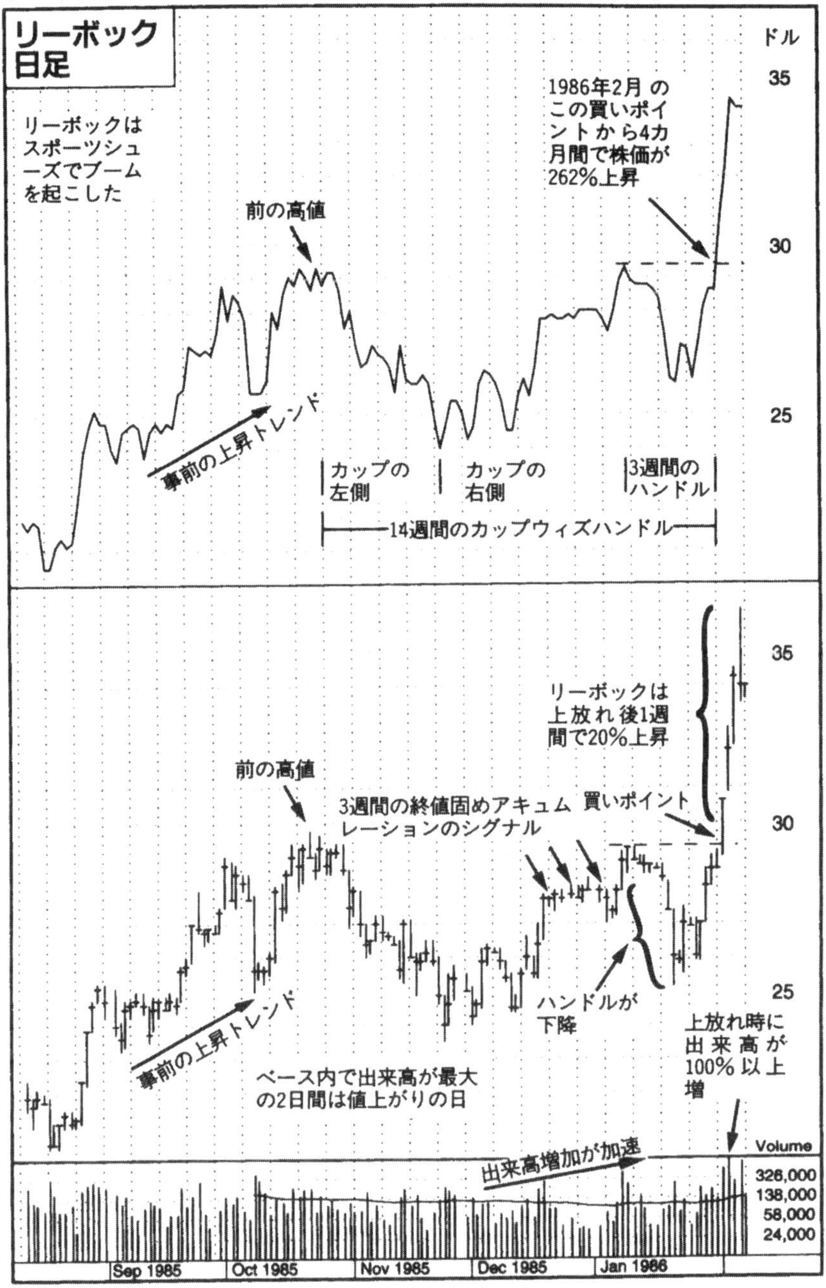

リーボック
日足
ドル
35
30
25
リーボックは
スポーツシュ
ーズでブーム
を起こした
1986年2月 の
この買いポイ
ントから4カ
月間で株価が
262%上昇
前の高値
事前の上昇トレンド
カップの
左側
カップの
右側
3週間の
ハンドル
14週間のカップウィズハンドル
35
30
25
リーボックは
上放れ後1週
間で20%上昇
前の高値
3週間の終値固めアキュム
レーションのシグナル
買いポイント
ハンドルが
下降
事前の上昇トレンド
ベース内で出来高が最大
の2日間は値上がりの日
上放れ時に
出来高が
100%以上
増
出来高増加が加速
Volume
326,000
138,000
58,000
24,000
Sep 1985
Oct 1985
Nov 1985
Dec 1985
Jan 1986

リーボックのカップウィズハンドルを週足チャートで見た場合

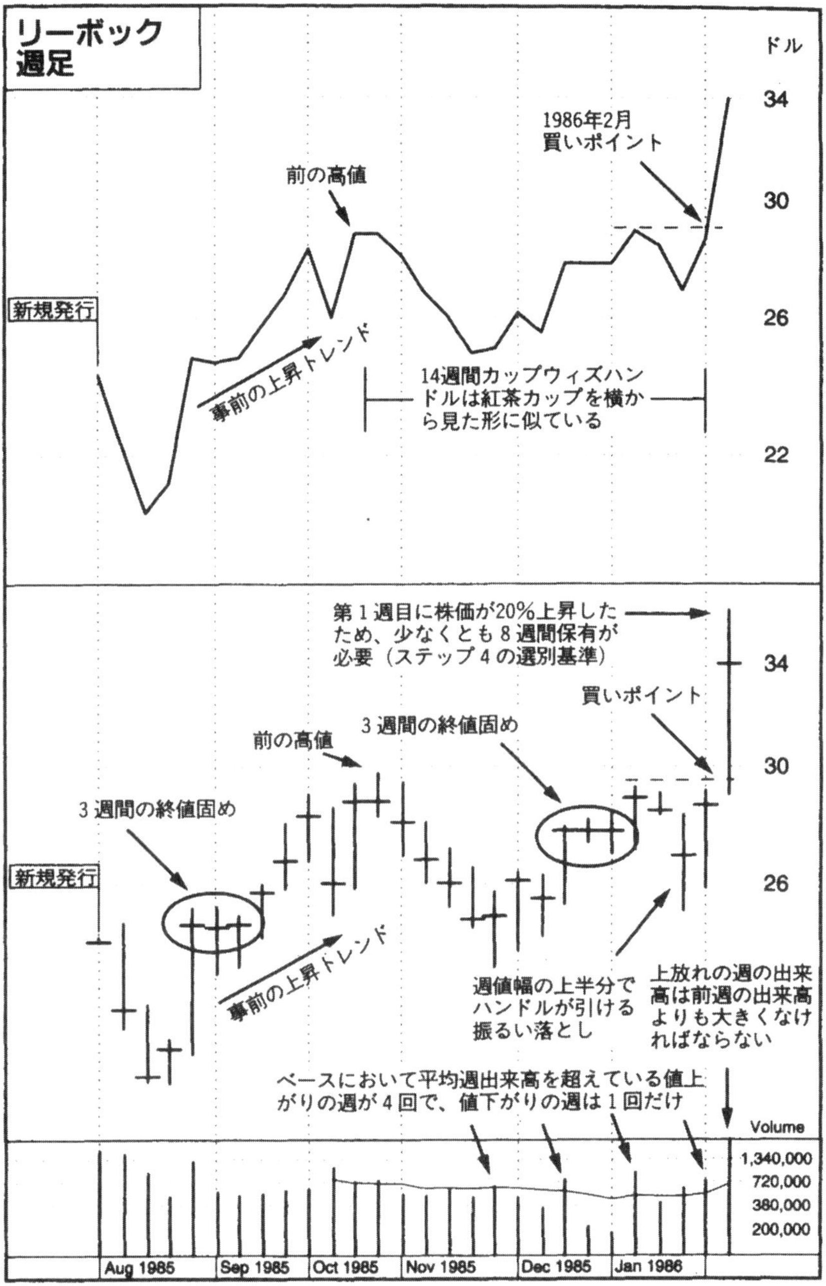
リーボック
週足
ドル
34
30
26
22
1986年2月
買いポイント
前の高値
新規発行
事前の上昇トレンド
14週間カップウィズハンドルは紅茶カップを横から見た形に似ている
第1週目に株価が20%上昇したため、少なくとも8週間保有が必要（ステップ4の選別基準）
34
買いポイント
3週間の終値固め
前の高値
30
3週間の終値固め
新規発行
26
事前の上昇トレンド
週値幅の上半分でハンドルが引ける振るい落とし
上放れの週の出来高は前週の出来高よりも大きくなければならない
ベースにおいて平均週出来高を超えている値上がりの週が4回で、値下がりの週は1回だけ
Volume
1,340,000
720,000
380,000
200,000
Aug 1985
Sep 1985
Oct 1985
Nov 1985
Dec 1985
Jan 1986

の１～２週間の出来高が、かなりの低水準にまで減少したり、超薄商いになることがよくある。つまり、その時点ではその銘柄の売りがあまり出なくなっているということを意味する。それは強気の要因になる。

ベア相場でこういう株を買う最高のタイミングは、安値を切り下げながら下げていた株価が再び上がり始めてハンドルを完成させ、ハンドル部分の前の高値をまさにブレイクしようとするときだ。これは「ピボット」とか、絶好の買いポイントと呼ばれる。新高値と呼ぶこともできるかもしれない。だがカップウィズハンドルの全体的なパターン内の絶対的な高値からは５、10、または15％離れているの一般的だ。最強のカップウィズハンドル・パターンの場合、パターンを描き出す前に、出来高を増やしながら少なくとも30％値上がりする何週間にもわたる上昇トレンドが必ず存在する。

次に1998～2000年のブル相場のときに形成されたカップウィズハンドル・パターンの３つの典型的な例を示す。買いポイントとそれ以降の値上がりについて注記してある。またあとで、一見似ているが実際には値下がりしてしまったダマシの不完全なカップウィズハンドル・パターンも示す。

カップウィズハンドル・パターンは1998～2000年に特有のものではない。過去のすべての相場サイクルで繰り返し現れている。

カップウィズハンドル・パターン（ベース）は、高値から下げて引けた第１週から始まって、少なくとも６～８週間続かなければならない。多くは完成するのに６カ月から１年かかる。パターン内の絶対高値から絶対安値への調整幅は一般的に25～40％だ。パターンは市場全体平均の調整の2.5倍以上は調整しないのが普通だ。

ほとんどすべてのパターンは、総合市場指数の調整――つまり下

8週カップウィズハンドルからわずか24週間で1414%上昇

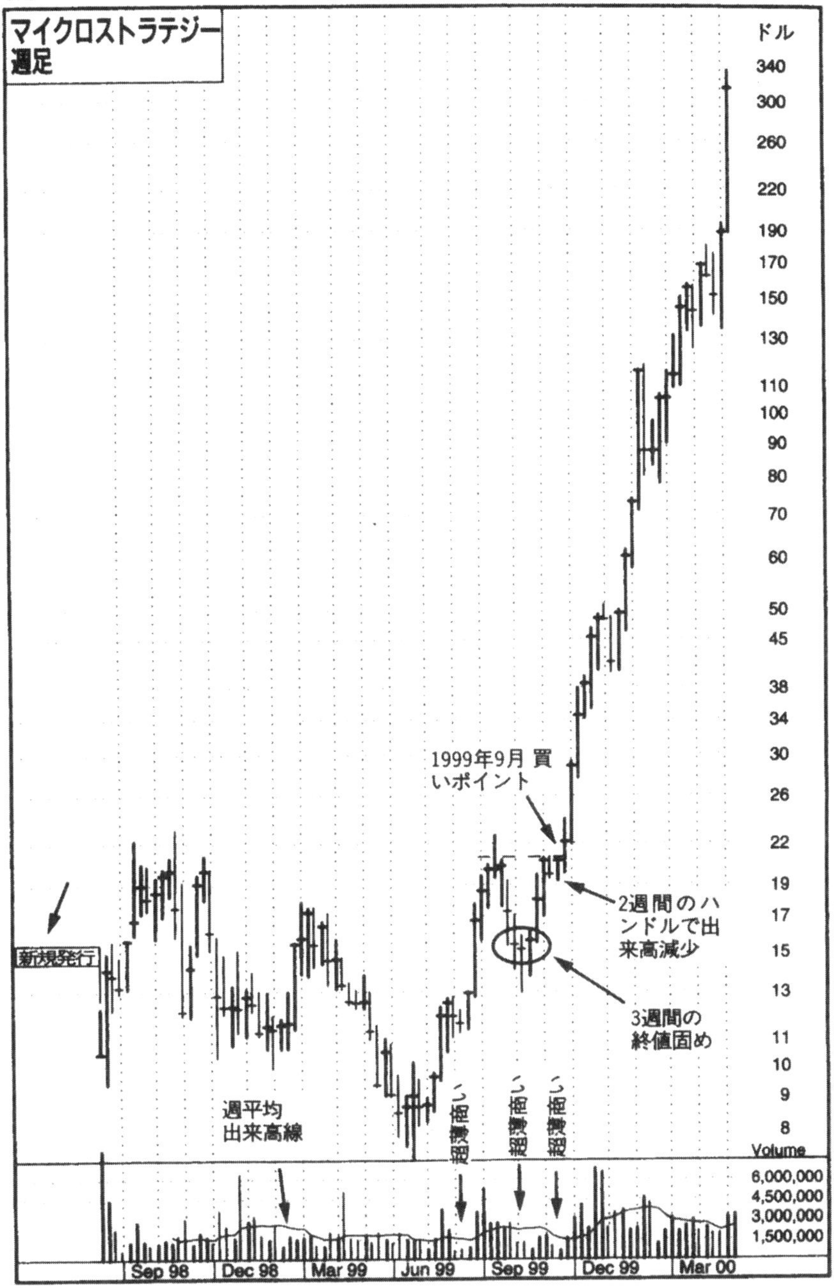

シュワッブは12週カップウィズハンドルから26週間で428%上昇

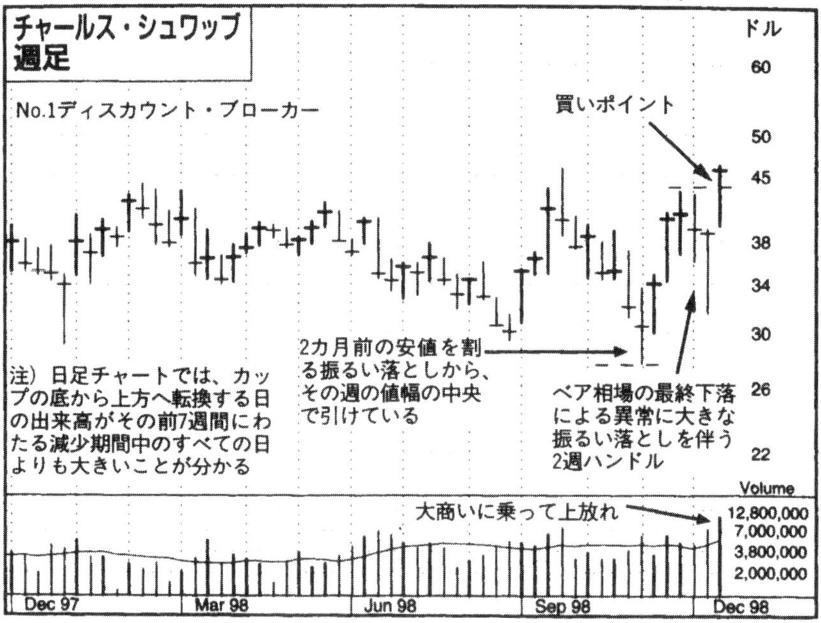

ノキアの13週カップウィズハンドルから19週間で2倍に

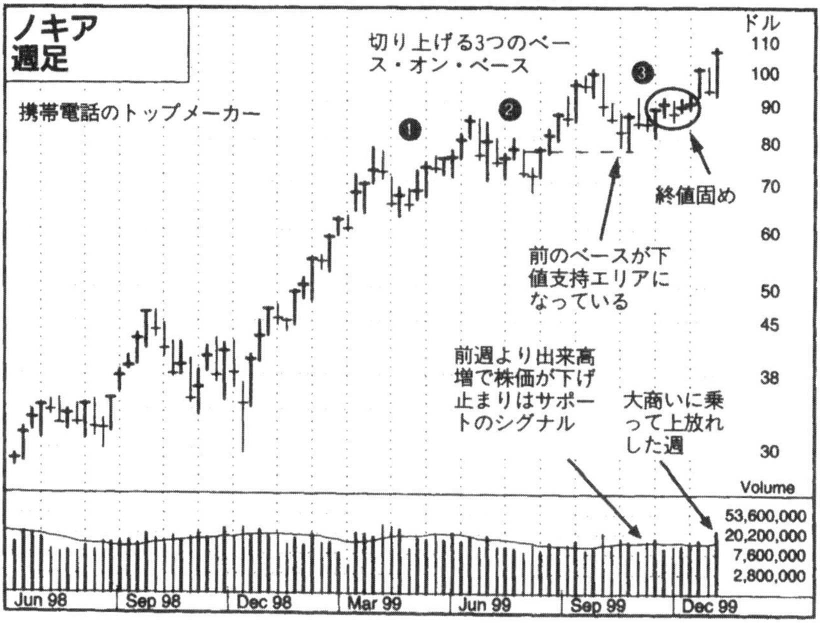

安値がくさび型に切り上げているダマシのカップウィズハンドル

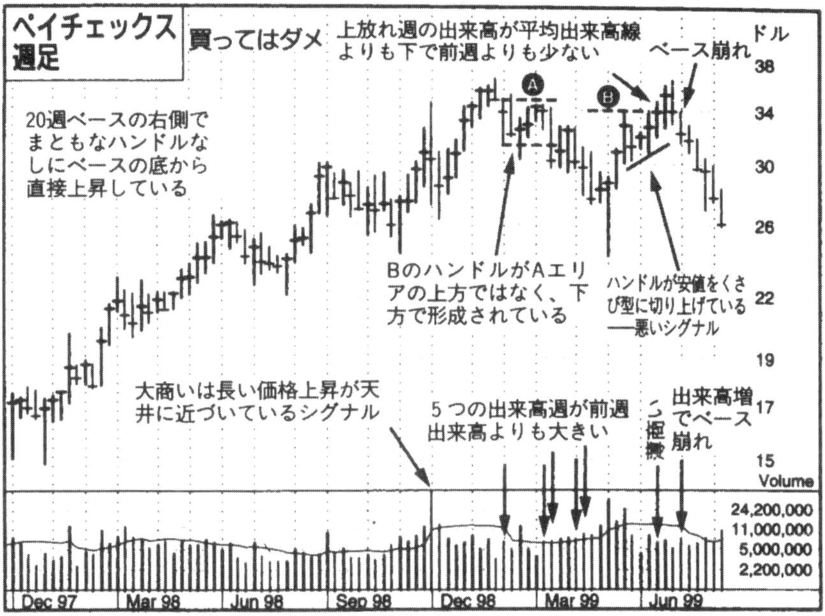
ペイチェックス
週足
買ってはダメ
上放れ週の出来高が平均出来高線
よりも下で前週よりも少ない
ベース崩れ
ドル
A
B
20週ベースの右側で
まともなハンドルな
しにベースの底から
直接上昇している
Bのハンドルが A エリ
アの上方ではなく、下
方で形成されている
ハンドルが安値をくさ
び型に切り上げている
——悪いシグナル
大商いは長い価格上昇が天
井に近づいているシグナル
５つの出来高週が前週
出来高よりも大きい
出来高増
でベース
崩れ
38
34
30
26
22
19
17
15
Volume
24,200,000
11,000,000
5,000,000
2,200,000
Dec 97
Mar 98
Jun 98
Sep 98
Dec 98
Mar 99
Jun 99

第３段階のダマシの23週カップウィズハンドルが崩れている

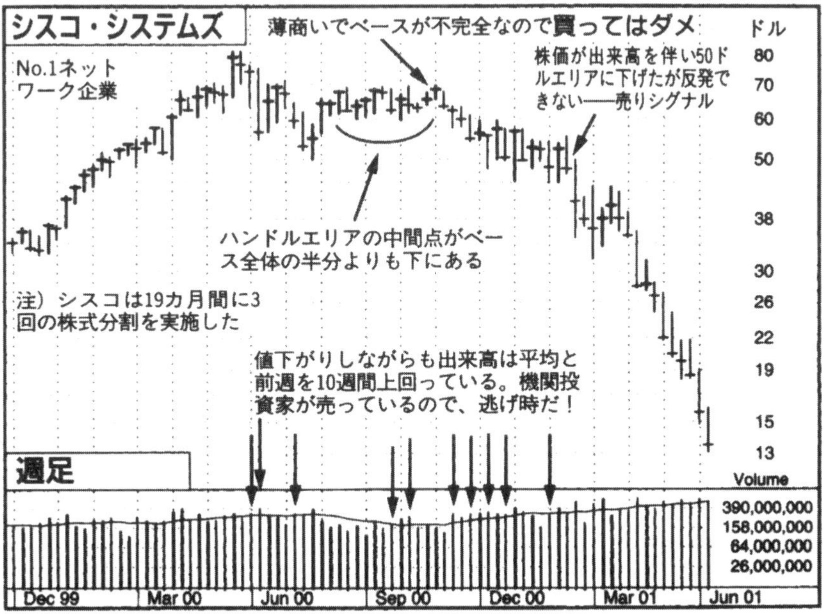
シスコ・システムズ
薄商いでベースが不完全なので買ってはダメ
ドル
No.1ネット
ワーク企業
株価が出来高を伴い50ド
ルエリアに下げたが反発で
きない——売りシグナル
ハンドルエリアの中間点がベー
ス全体の半分よりも下にある
注）シスコは19カ月間に3
回の株式分割を実施した
値下がりしながらも出来高は平均と
前週を10週間上回っている。機関投
資家が売っているので、逃げ時だ！
週足
80
70
60
50
38
30
26
22
19
15
13
Volume
390,000,000
158,000,000
64,000,000
26,000,000
Dec 99
Mar 00
Jun 00
Sep 00
Dec 00
Mar 01
Jun 01

安値が切り上がるくさび型ハンドル付きの不完全な14週カップウィズハンドル

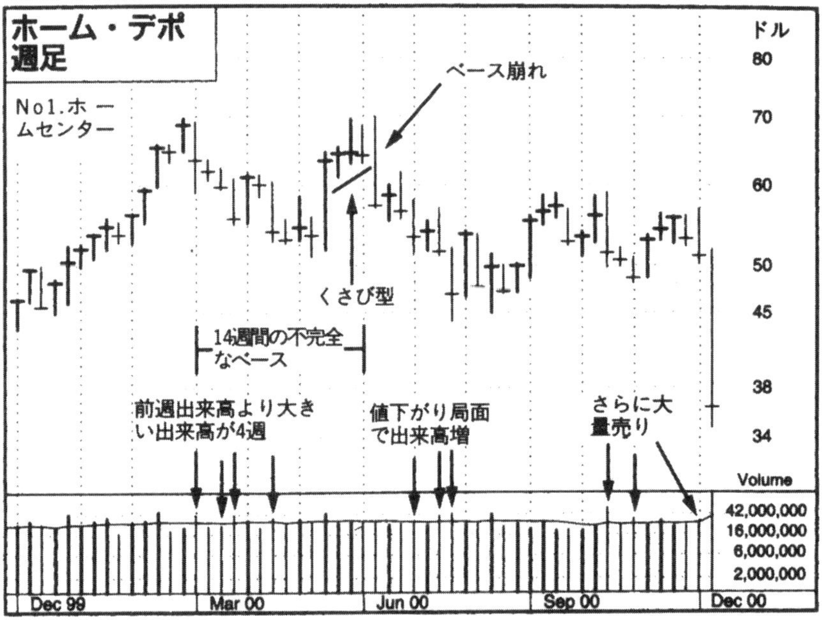

幅の広い、不明瞭で、不完全な39週カップウィズハンドル

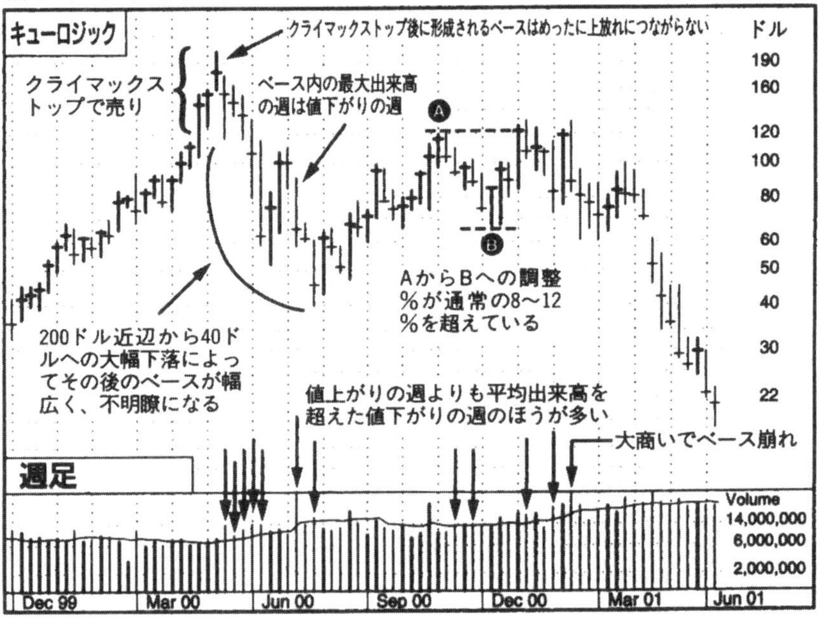

ブランズウィックはこの1958年カップウィズハンドルから1605%上昇した

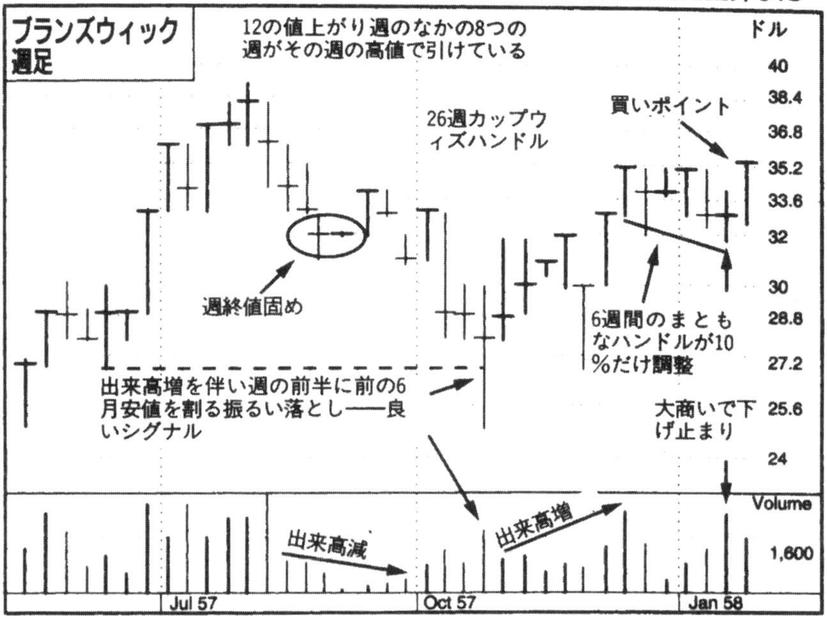

落――が原因で構築される。ある意味、市場の調整は将来の健全性を示すものとして見ることができる。なぜなら数カ月後に再び主導株が現れることができる基盤となる新しいパターンを形成するからだ。だが、ぼんやりしていてはそれに気づくことはできない。例えば、ある時点では小売り銘柄は悪い選択かもしれないが、その数週間後に突然しっかりとしたパターンを完成し、主導株として花を咲かせるかもしれない。しかしその機に乗じるには、その変化が起こる瞬間をとらえていなければならない。なんでもそうだが、やるべきことをきちんとできるかどうかが分かれ目になる。１日中仕事で忙しくても、今日では投資情報を簡単に入手できる方法がある。

クライスラーは1962年カップウィズハンドルから2年間で353%上昇した

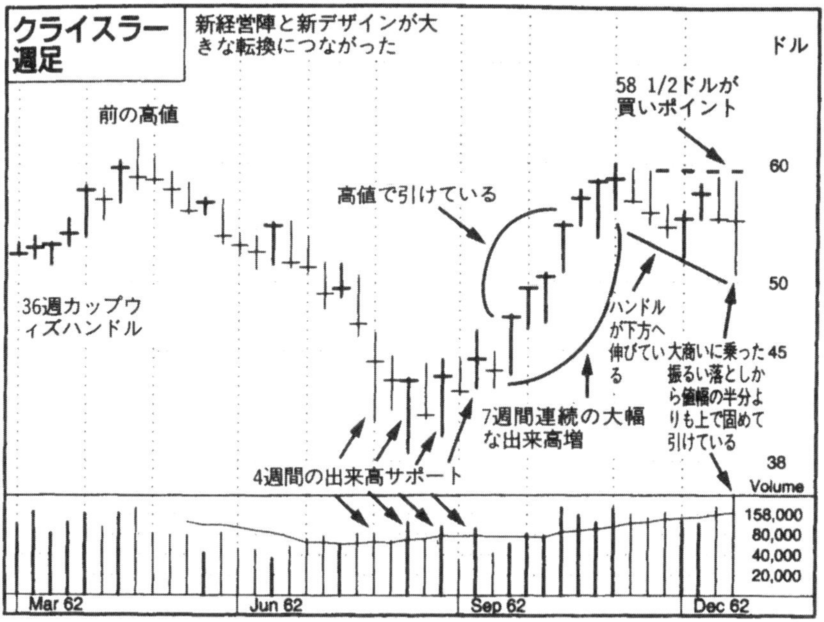

アメリカンR&Dはこの22週カップウィズハンドルから830%上昇した

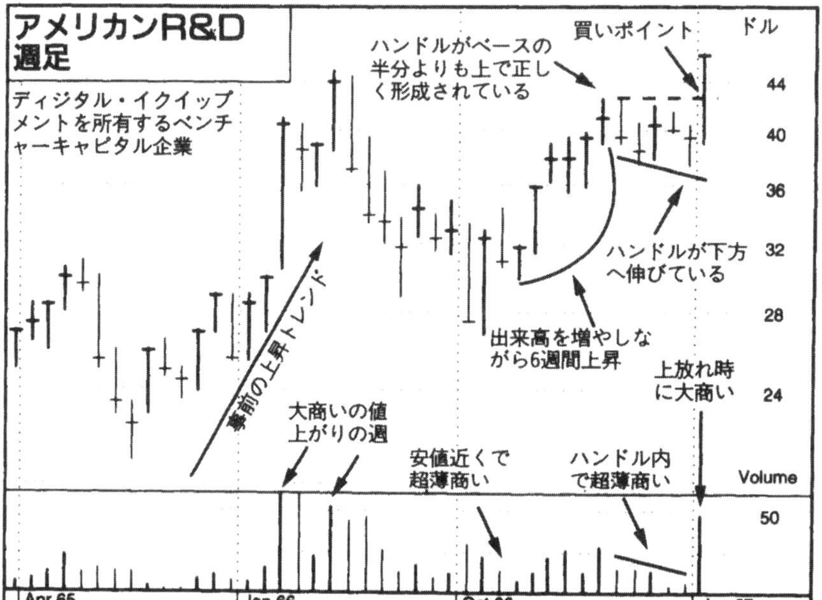

ウォルマートはこのカップウィズハンドルから36カ月で957%上昇した

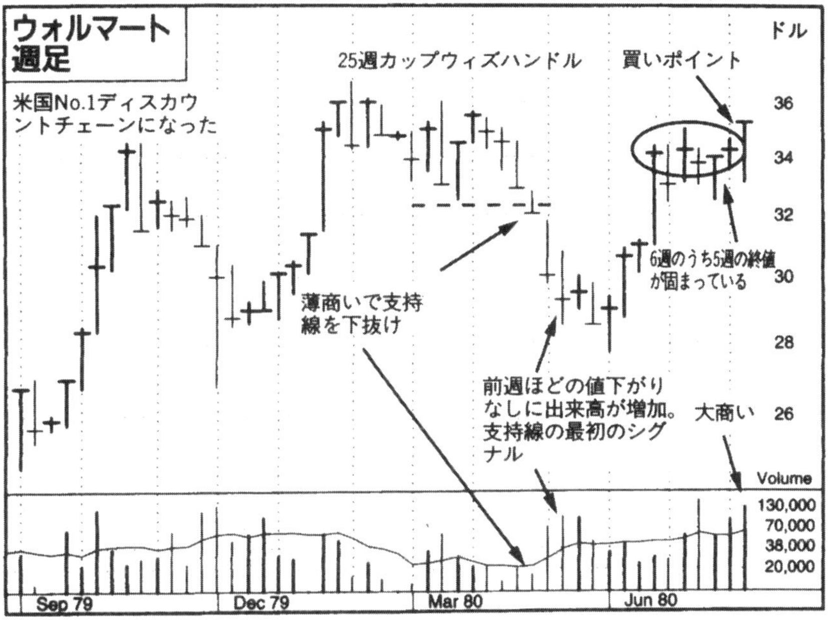

コンパックは1986年カップウィズハンドルから11カ月で378%上昇した

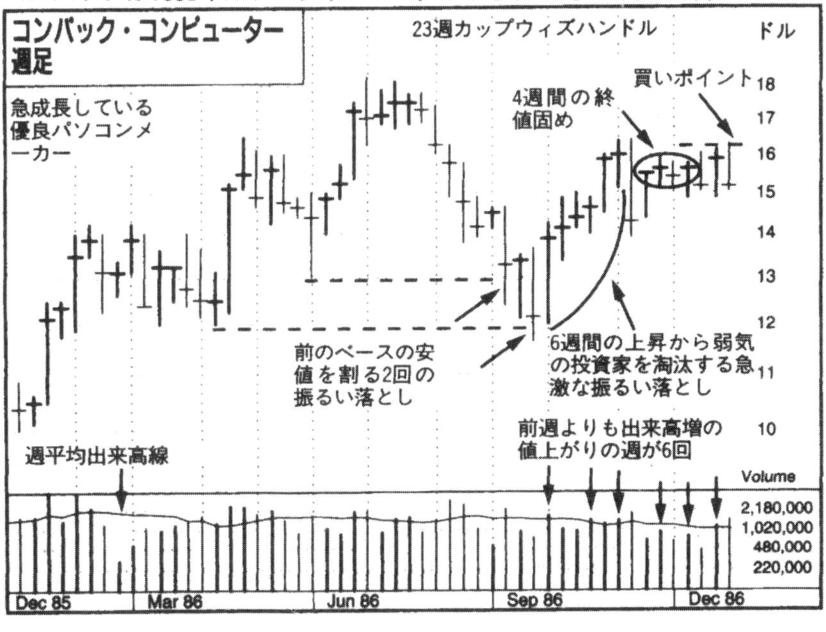

シスコは1997年カップウィズハンドルから2000年3月までに900%上昇した

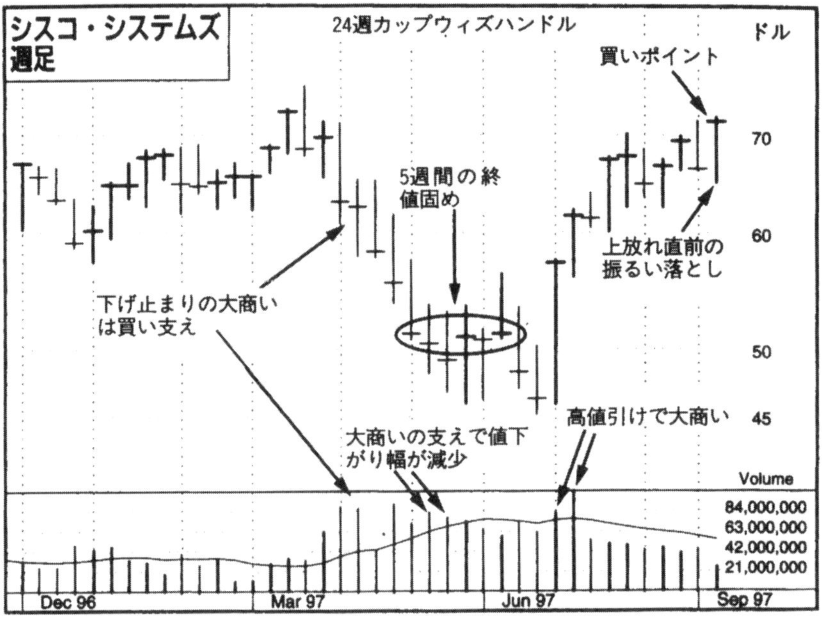

この1997年カップウィズハンドルから30カ月で3700%以上上昇した

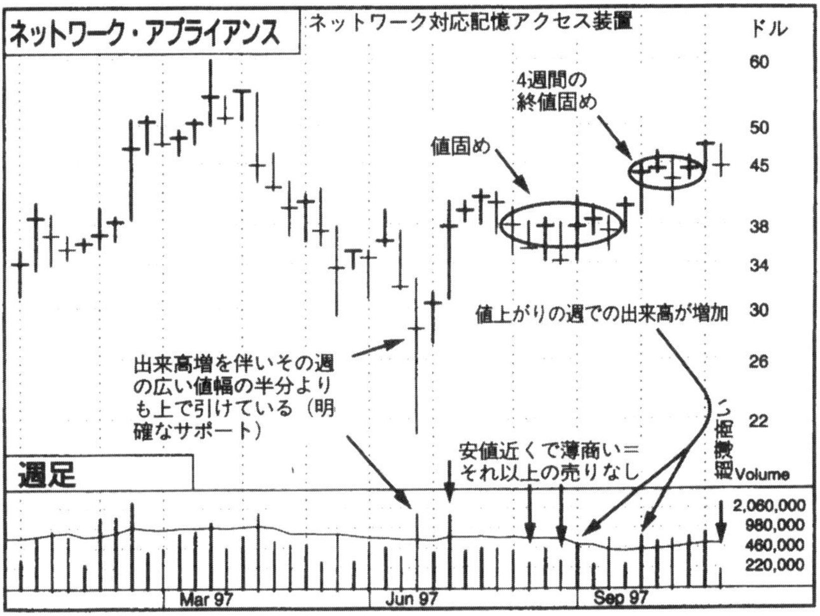

この1998年カップウィズハンドルから68週間で2016%高騰した

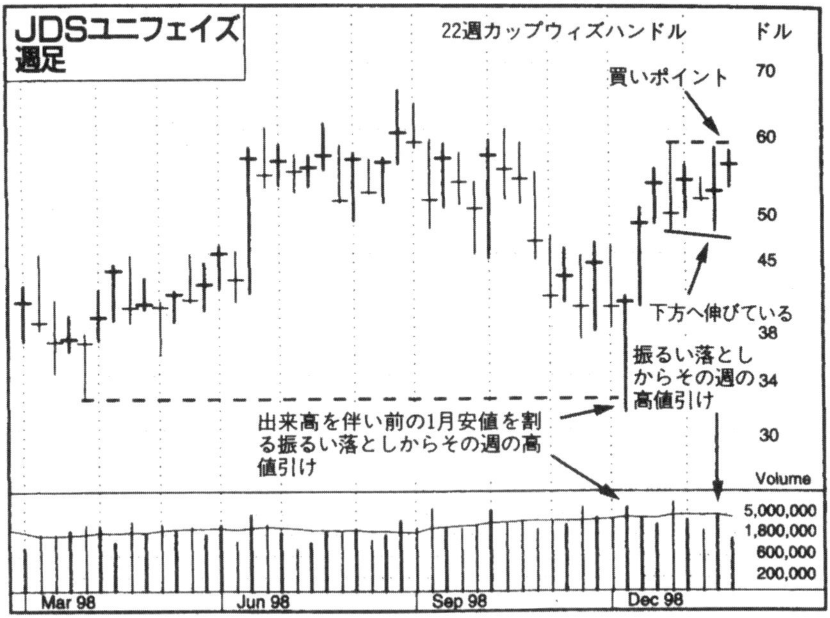

印刷版IBDの完全な電子版であるeIBD™は、市場が終わってから数時間後に世界中のあらゆる場所で利用可能になっている。購読者はウェブサイトの http://investors.com/ で、プロ仕様の日足／週足の株価／出来高チャートとIBDがまとめた過去の全企業情報を無料で閲覧できる。企業のファンダメンタルズを十分に理解していることを確かめるだけのために、わたしはいつも株を買う前にその企業に関する過去のすべての記事に目を通す。とても有益だと思っている。また、さまざまな携帯型の情報機器やパソコンを使えば、昼でも夜でも週末でも投資情報をモニターすることができる。

デルタは1965年のソーサーウィズハンドルから49週間で211％上昇した

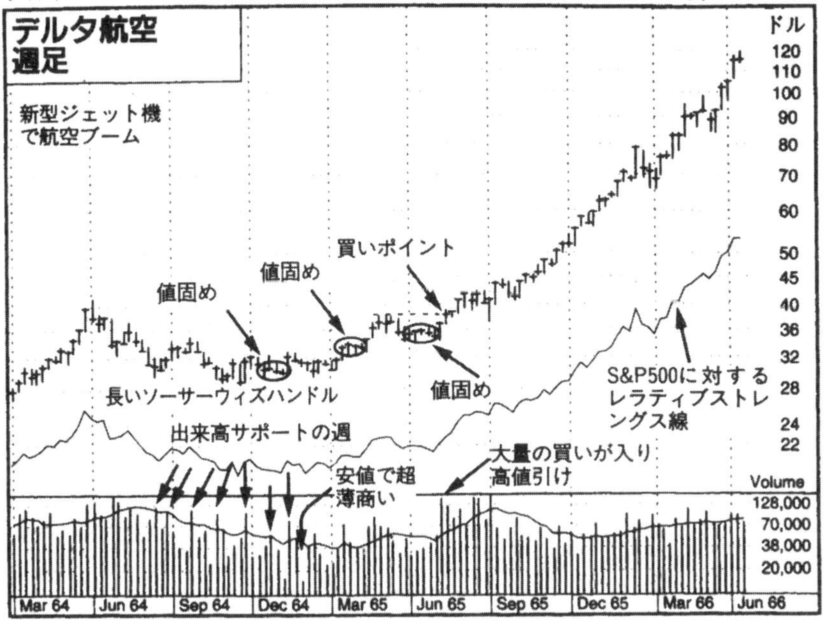

ソーサー（皿）

カップウィズハンドルと似ているが、現れる頻度はそれよりも少ない。調整幅がもっと浅く、最短でも完成に６～８週間以上かかる。

ほとんどの場合ハンドル（取っ手）が付いている。カップやソーサーに付いているハンドルには意味がある。株価が大幅に調整し、底を打って反発したあと、さらに新高値を目指してブレイクするには、その前に最後に１回押しが必要なのが普通だからだ。ハンドルの押しは、高値から絶対安値までの８～12％以内であることが一般的だ。だがベア相場の底では20～30％になることもある。

この押しはその銘柄にとって、①市場指数が急落した日に株主をさらにもう少し振るい落とす、②パターン全体の底から反発した力がそれ以上の大幅な上昇を支えられるかどうかを確認する――最後のワンチャンスとなる。

株価パターンを形成する調整や揉み合いの多くが、12～13週、ことによっては24～26週間続くことは単なる偶然ではない。この期間は企業業績の発表がある３カ月サイクルに対応しており、多数のプロたちは次の業績発表まで資金の投入を手控えることがあるからだ。

ダブルボトム（二重底）

このパターンはカップウィズハンドルほど頻繁には現れない。英字のWのような形状だが、ほとんどすべてのケースで２つ目の下げ足が１つ目の安値よりも切り下がっている。この２つ目の下げが、１つ目の下げ足で振るい落とされなかったり、下げても前よりも下がることはないと願っていた残りの弱気な株主たちを振るい落とすことになる。株価が下がると、買いたい水準まで下がったと判断する機関投資家たちを誘い入れることにもなる。ダブルボトムのピボット、つまり絶好の買値はWの中央の高値の水準だ。この高値はダブルボトム・パターン内の前の高値よりも明らかに下になる。

株価がこれらパターンから上放れするときは、その日の出来高がその銘柄の１日平均よりも50％以上多いことが必要だ。過去の偉大な勝ち銘柄は、買いポイントを付けた日に100、200、または300％以上も出来高を増やしている。上放れした日の出来高増が20％以下の場合は、大事なところで情報を豊富に持っているプロたちによる需要が不足しているために上放れが成就しない可能性がかなり高い。週足チャート上で上放れした週の出来高が前の週より少ないことも、肝心なときに需要が乏しいために挫折する可能性が高いことを示す

NVRのダブルボトムから23週間で100％上昇した

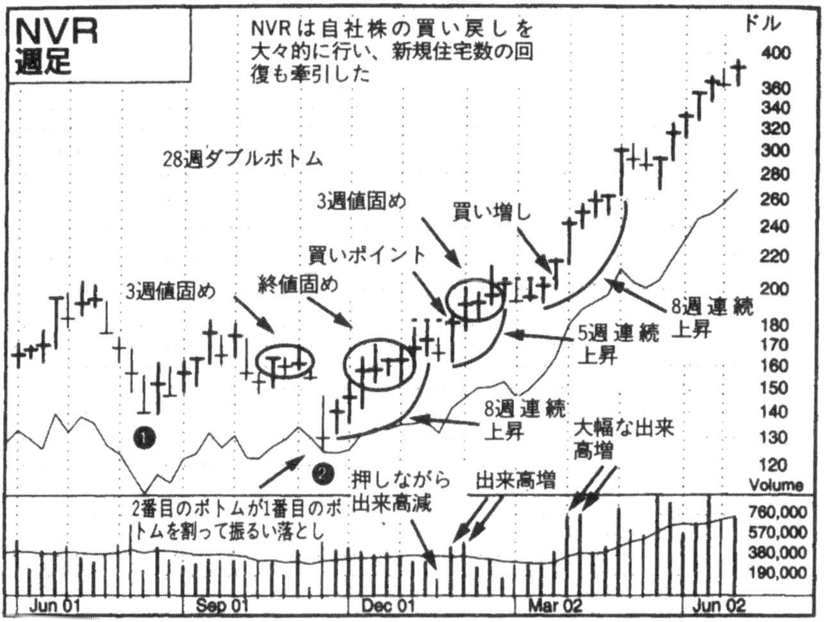

ノキアは1998年のダブルボトムから15カ月間で450％上昇した

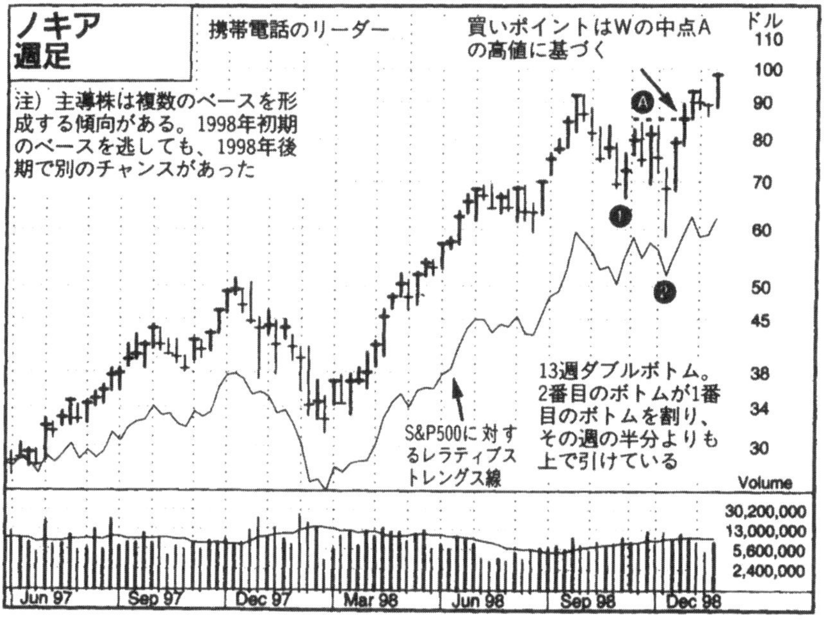

AMFがダブルボトムに続いて7週フラットベースを形成している

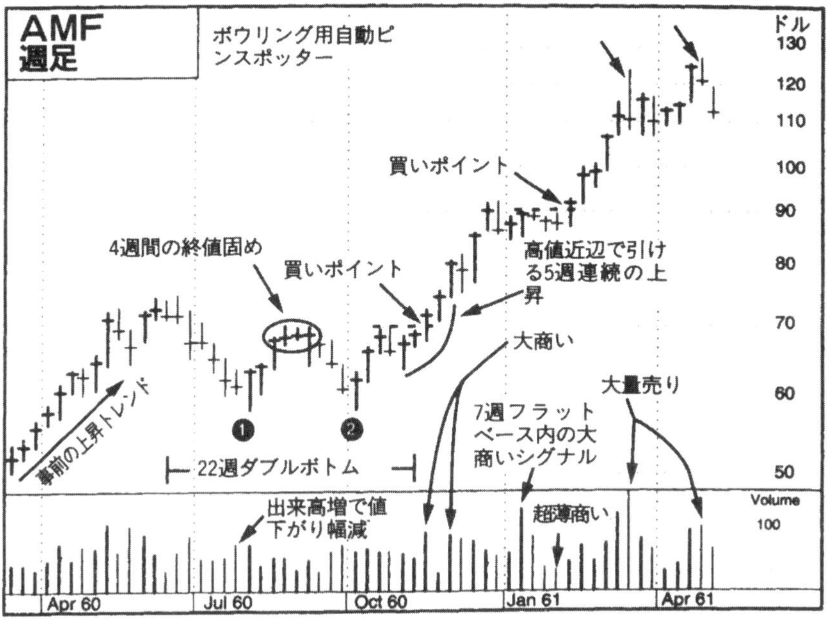

ボトムが3つある不完全なダブルボトム

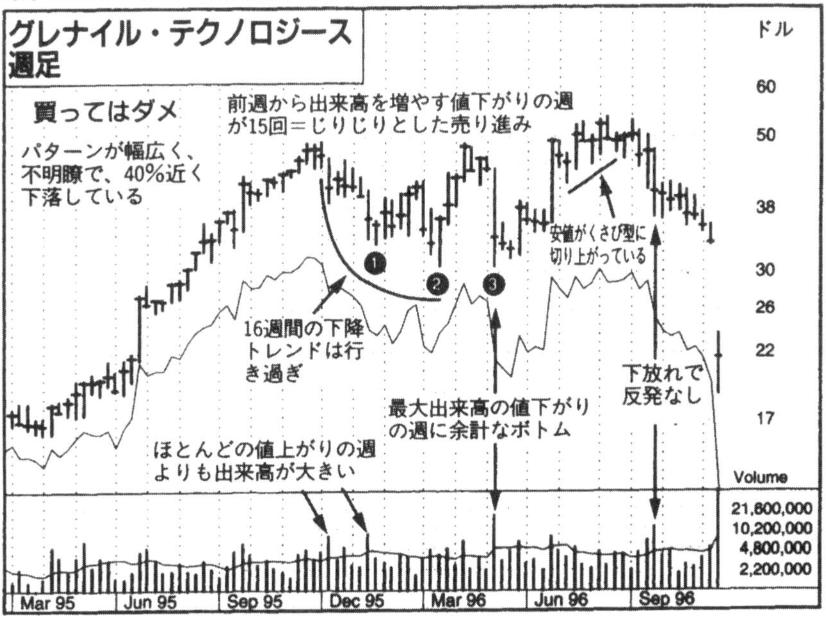

これも上放れしない、幅広く、不明瞭で、不完全なダブルボトム

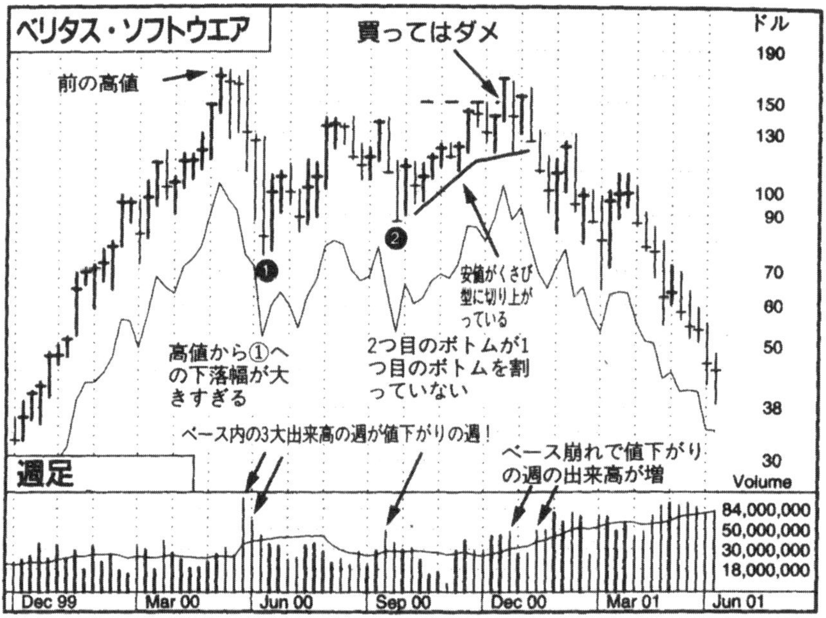

大商いの値下がりの週が多い不完全なダブルボトム

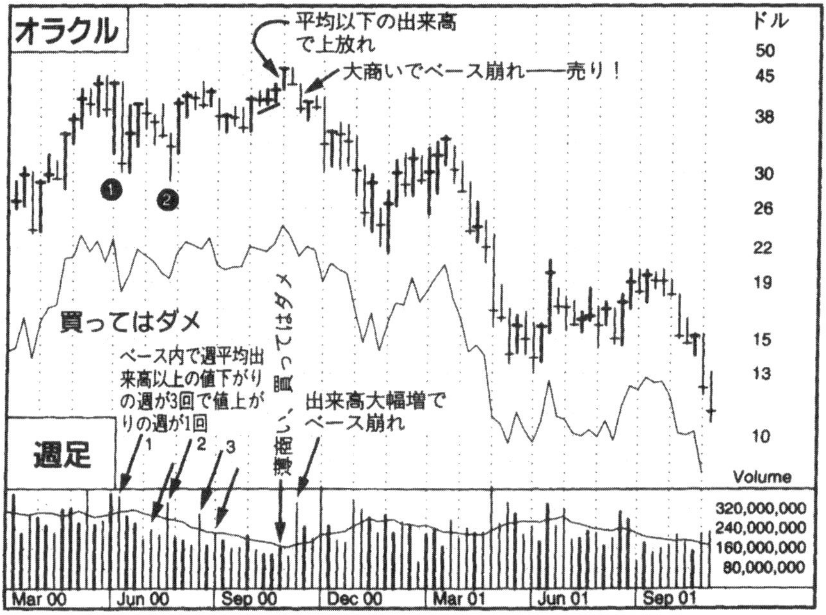

タイコの不完全なダブルボトムの2大出来高の週は値下がりの週だった

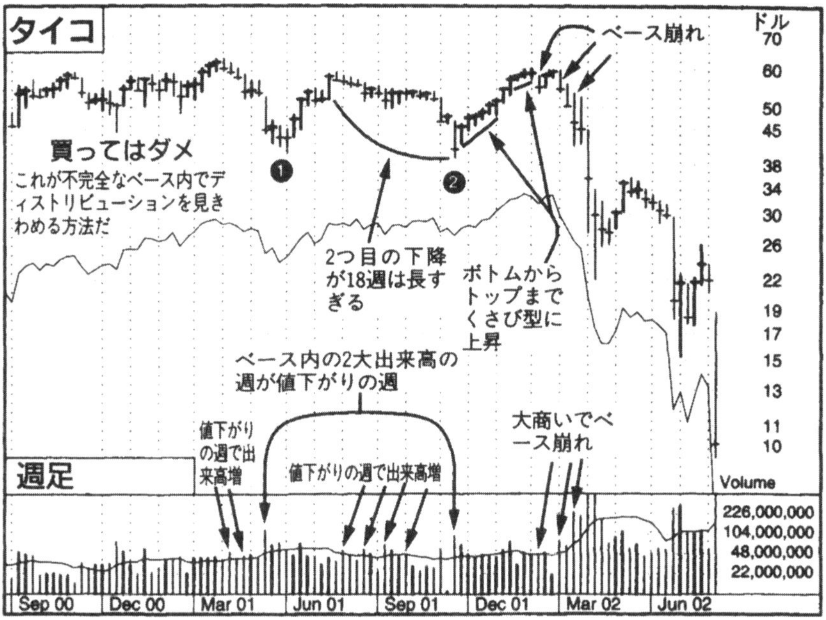

上下に連なった2つの不完全なダブルボトム

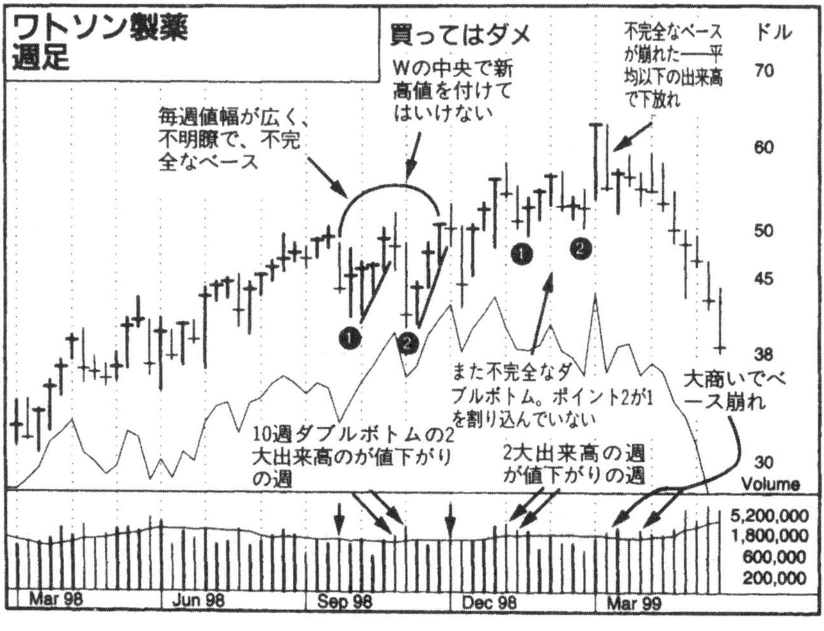

シグナルになる。

前述したように、最高の買いポイントはハンドル部分の高値であり、実際の前の高値よりも５～15％下になることがある。つまり、パターン内の絶対的な新高値を待つ必要はないということだ。

フラットベース

このチャートパターンはあまり調整せずに（10～15％）、どちらかというと横ばい気味に動く。最初のベースからの上げ幅の20～25％以上のほとんどを維持したままに、第２ステージとして形成されるのが普通だ。ほかのパターンが７～８週間以上であるのと比べ、このパターンは５～６週間と少し短いことが多い。

上昇ベース

このパターンも最初のカップウィズハンドルまたはダブルボトム・パターンから上放れして上昇する過程で現れる。９～16週間続き、３回の10～20％の押しがあるのが一般的だ。各押しの下端は多少切り上がって行き、各反発における新高値も少しずつ切り上がっていく。上昇ベースと名付けたのはそのためだ。これら３回の押しの原因は、ほぼ常に市場全体の短期的な急落だ。

週足チャートでパターンを分析する場合は、価格と出来高の両方の動きに注意しながら週ごとに見ていく。このパターンは高値の週から下げて引けた第１週から始まり、ピボット、つまり絶好の買いポイントを目指す。しばらくすれば、正常な良い動きと異常な悪い動きとを区別できるようになるだろう。例えば、株価がカップの左側を下がっていくとき、１週間か２週間、出来高が増加することはよくあることだ。だがほとんどの場合、値下がりしているときは大

シスコの最後の正しいベース――ほかのベースの上方に現れたフラットベース

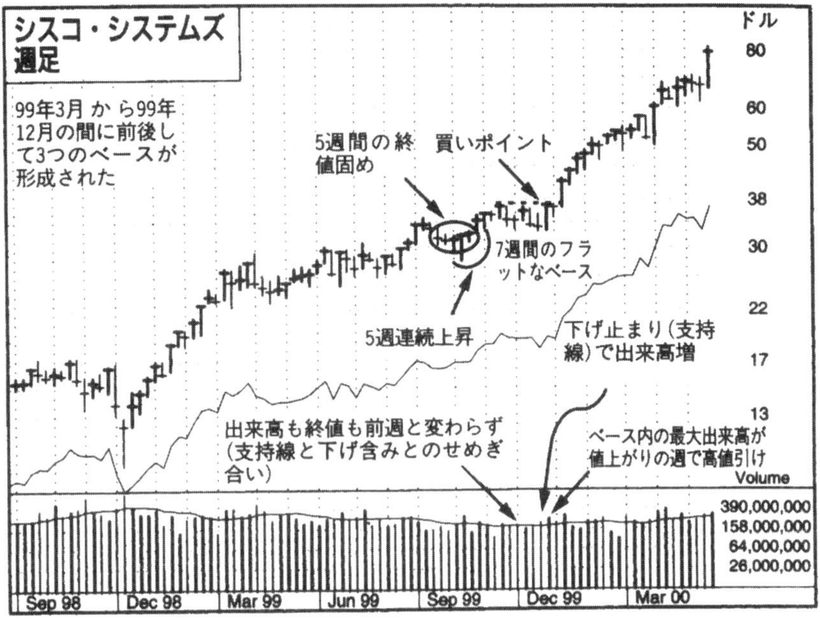

出来高不足とくさび型上昇のある不完全なフラットベース

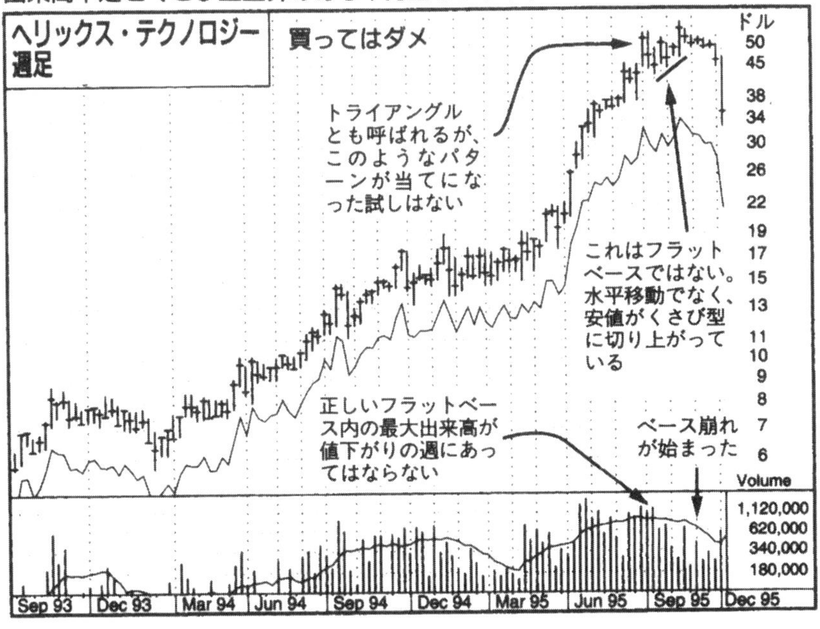

ボーイングの1965年の13週上昇ベース

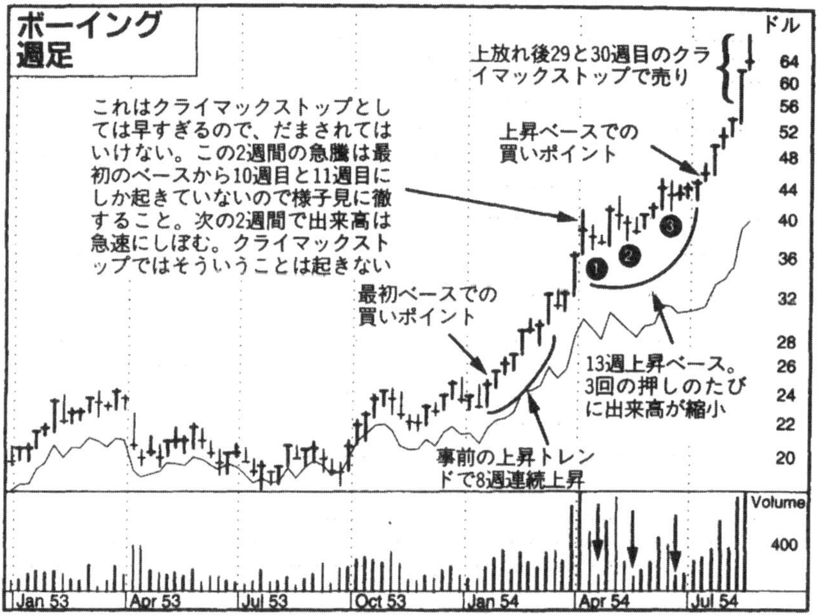

ボーイング
週足
上放れ後29と30週目のクライマックストップで売り
これはクライマックストップとしては早すぎるので、だまされてはいけない。この2週間の急騰は最初のベースから10週目と11週目にしか起きていないので様子見に徹すること。次の2週間で出来高は急速にしぼむ。クライマックストップではそういうことは起きない
上昇ベースでの買いポイント
最初ベースでの買いポイント
13週上昇ベース。3回の押しのたびに出来高が縮小
事前の上昇トレンドで8週連続上昇
ドル
64
60
56
52
48
44
40
36
32
28
26
24
22
20
Volume
400
Jan 53
Apr 53
Jul 53
Oct 53
Jan 54
Apr 54
Jul 54

モノグラムの1967年の16週上昇ベース

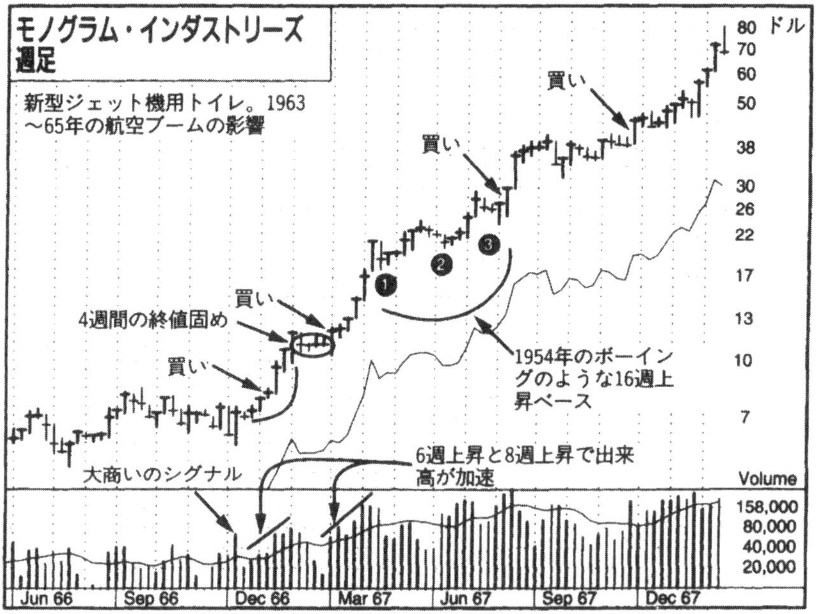

モノグラム・インダストリーズ
週足
新型ジェット機用トイレ。1963～65年の航空ブームの影響
買い
買い
買い
4週間の終値固め
買い
1954年のボーイングのような16週上昇ベース
6週上昇と8週上昇で出来高が加速
大商いのシグナル
80
70
60
50
38
30
26
22
17
13
10
7
ドル
Volume
158,000
80,000
40,000
20,000
Jun 66
Sep 66
Dec 66
Mar 67
Jun 67
Sep 67
Dec 67

シモンズの1966年の17週上昇ベース

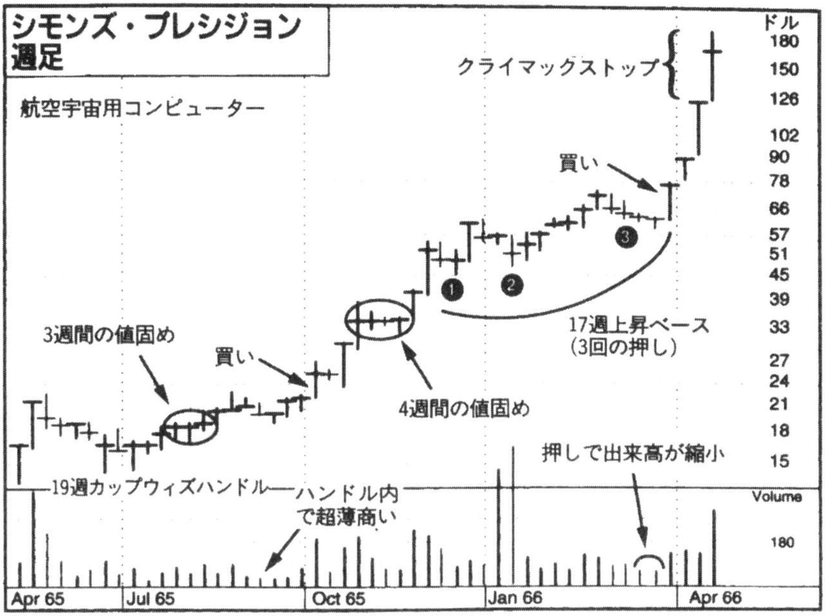

レッドマンの900%上昇の序盤に上昇ベースが見られた

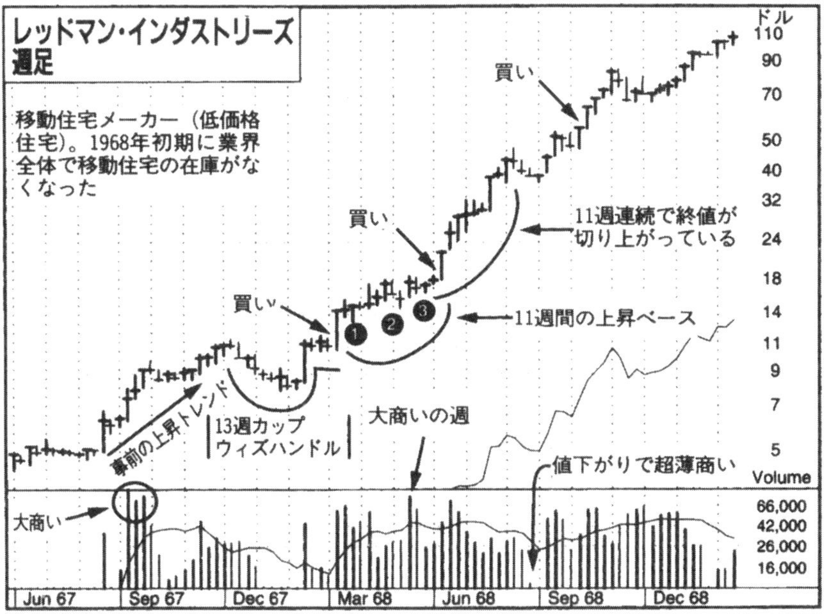

商いが５週間も６週間も続くことはない。それは通常よりも売りが多いことを示しているので、ベースからうまく上放れできる可能性が低くなる。

出来高の異常をもっと簡単に見つけられるように、過去３カ月間の１週間当たりの平均出来高を示す線を下端にある出来高チャートに重ねて表示してある。この線があれば、出来高が平均よりも多く、前の週よりも値を下げて引けている週を数えることができる。ベースの始まり（下げて引けた第１週）から始め、上放れする直前のハンドルの完成時まで数える。それからその数を、平均よりも多い出来高を伴って上げて引けている週の数と比較する。

あまりディストリビューション――プロによる売り――にさらされていない強くて健全な大半の銘柄は、平均以上の出来高を伴って下げて引けている週よりも、平均以上の出来高を伴って上げて引けている週のほうが多いはずだ。平均以上の出来高を伴い上げて引けているのが８週で、下げているのは４週だけという銘柄はかなり有望だ。だがあなたが注目している銘柄が７週下げていて、平均以上の出来高で上げているのが４週だけの場合は、完遂することなくダマシに終わる可能性が高い。

これは、チャートを調べたり、読み方を学ぼうとしないか、あるいは信じられないか、単なる無知のために株価パターンでアキュムレーションやディストリビューションを見つけることがいかに大切であるかを理解できない平均的な投資家、株式ブローカー、学者たちに対してあなたが持つことになる、情報に基づく優位性のひとつにしかすぎない。これも患者の体が実際にどうなっているのか見るために、血液検査も、Ｘ線検査も、絶対にしない医者に例えることができる。

これであなたは株価パターンを単なる形状で見るという単純なレベルを超えたことになる。株価の調整が正常で健全なのか、異常で不健全なのかを判断するために、週ごとにパターンを細かく分析することができる。経験を積めば積むほど簡単に問題点を見つけることができるようになるので、高くつく過ちを避けることができるようになる。これはあなたにとって大きな価値を持つことになるはずだ。

カップウィズハンドル・パターンで注意をしなければならない問題は、安値に沿って下がるのではなく上がっているハンドルだ。わたしたちはウエッジアップ（くさび型上昇）と呼んでいる。ウエッジアップしているハンドルを持つパターンでも完遂するケースもあるが、ほとんどが挫折する。ハンドルの下部における下方調整の目的は、株主を最後のひと下落でさらに振るい落とすことと、カップの底からチャート全体パターンの上半分への最初の強い反発のあとのお決まりの調整と押しを行うためだ。

ときにハンドルはその第１または第２週に急激な調整――振るい落とし（シェイクアウト）――を行う。だが通常振るい落としは終わり近くで起こる。ハンドルの最後で振るい落としが起こり、株価が反転して出来高の増加を伴ってピボット価格を上抜けしたとき、そのときが一般的にブル相場において買いに入る完璧なタイミングだ。一部の投資家は定規を使ってパターン全体の最初にある絶対的な高値からハンドルの最初の高値に触れる右下がりのトレンド線を引いて、ピボットブレイクアウト価格よりも少し早めのポイントを導き出している。一部のプロの資金運用マネジャーたちは、それよりもさらに早く――出来高が劇的に下がったときのハンドルの底の押しのポイント近辺で――買いに入り始める可能性がある。ハンドル部分は、横ばいに１～２週間だけと短いことも、最高10週間ぐらい長いこともある。ハンドルがまったくないカップもわずかだがある。

また、パターン全体の下半分に形成されるハンドルには要注意だ。そのケースかどうか判断するには、株価の絶対的な高値とパターンの絶対的な安値を見つけ、ハンドルの中間点がそれらに対してどうであるかを見る。ハンドルの中間点がその価格構造全体の下半分にある場合、それは挫折しやすいもろいパターンだ。パターンの絶対的な安値から十分に高く上がるほどの力をその銘柄が示していないからだ。株価の動きによって弱いのか強いのかを認識できる能力を徐々に身につけていくことが必要だ。

ハンドル部分の値幅が広すぎ、しまりがないこともある。ブル相場の場合、ハンドルは絶対的な高値から絶対的な安値までで10～15％以上は調整しないのが普通だ。だが、ベア相場から抜け出たばかりのときは、市場全体の最後の行き過ぎた下落と変動があるので、20～30％というもっと幅のあるハンドルでも問題ないことがしばしばある。1998年10月にチャールスシュワップ株がわずか26週間で428％の高騰を演じた直前もそうだった。

パターン全体の値幅が広く、しまりがないこともある。これを判断するには３つの方法がある。株価の調整は総合市場指数の調整幅の2.5倍以上であってはならないことはすでに述べたとおりだ。調整幅をパターンの絶対的な高値と絶対的な安値の間で測ることもできる。60％の調整は普通、広すぎる。そういう株価は下がりすぎ、上がりすぎだ。ブル相場ではもっと控えめな25～35％の調整のほうが一般的だ。

パターンが広がりすぎかどうかを判断する３つ目の方法は、各週の値動きの絶対的な高値と絶対的な安値との開きを見ることだ。一例は、全体で50から30へ調整していて、最初の週に42に（８ポイント）下落し、翌週に７ポイント反発し、そのまた翌週に９ポイント再び下落しているような銘柄だ。パターン全体を通じて毎週このような大きなスイングが起こり続けている場合、その銘柄は動きすぎ、ふらつきすぎだ。落ち着きがまったくないので人々の目に留まりすぎる。注目を集めすぎる。調整はその時点でその銘柄に対する注目をある程度削ぐものでなければならない。

正常なパターンでは数週間にわたって目立った取引がないことがある。それは幅の狭い、固い動きとして現れる。例えば、カップの底の40～46ぐらいまで上がるかもしれない。それから、46近辺で45と46の間を３週間横ばいに動き、毎週基本的に変わらない値で引けるかもしれない。そういう銘柄は目立った動きをしないので注目を集めることがない。だが、ただ猫をかぶっているだけかもしれない。そのような状況はハンドルの最後近くで見ることが多いだろう。値動きは最小限、出来高は枯渇し、だれも注目していないとき、その銘柄は人格をまったく変えて突然大商いに乗って高騰することになる。

そのような状況は、正常なパターンから上放れしてから２～４週間後に、限られた特別有望な新主導株でも起こることがある。ファンドがまだポジションを積み増し（アキュムレーション）している可能性があり、３週間連続でほとんど変わらない狭いレンジ内で引けることになる。過去の例では、1965年11月のシモンズ・プレシジョン・プロダクツ、1966年12月のモノグラム・インダストリーズ、1982年３月のホーム・デポ（IPO直後）、1982年９月のエミュレックス、1990年３月のアムジェン、1995年１月のマイクロン・テクノ

チオコールは1958年の上放れ後4週間の値固めがあった

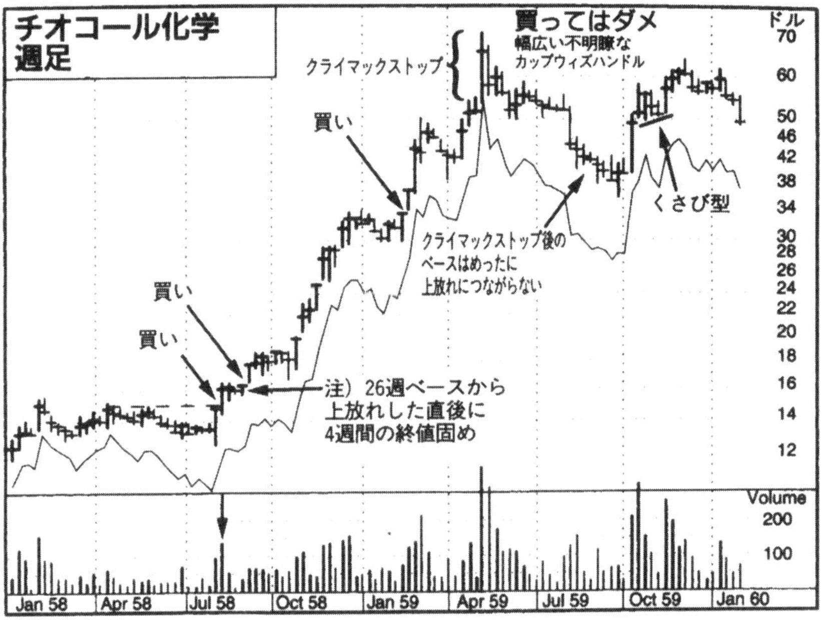

レビッツ・ファーニチャは1970年の上放れ後3週間の値固めがあった

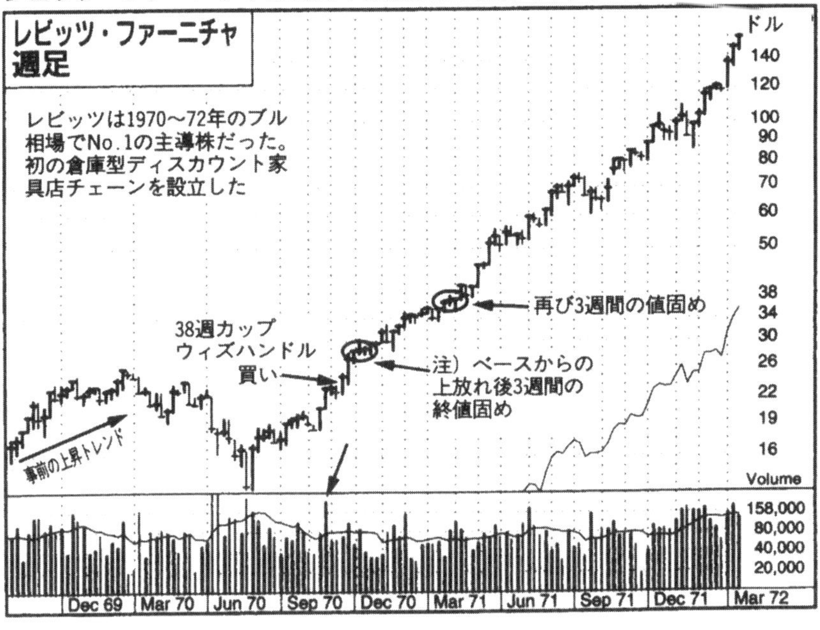

ホーム・デポは新規株式発行後に値固めエリアを何回も形成した

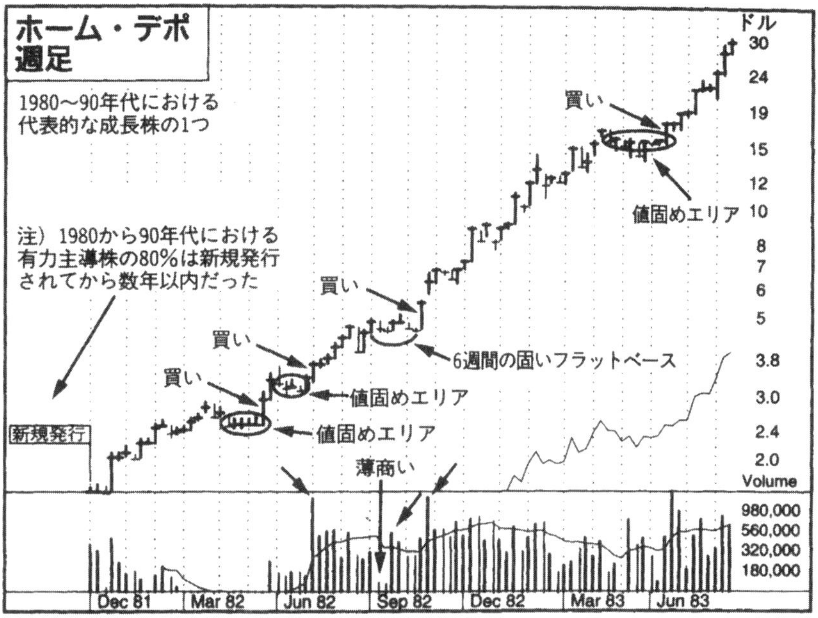

エミュレックスは1982年の上放れ後に4週間の値固めをした

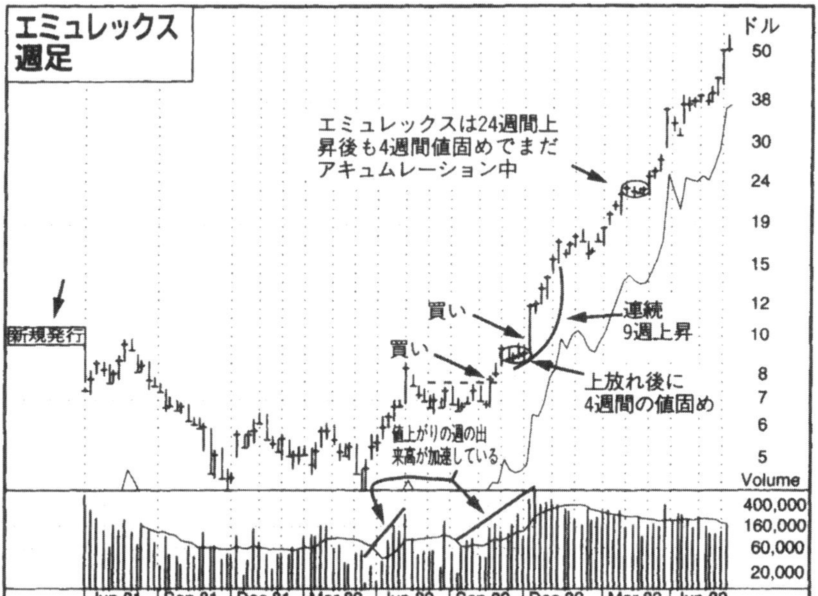

アムジェンは1990年のベースからの上放れ後に4週間の値固めをした

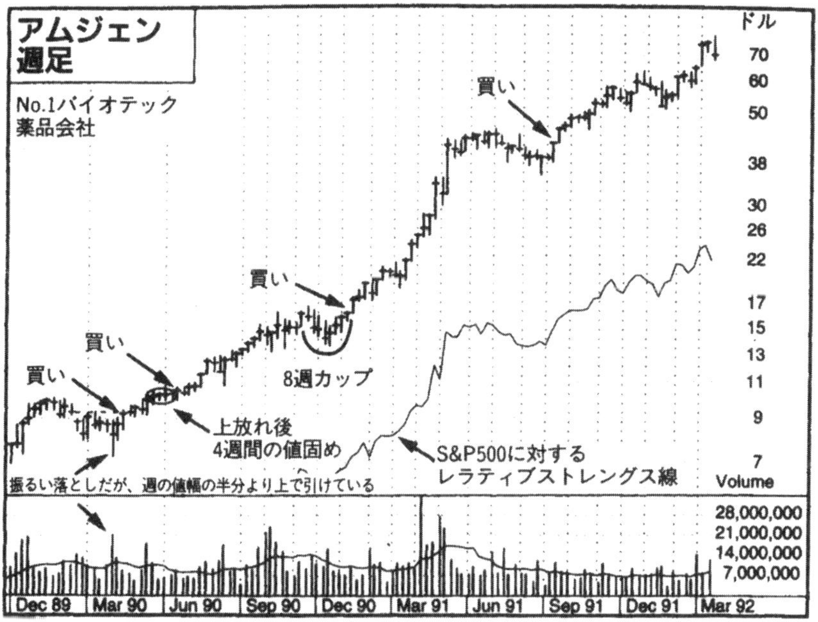

アセンドは1995年の高騰後に5週間の値固めをした

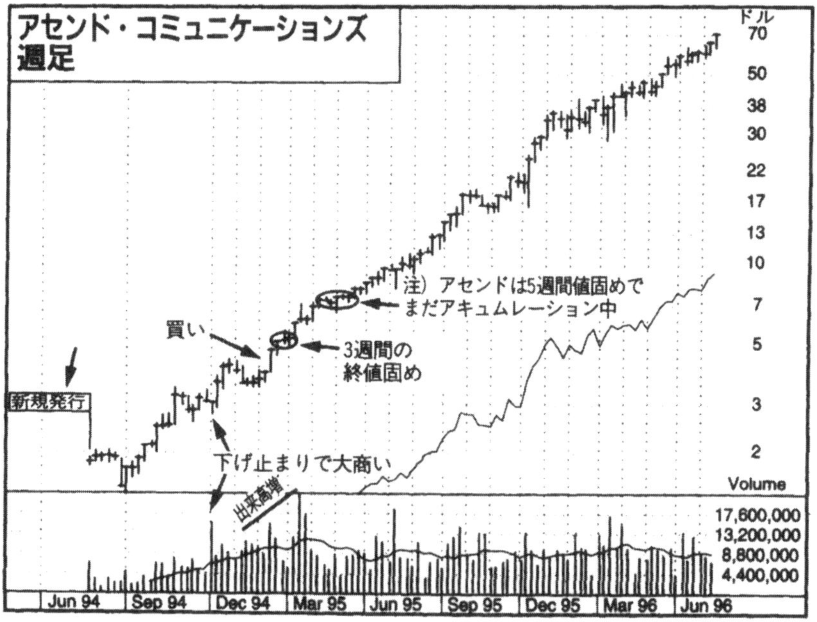

ロジー、1999年10月のオラクルがある。

だれの目にも明らかなようなパターンは、どうしてもうまく機能しない。ほとんどの投資家に気づかれないパターンであることが必要だ。市場は大多数の人が共通して考えていることとは反対に動くことを覚えておこう。

株価チャート上の引き締まった固いパターンは常に注目に値する。それは機関投資家やプロたちが何週間にもわたって特定の価格範囲内でその銘柄を大量に購入している可能性を示しているからだ。

ダブルボトム・パターンもダマシを予兆させる特徴を持つことがある。例えば、Wの中央部分が新高値圏に入るのは、ほとんどの場合、正常なパターンではない。中央部分が前の高値よりも下でとどまっているのが正常なWのパターンだ。

なぜそのようなパターンになっているのか、なぜある銘柄が日によって強気だったり弱気だったりするのかを理解することは重要ではない。ほとんどの場合、その理由は分からない。たとえ分かったと思っても、ほんとうはまったく別の理由かもしれない。唯一大切なことは、そのパターンが強いか弱いか、正常か異常かを認識することだ。すべての答えが分かることは絶対にないだろうし、そんなことに努力しても意味はない。

一時的な悪材料に反応して市場全体が２～３日軟調だという理由だけで、ある銘柄が弱気になることもある。その時点でカップウィズハンドルを形成している銘柄は、ハンドル内の安値を割って大々的な振るい落としを引き起こすかもしれない。だが何日かして相場がもとに戻り、その銘柄に本当の後ろ盾となる機関投資家がいくつかいれば、そのパターンから抜け出して大商いに乗って新高値圏へブレイクするだろう。

ほとんどの投資家はチャートについて学んだことがまったくない。数少ない学んだことのある人たちも、一種の占いの道具のように思っている人が多いかもしれない。だが、大多数の人が市場について考えていることは、ほとんどが完璧に的はずれなものなのだ。役に立つものでも人になかなか理解されないことはよくあることで、経験を必要とするチャート分析もそのひとつだ。それは技術であり、あらゆる技術と同様、身につけるには少々の鍛錬と根気が必要なのだ。だが学ぶだけの価値は十分にある。実際のところ、ファンダメンタルズ分析とともにチャートを使用しなければ、かなり不利な立場になり、大きな損を被りかねない。ほとんどのプロの投資家たち――少なくとも最高レベルの連中――は、チャートが示す需給パターンと特徴を慎重に分析し、企業のファンダメンタルズを参考にしながら、チャートから読み取った情報に基づき判断を下している。

ほとんどの好成績を上げているプロたちは、ファンダメンタルズと相場の動きのどちらか一方ではなく両方を使用している。ほとんどの場合、ファンダメンタルズだけでは主導株がいつ天井を付けるか分からないが、株価と出来高の異常な動きを見ていれば読み取ることができる。

ステップ

4

利益を確定する最適なタイミングで売る方法

When to Sell and Nail Down Your Big Profit While You Still Have it

ここまでで、市場全体がどちらを向いているかを知る方法、利益と損失を３対１に想定したプランを実践する方法、そして最高の銘柄を最適なタイミングで買う方法について学んだので、“ザ・サクセスフル・インベスター”になるための道はもう半ばをすぎている。だが、紙の上で利益を出すことと、利益を実際に手にすることとは違う。わたしには分かっている。なぜなら、わたし自身、40年以上前の1961年のブル相場で身をもって学んだからだ。

わたしが保有していた６つの銘柄が大きく値上がりした。それには、元オクラハマ州知事ボブ・カーと石油業者ディーン・マギーによって創立された石油とウラニウムの製造会社カー・マギー・オイル、エアゾール容器の開発業者のクラウン・コーク・アンド・シール、自動ピンセッターを製造してボウリングブームに火をつけたブランズウィック社とアメリカン・マシン・アンド・ファウンドリ（AMF）が含まれていた。値上がりするにつれて保有数を増やしていくという買い増しをしていたので、それぞれかなりのポジションになっていた。だが、天井を付けたあとに急落したので、それまであった含み益をすべて失ってしまった。

幸い、売り抜けることができ、大けがをする前に手放すことができた。だが、市場と銘柄についての読みは的確だったのにその年の成績がトントンにしかならなかったことが悔しくて、なにが間違っていたのかじっくり考えてみた。空回りばかりしているだけで、まったく儲けを手にしていなかったのだ。

わたしがやっとある冷徹な真理に気がついたのは、そのときだった。株をいつ売ったらいいのかまったく分かっていなかったのだ。その株を買ったのは目立っていたからだけで、値上がりしていたので買い増して、それから――デレーっと、ボケーっと、ノホホンと――手をこまねいていただけだった。わたしは、ほとんどの主導株がある時点で天井を付け、反落し、気がつく前に含み益のほとんどが帳消しになってしまうことを、現実感をもっては理解していなかったのだ。

多くの銘柄が健全なベースパターンから放れて20～25％上げ、調整し、それから――まだ力が残っていれば――新たなベースを形成してさらに25～30％上げる。そういうことを発見したのは何週間にもわたって自分が犯したすべての過ちを自己分析し、詳しく調べてみてからだった。株価が20～25％上がったところで、まだ値上がりしているときに利益の多くを確定し、７～８％下がったところですべて損切りするという方法に思い至ったのはそのときだ。

ひとつの完全な相場サイクル――新しいブル（強気相場）の始まりから次のベア（弱気相場）の底まで――におけるあなたの真の目的は、積み上げた含み益をできるかぎり多く確定することだ。だが、ほとんどの投資家は必要以上の利益を吐き出し、あまりに多くの投資家が利益を残らず吐き出してしまっている。このステップを何度も読み返せば、実績によって裏付けられた売りルールをうまく実践できるようになり、今後のブル相場で含み益のほとんどを吐き出してしまうようなことがなくなるはずだ。市場においてあなたが過去に犯したすべての過ちから前向きに学び、役に立てなければならない。

わたしが知っている利益を確定する唯一の方法は、保有銘柄が健全な状態にあり、まだ上がっている最中に売ることだ。ステップ２で説明したように、上昇時は20～25％で利益の多くを確定し、下降時は７～８％ですべて損切りすることでうまくやることができる。このルールに従っていれば、あなたは遅かれ早かれ25％の利益を２回から３回連続でモノにすることになるだろう。25％の利益を３回連続で得られれば、資産が２倍近くになる（あるいは信用取引枠をいっぱいまで使えば３倍になる）。

20～25％で利益の「多く」を確定すると言っている点に注意してほしい。今日まで、わたしはいつもこのルールに一定の例外を設けてきた。強いブル相場で、買ったばかりの株の企業の現在と過去３年間の収益と売り上げの伸びが好調で、ROEが高く、バックにいる機関投資家が優良で、強い産業グループ内のリーダーであって、しっかりした健全なベースパターンから上放れしてからわずか１、２、または３週間で大商いに乗って20％急騰した場合は、そこで売らずに、上放れした買いポイントから少なくとも８週間は保有し続けることにしている。

わたしたちの過去の相場に関する研究では、序盤でロケット並みの勢いのある銘柄が、大きな勝者になる可能性が高いことが分かっている。そういう銘柄はその８週間にトラブルに陥ることがないだけでなく、８週間が過ぎたころにはおそらく20～25％――ときには50、60、ことによっては80％――上がっていることになる。

その時点で、状況を分析し、さらに保有し続ければさらに上がるかどうか判断する。しかし、その株をさらに持ち続けるには、過去の優れた主導株を分析した結果に基づき編み出された新たなルールや原則が指針として必要になる。例えば、あと２カ月保有しようとか、１回目の15～20％の調整は我慢しようとか、または株価が10週移動平均ライン上かそれよりも上にあるかぎり、あるいは多少下でも――とにかく次の大きな値上がりをとらえるために――保有し続けようと決断することもできる。あるいは、ベースパターンの上放れポイントと今後の１～２年の収益予測をもとに予想される株価収益率（PER）の伸びから、目標価格を設定することもできる。わたしのほとんどの大きな勝ち銘柄は、この方法で保有し続けたことによって、値上がり幅を最大限に享受しながら、値上がりが終わりに近づいたときに手仕舞いすることができた結果だ。ジェシー・リバモアが言っているように、「大きな利益は、アイデアによってではなく、相場に踏みとどまることによって得られる」のだ。

以前の各相場サイクルにおける主な主導株の株価チャートを集めて持っていれば、いまの保有株と似たような動きを見せている過去の勝ち銘柄が見つかり、それを前例または指針として用いることで、価格調整が正常な範囲内であるかぎり踏ん張って持ち続けることができるかもしれない。1998年10月の最終週にアメリカオンライン（AOL）を60ドルで買ったときにわたしがやったのはまさにそれだった。AOLはカップウィズハンドル・パターンを上放れしたあと、わずか３週間で25％上がった。ダウは新たな上昇トレンド相場の始まりを確認するフォロースルー日があったばかりで、AOLは市場全体の転換をけん引するかのような動きを示していた。

その33年前の1965年７月に、わたしはベトナム戦争に伴う電子機器の特需の恩恵を受けていた半導体のリーダーである、フェアチャイルド・カメラ・アンド・インストルメンツを、カップウィズノーハンドル（取っ手なしカップ）パターンから上放れしたときに50ドルで購入した。その直前に市場指数も大きなフォロースルー日を記していた。フェアチャイルドは最初の３週間で25％上げ、５週間で50％上げた。だが、それから１週間にわたって大商いを伴って下放れし、恐ろしい振るい落としを演じた。次の６カ月間で１株70ドルから215ドルへ３倍にまで上がり続けた。

AOLの値動きもまさに同じだった。わずか３週間で25％、５週間で50％急騰した。だがその後、肝を冷やすような大商いを伴って１週間にわたって下方へブレイクし続けた。わたしはフェアチャイルドの古いチャートを前例として持っていたので、AOLの大商いを伴う下放れで振るい落とされずに済んだ。それは歴史的に見ればよくある出来事にしかすぎなかったのだ。AOLはすぐに回復し、そこから３倍以上値を上げた。わたしがやっと売ったのは、1999年４月初旬のクライマックストップ、450％以上上昇してからだった。人はいつでも歴史から学ぶことができる。なぜなら人間というものは変わることがなく、ほとんどの人が考えるほど市場には完全に新しいものなど存在しないからだ。

９週間の上昇ベースからのAOLの目覚しい上昇の終盤での動きは、1954年第２四半期における巨大航空宇宙企業ボーイングの序盤の上昇ベースや1968年第１四半期に始まった大手移動住宅企業レッドマン・インダストリーズの動きとほとんどうり二つだった。その当時、わたしは1968年の第１四半期における中程度（８～10％）の市場全体の調整によってレッドマンから振るい落とされたが、レッドマンはそれから670％も上がったのだ。わたしはそのきわめて高価な教訓をよく覚えていたおかげで、AOLの上昇ベースにおける３回の押しを耐え抜くことができた。AOLのチャートをステップ３の最後のほうに掲載してあるレッドマン社とボーイング社の上昇パターンと比べて見るといい。

AOLのクライマックス上昇局面は――わたしの『オニールの成長株発掘法』（パンローリング刊）の第１版と第２版において詳しく説明した前のクライマックストップとまったく同様――なによりの教科書だった。上昇ベースから抜けてわずか５週間で２倍近くに上がり、天井を付ける２日前にエグゾースションギャップを空け、最終日の前日に16ポイント急騰した。

AOLはルールに厳密に従って買われ、ルールに従って保有され、ルールに従ってまだ上げている途中で売られた。個人的な意見を一切入れずにだ。最初の買いポイントで購入しときのAOLのPERは158倍だった。高値では532倍になった。わたしはかなり前に過去のすべての大きな勝ち銘柄を分析することによって、PERが値上がりの直接的な要因などではなく、値上がりの真の要因である優れた企業業績と機関投資家による保有の二次的な結果にすぎないことを学んだ。ほとんどのメディアジャーナリスト、アナリスト、バリュー投資家たちは、真に優れた企業を見逃してしまう。なぜなら、シボレーのような大衆車の値段で高級車のベンツを買うことなどできないことを理解していないからだ。株はプロのスポーツ選手のようなものだ。優秀な銘柄ほど高い値段が付いている。

「20～25％上がったら売る」というルールに重要な例外を設ける

AOLは1965年のフェアチャイルドと1954年のボーイングの先例に従っている

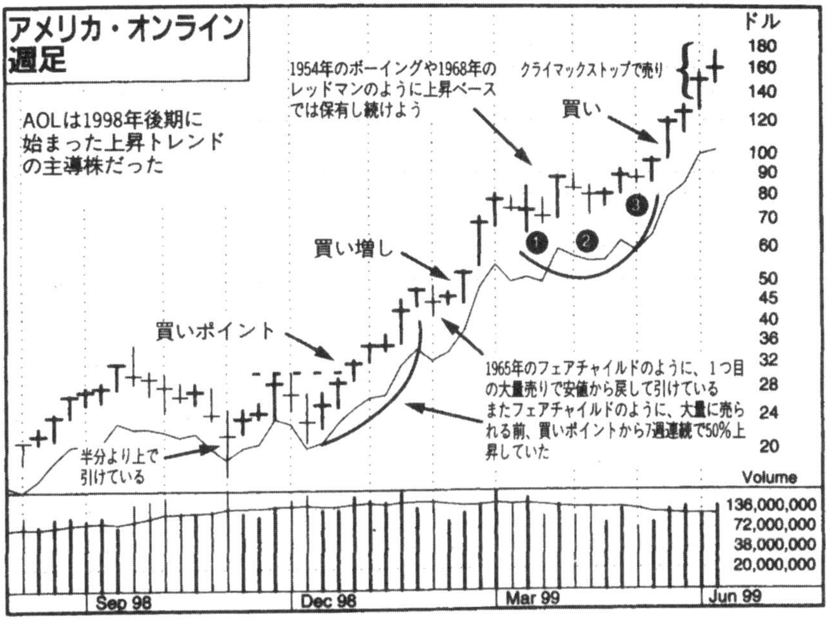

フェアチャイルド・カメラは1965年のNo.1主導株

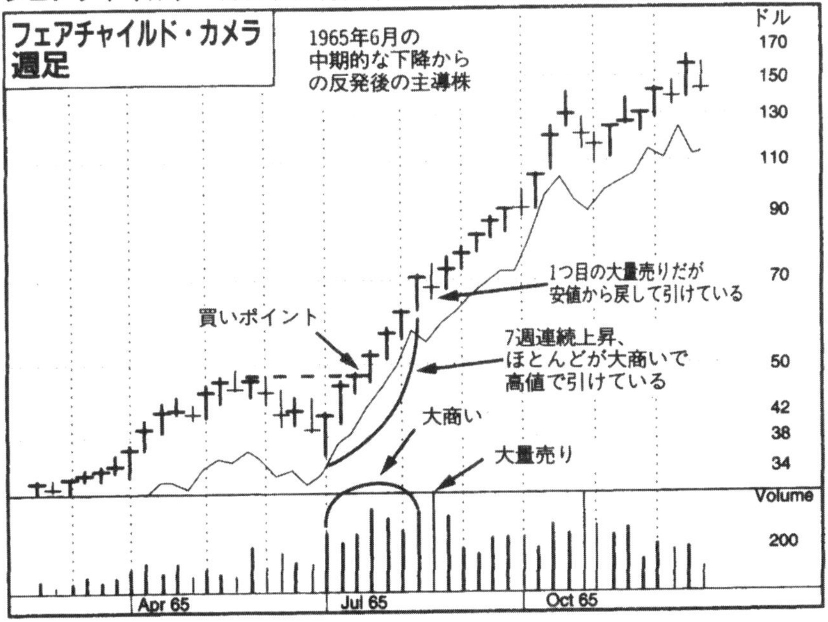

アマゾンは典型的なクライマックストップを形成してから95%下落した

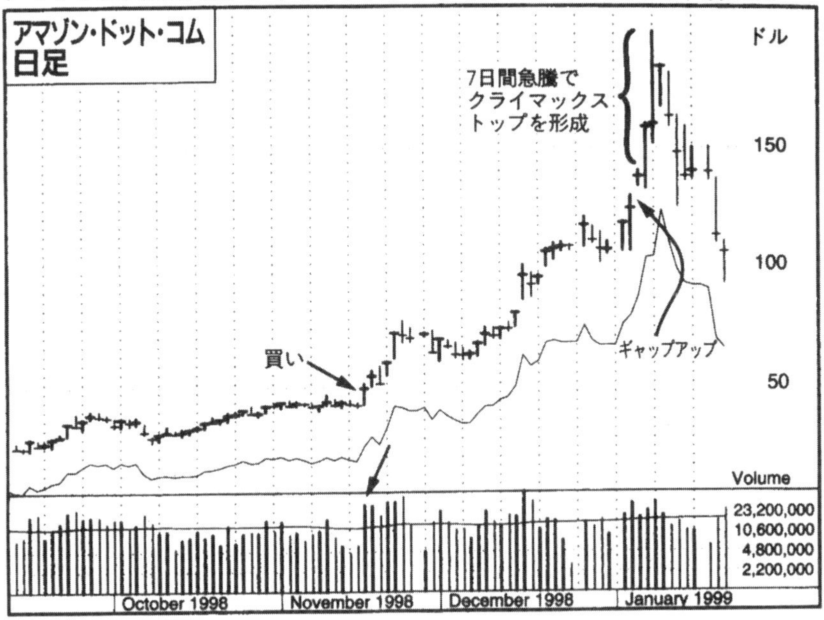

ことによって、多数の単打や二塁打に加え、CAN SLIM銘柄でもときには100～200％以上のホームランを打つことができる。だから、保有株がまぎれもなく超優良株のひとつであるなら、クライマックストップを付けるチャンスがあるかぎり、じっと持ちこたえるという手もある。大物主導株の５つに４つはクライマックストップを付けるものだ。

クライマックストップでは、何カ月も上げ続けていた主導株が突然地を離れ、それまでのあらゆる週よりもはるかに速いテンポで急騰し始める。ほとんどすべての事例で、週足チャート上におけるその週の絶対的な安値と絶対的な高値の開きが、それまでのすべての

チャールス・シュワップも大幅上昇をクライマックストップで完了した

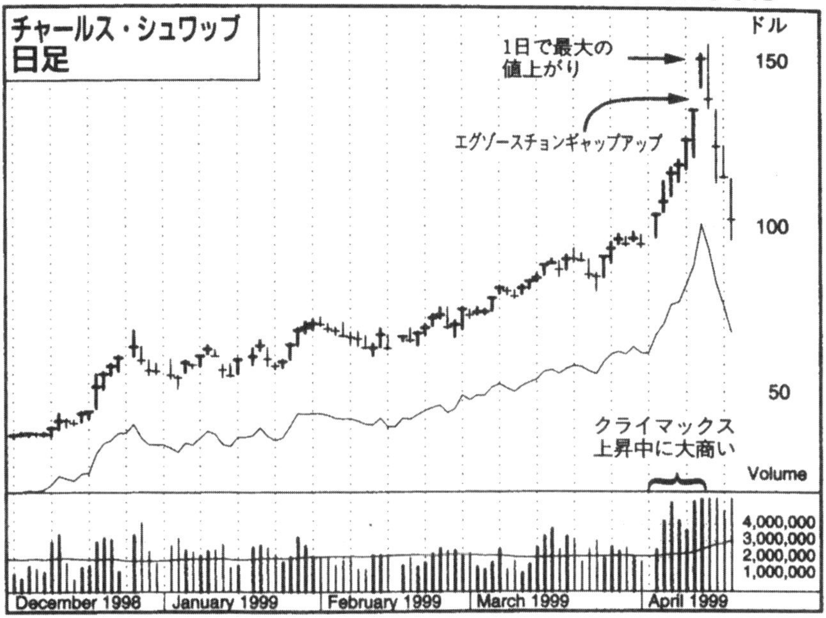

もうひとつの大物主導株がクライマックス上昇で天井を付けた

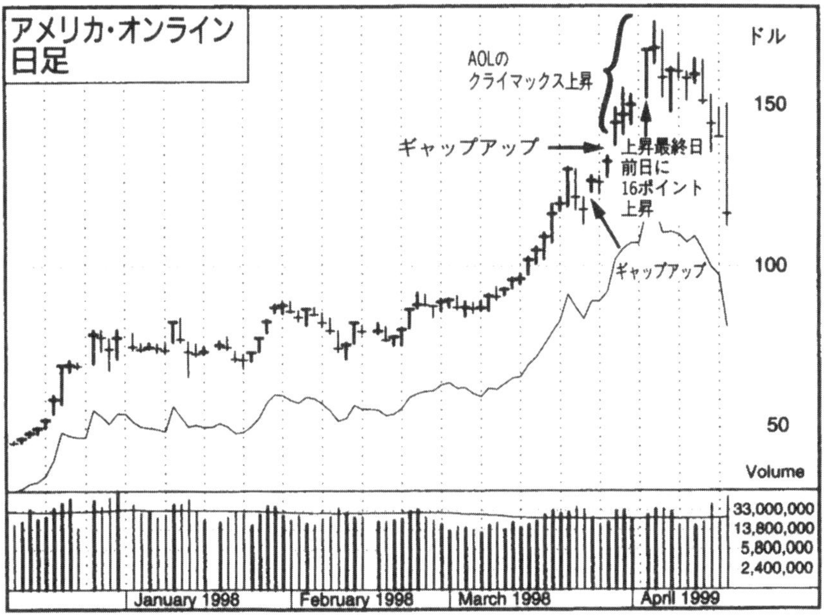

週の値幅よりも広くなっている。

もしチャートを使わなければ——わたしの考えではそれは間違いだと思うが——日々の価格の変化に注意することによってクライマックストップを見きわめることができる。多くは10日のうち７日か８日連続で上げ続け、そのなかの１日では、もともとのベースから上放れしてから最大の80ポイントの上げ幅を示すことになる。例えば、数ヵ月間上げていたものの、１日で８ポイントよりも大きく上げることなどまったくなかったのに、突然12ポイント急上昇する株だ。そのような急上昇がこれまでに説明したその他のいくつかの条件とともに起これば、究極の高値圏まであと数日であることが分かる。日足と週足チャートを使えば保有株の状況をさらに効果的に監視し、把握することが簡単にできる。

このパターンは、ブローオフトップとも、クライマックストップとも呼ばれている。名前がどうであれ、だれが見てもさらに２倍になりそうな株をみんなが買おうとしている状況だ。だが、みんなが興奮し、引き込まれた、まさにそのとき、バブルははじけるのだ。

AOLの例で言及したように、クライマックストップの最終的な予兆は、何カ月も上昇し続けた上げ足の速い株が、エグゾースションギャップという窓を空けて寄り付くことだ。例えば、前夜70ドルで引け、翌朝75ドルで寄り付くというように、その間に普通はある値刻みがないのだ。それは最後の最後の段階にあることを示すシグナルなので、売りに回るときだ。天井まであと１日か２日かもしれない。そういうときは躊躇してはいけない。株はまだ上がっていて超強気に見えているときに売ることが大切だ。なぜなら、天井に到達した株は急落することがあるからだ。たった２日間でその最終上昇分を一気に帳消しにしてしまうこともある。

このクライマックストップではわずか15日間に100%上昇した

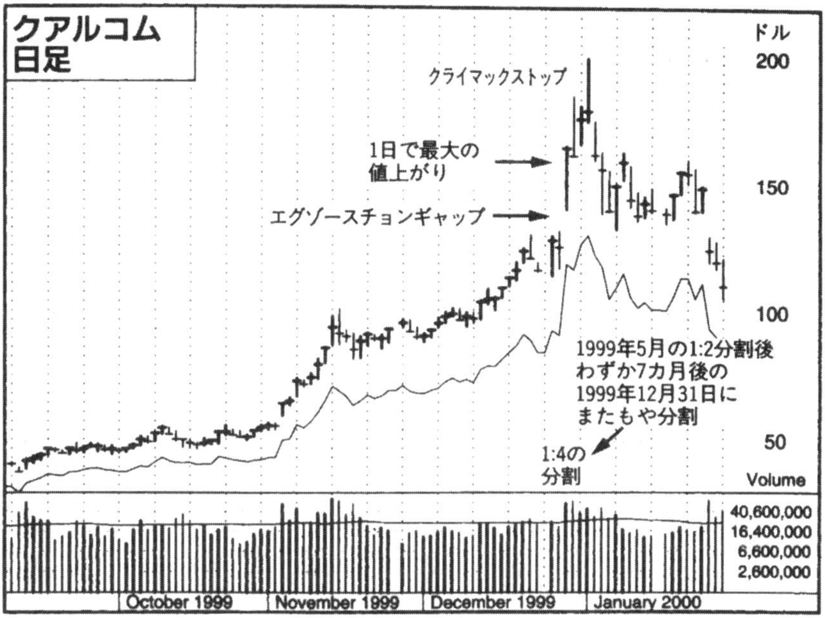

売りの決断をすることは簡単ではないだろう。みんなが「ワア！この株すごいぞ！」と大騒ぎを始める。そして、本当にすごいことになる。1999年12月下旬から2000年１月初旬におけるクアルコム――15カ月間で20倍になった携帯電話のリーダー――のクライマックストップの場合、その最後の３週間で100ドルから200ドルへ100%急騰した。この株もエグゾースションギャップを空けて寄り付き、１日でなんと39ポイントも上げて引けた。それは天井を付けるわずか３日前だった。

そんなときに、その銘柄の買い推奨を始める証券会社も現れるので、売りの決断がなおさら難しくなる。証券会社もその値動きに目

週足チャートではクライマックストップはこのように見える

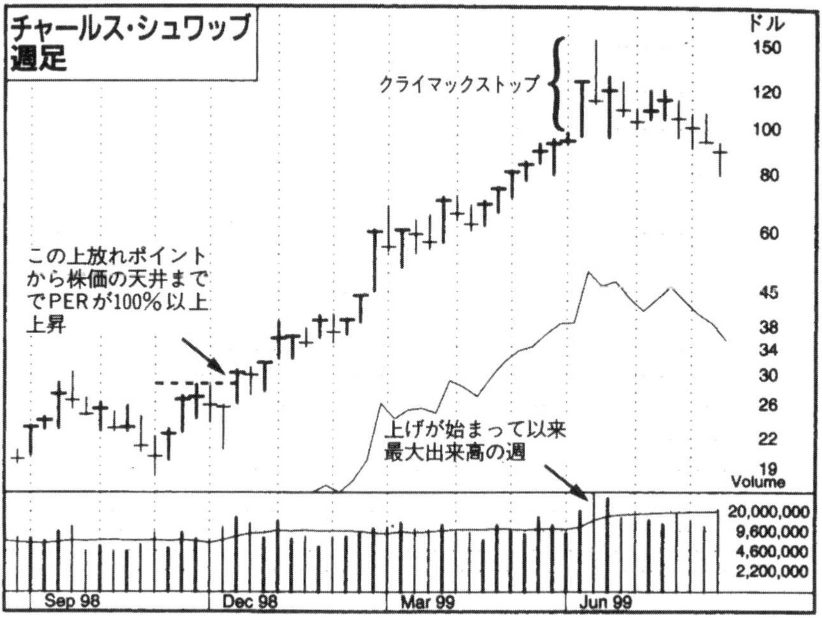

がくらんで訳が分からなくなり、業績予想も目標価格も上方修正してしまう。1999年4月にチャールスシュワップがクライマックストップで150ドルを付けたときに、いくつかのウォール街の有名企業がそれをやった。だが、あなたは、特に1回か2回クライマックストップを経験すれば、もっと状況を見通せるようになるはずだ。この株がすごいとみんなが大騒ぎし始めたころは、買うような人はだいたいすでに買ってしまっているので、あとは値下がりするしかない。みんなが知っていて騒いでいるときは、もう遅いのだ。群集心理は、ここぞという相場の大転換点において、常に間違っている。

値上がり株の天井を見きわめるもうひとつの方法は、PERがどのくらい大きくなったかを測ることだ。すべての値上がり条件を満たしている主導株のPERは、株価が動き始めてから比べると100％以上大きくなる。例えば、しっかりした第1ステージのベースから50ドルで上放れして、150ドルまで上がるとしよう。そして、例えば、50ドルという価格がその時点の12カ月間の1株当たり利益の40倍だったとしよう。150ドルの価格が1株当たり利益の95倍（または値上がり開始時のPER40倍の138％増）である場合、それはその株の命運が尽きかけていることのもうひとつのシグナルである可能性が高い。

そのような警告シグナルは、もっと大きな利益を狙って8週間以降も手放さずにいた場合の売りルールとして使用できる。場合によっては、天井を付けるときに2つ以上のシグナルが出ていることがある。例えば、PERが当初から比べて120～130％大きくなるのと同時に、クライマックス上昇とエグゾーションギャップが起こることがある。これもチャールスシュワップで起きたことだ。

そういうクライマックスを何度か目にすれば、いかに繰り返し同じことが起こっているか、驚くはずだ。そのときはシュワップだったが、次はほかの銘柄で起こる。20世紀の相場と景気のすべてのサイクルにおいて、大手ファンドやプロの共同資金が、その当時の最高の成長株を追いかけ、それらの株価を上昇させ、やがてPERをだれも正当化できない水準へ押し上げている。人間の本性は変わることなく、歴史は繰り返されるのだ。

一番の問題はあなた自身だ。あなたには歴史から学ぶために人一倍勉強する意欲があるだろうか？　あるいは、そこまではやる意欲はなく、過去にあなたやあなたのアドバイザーが犯したのと同じ過ちを繰り返しているほうが楽でいいと思うだろうか？

株価が上方チャネルラインを上抜けしたら売り

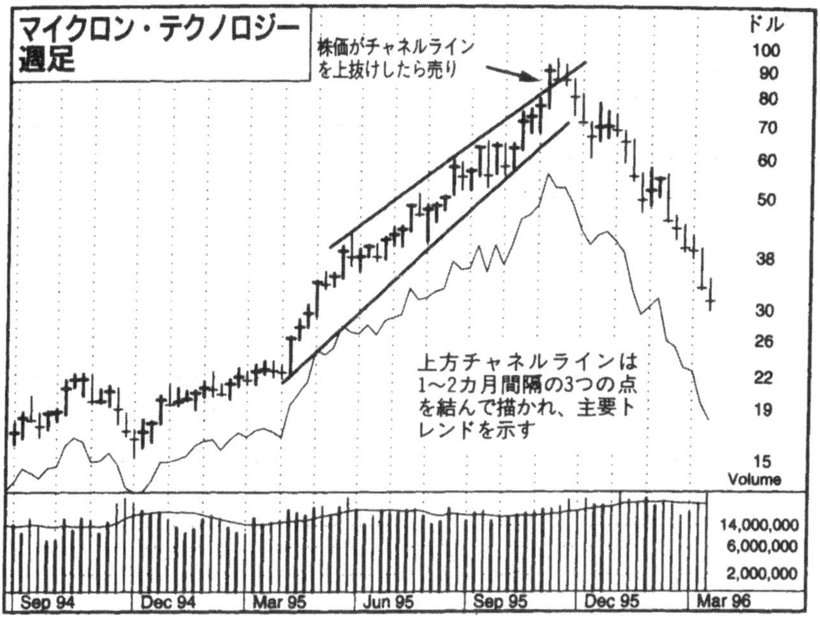

主導株の長い上昇トレンドの最後を見きわめるさらにもうひとつの方法は、わたしたちがチャネルラインと呼んでいるものを使う方法だ。これもやはり、チャート（日足または週足）を使用する。株価の一時的な押しに沿って３つの主要な安値ポイントを結ぶ線、そして高値に沿って３つの主要な高値ポイントを結ぶ線を描く。各ポイントは、株価が最初のベースから抜けた以降、少し間隔――数週間から数カ月――を開けて選ぶ。描かれる各主要トレンド線は厳密には平行にならないが、かなり平行に近くなる。

株価が上方チャネルラインを上に抜けたら――例えば、50ドルでチャネルラインを突破し、51～52ドルにまで上がったら――75～80

AOLと各段階のベース

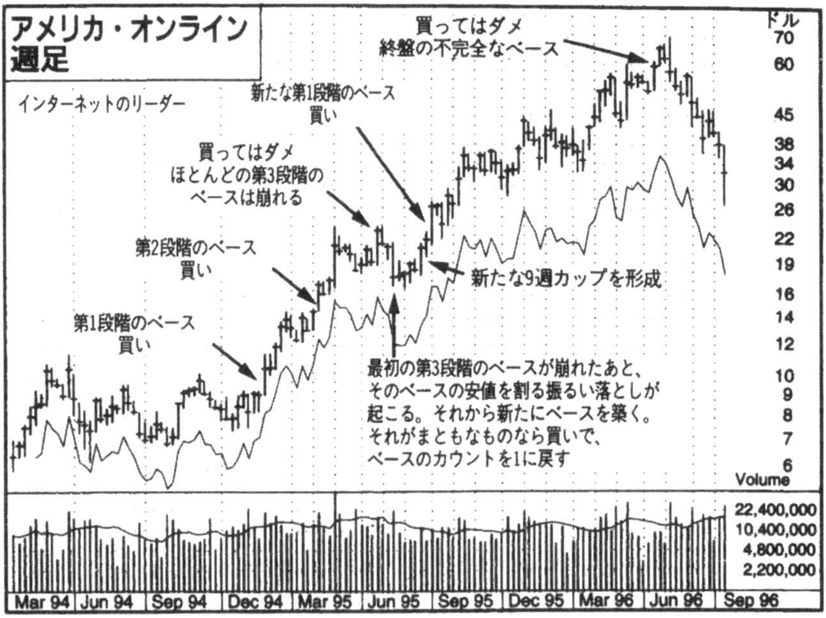

%の確率で天井に近いので、売りだ。１回突破するだけの条件なので、いつでも突然起こり得る。上抜けしたらすぐに売ろう。次にどうなるか様子を見ていてはいけない。だが同時にあわててもいけない。まだまだ値上がりする株が上方チャネルラインを突破することは少なく、高値のトレンドラインから跳ね返されて反落し、何週間かたってからまた上げ、その間ずっとチャネルの内側にとどまる。

有望株が乗っている氷が薄くなってきていることを知るもうひとつの方法は、株価が上昇していく過程で形成されるベースパターンを追跡することだ。これまでに説明したように、新たなブル相場はいつも数十の新たな主導株を生み出し、それらが１つ目のベースを築く前に、そのなかでも最高の株がいつも強力な上昇トレンドを描いて先行する。それからそれらのベースから上放れし、20～25％上げたところで調整に入る。それから、２つ目のベースを形成し、再び上放れしてさらに20～25％、ときにはそれ以上上昇する。ファンダメンタルズ的にまだ健全な場合、一部の株は３つ目のベースを形成し、さらに上放れする。

健全かつ正しく形成されている場合、１つ目のベースからの上放れは、新たなブル相場ではほとんど必ず成功する。なぜなら、その銘柄に注目している人も、期待している人も少なく、買うような投資家はもちろん、その銘柄のことを知っている投資家さえ少ないからだ。それは（過去数年以内に新規公開した）比較的新しい企業かもしれない。もししっかり形成されていれば、もう少し多くの人たちが２つ目のベースに気づくが、上放れを危うくするほどの買い手を集めないことが普通だ。気づいている人が多すぎたり、そのパターンが不完全である場合は、もちろん上放れに失敗する可能性がある。

しかし、株価が３つ目のベースを形成するころには、ほとんどの玄人筋がその銘柄に気づいているだけでなく、その動きについても見抜いているだろう。たくさんの人が保有していて、一部の――特に序盤に買った――人たちは次の上放れや値上がりに期待している人たちへ売ることをすでに考え始めている。

この売りの動きが、３つ目のベースからの上放れが成功する確率を低くする。だが、もし上放れが成功すると、株価が上昇して４つ目のベースが築かれることになるので要注意だ！　４つ目のベースは高い確率で上放れに失敗する。そのころにはみんなが知っているからだ。前述したように、株式市場ではみんなが知っているような

ガートナーは終盤で幅の広い不明瞭で不完全なベースを形成した

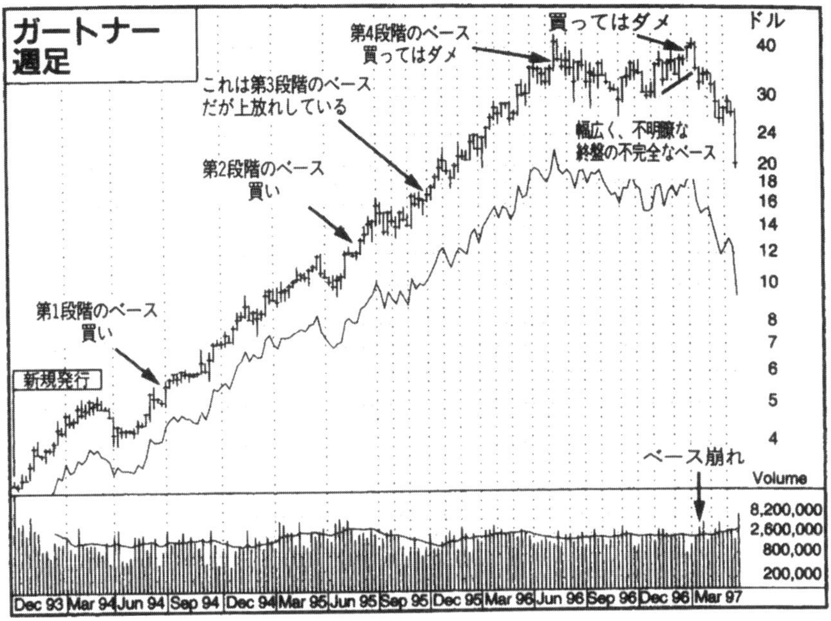

ことが、思惑どおりになることはめったにないのだ。

知識がないばっかりにチャートを軽視し、まったく利用していない投資家たちが被る不利益について考えてみるといい。その人たちには、それがいったいいくつ目のベースであるのかも、それがどんな意味を持つのかも、まったく検討もつかないのだ。それはまるで事前の計画をまったくせずに、道路地図も、スペアタイヤも、携帯電話も持たずに大陸横断長距離ドライブに出かけるようなものだ。投資家による銘柄選択と売買タイミングの判断を支援するために、わたしたちが1972年にデイリーグラフを、それからオンライン投資リサーチツールであるデイリーグラフオンラインを作成したのはそのためだ。

要するに、ベースから４回上放れしたCAN SLIM銘柄を保有していたら、売ることを考えることだ。もし４つ目のベースから上放れしようとしている銘柄を買うことを考えているなら、考え直そう。この手法をちょっとでも知っている真のプロなら、４つ目のベースから放れようとしている銘柄を買うことはない。その銘柄は５～10％上げて、無知な投資家たちの目を引くかもしれない。だが、すぐに崩れ、下落し、ベースの安値を割り、ほとんどの株主が突然の反落によって振るい落とされることになる。

ベースに見慣れてくると、値上がりするにつれて少しずつ幅が広がり、しまりがなくなっていくこと、４つ目のベースはまったく当てにならず、本来の正しく形成されたベースと比較して不完全なところが多いことが分かるようになる。

そのような細かい情報が大きな意味を持つ。成功しているほとんどのIBD購読者が、資料を何度も読み返し、そういう重要な情報をすべて認識し、実践する技術を身につけるようにしているのはそのためだ。投資で勝つには、勝つために自らを備えることが必要だ。運、不運は関係ない。意を決して自分の過去のすべての過ちから学べば、勝つために備え、学ぶことができる。偉大な投資家たちもみんな最初は過ちを犯していた。

強い株が一連のベースから上放れするのを監視するためのさらにもうひとつの重要な指標に、レラティブプライスストレングス線がある。価格線の下方にある細い波線はS&P500に対するその銘柄のレラティブストレングス（RS）を表す。株価が買いポイントから上放れして新高値圏またはその付近まで上げると、レラティブストレングス線も上放れするはずだ。上放れしない場合でも、それ以降

リミテッドのレラティブストレングス線が新高値を付けない

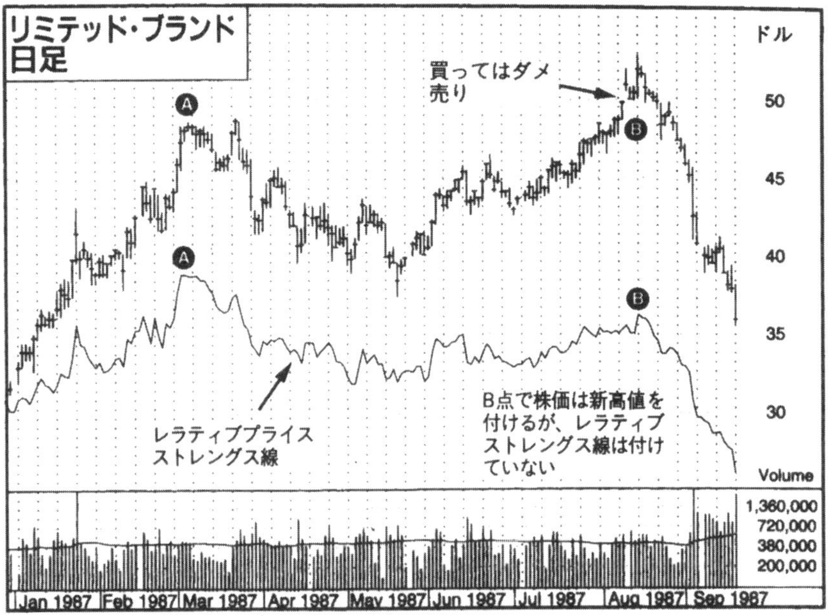

ノキアのレラティブストレング線が株価よりも先に新高値を付けている

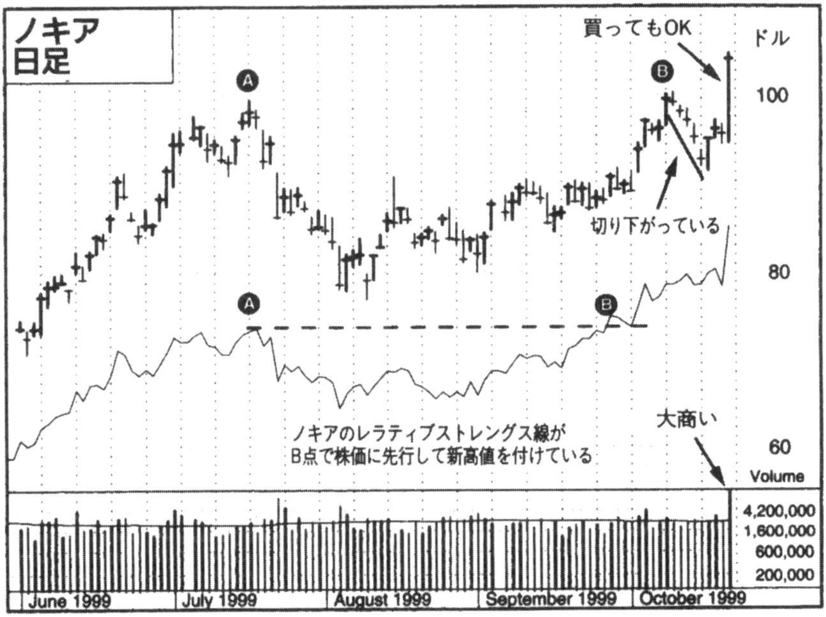

シスコのレラティブストレング線が株価よりも先に高値を付けている

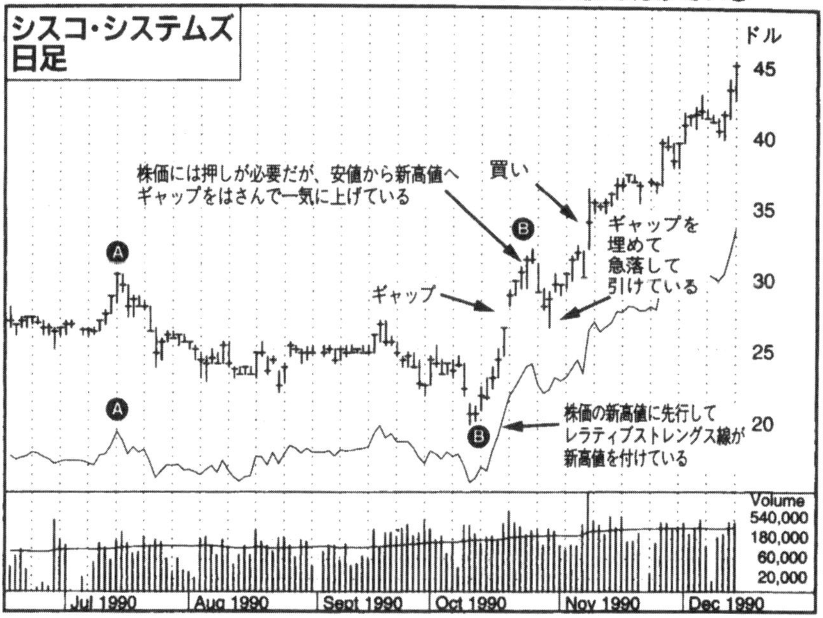

はきわめて迅速に追随して株価の動きを確認するはずだ（レラティブストレングス線は株価よりも先行して新高値圏へブレイクすることがよくあり、それは強気を表す）。後追いするレラティブストレングス線は、弱さと主導力不足を表す。そういう株を買ってはいけない。そのような銘柄をすでに保有しているなら、売るべきかどうか考えよう。

チャートを使わなくてもRS（レラティブストレングス）レーティングによってレラティブストレングスを追跡することもできる。IBD紙では、RSレーティングは１～99の尺度で示され、99が最も強いことを表す。RSレーティングが90ということは、その株が過去12カ月間にそれ以外の90％の株よりも値上がりしていることを意味する。

過去50年間が網羅されているわたしたちの履歴データベースで調べてみると、最高クラスの成長株は、上放れして100％から1000％以上上昇する前に、平均で87という高いレラティブストレングス・レーティングを一貫して持っている。どの相場サイクルでも同じだった。だから、過去の相場を勉強することには、ほんとうに大きな価値がある。

レラティブストレングスが70を割ったときは、ほかの主導株に遅れをとり始めているもうひとつのシグナルであり、多くの場合、売ることを考えるべきだ。考えられるひとつの例外は、時価総額が非常に大きいために、ついていくのが難しい大型成長株だ。その場合、レラティブプライスストレングスが60台の中ごろまで下落しても大目に見てもいいかもしれない。だがレラティブストレングスが60未満なら、たとえ大企業でも、その株が近い将来にほんとうの主導株になるだけの力も業績モメンタムもおそらく持っていないことを表している。

保有株のレラティブストレングスの変化を熱心に見守っていない投資家や、チャートを利用しない投資家は、レラティブストレングスの悪い銘柄をいくつも買ったり、抱え込んでいたりすることになる。そんなことをやっていれば、運用成績は伸びず、まともにやっていれば避けられるような過度な損失を被ることになる。どんなブル相場でもRSレーティングが10、20、30、40、50のような出来の悪い銘柄を買ったり、抱え込んでいなければならない理由はまったくない。市場はその銘柄がかなりのお粗末か、せいぜい月並みな選択だとあからさまに言っているのだ。あなたのポートフォリオにそんな株がいくつもあれば、大きく儲けられる可能性は低くなる。

相場サイクルの主導株の半分以上は、強いパフォーマンスを上げている産業グループに属していることも知っておかなければならない。主導グループ内の主導株を買う場合、同じグループ内のほかの１つまたは２つの主導株にも注目しておくことだ。例えば、ウォルマート・ストアを保有している場合は、ホーム・デポ、コールズ、その他の代表的な小売りチェーンにも注目してみるといいかもしれない。それら銘柄が大天井を付けたら、あなたの保有株も次にそうなるかどうか考えてみる必要がある。

そのグループ内で好調なのがあなたの保有株だけの場合も、同じように注意が必要だ。機関投資家たちがグループ内のほかの株をすべて売りたたいているときに、あなたの保有株だけが価格を維持しているのもよくない。ある時点で、売りがグループ全体に広がる可能性があるからだ。

また、すべての産業グループが同じだと仮定してはいけない。新たなブル相場では、５、６、または７つぐらいのグループが上げ、おそらく主導することになる。だが、おのおのがそれぞれの特徴を持つことになる。市場は住宅建設業が好きで、同グループ内の25銘柄のすべて、またはほとんどすべての銘柄を押し上げるかもしれない。10銘柄が属する別のグループでは、２つか３つの銘柄だけが主導し、あとは取り残されるかもしれない。

つまり、グループが強いというだけでそのグループに属する全銘柄が上がるということはないのだ。グループ内の出遅れ株には絶対に手を出すな！　繰り返し言おう。一番目ぼしい２つか３つの主導株だけに的を絞ろう。グループ内のひとつの主導株がトラブルに陥ったときは、グループ内の残りの主導株にも目を光らせていよう。

JDSユニフェイズは1年間に過度に分割を繰り返した

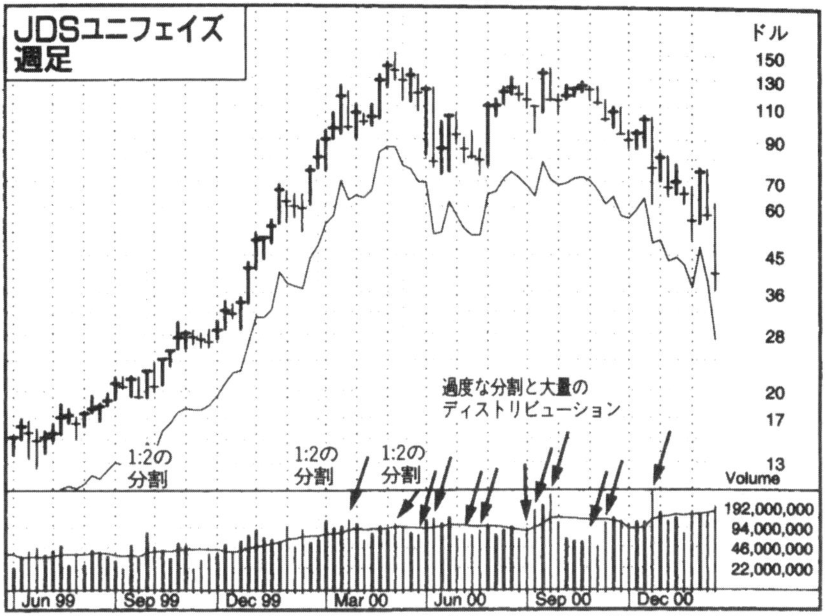

大きく上がる株はひとつのブル相場で１回か２回分割することがよくある。ほかにも理由はあるが、企業は個人投資家にとって魅力的な価格を維持するために株式分割をするのが好きだ。株式分割すると発行済み株式数は増えるが、時価総額はもとのままだ。

例えば、１株80ドルで取引されている銘柄を200株——１万6000ドルの投資——を保有していて、その企業が１対２の分割を発表したとする。分割が実施されると、あなたの保有株数は400株になる。だが、今度は40ドルで取引されることになる。総額は同じ——１万6000ドル——だが、１株当たりの価格は安くなる。

ほとんどの投資家は分割を歓迎する。なぜか儲かるものだと思っているのだ。だが説明したように、そうはならない。分割というものは――大きすぎたり、頻繁すぎたりする場合を除いて――良いことでも悪いことでもない。

１対３、１対４、１対５の分割は大きすぎて株価が天井を付けることがよくある。考えてみれば分かるはずだ。過度な分割は、株価がすでに上がりすぎてしまっていることを表している（さもなければ、分割する必要がない）。つまり、買うような人は、おおかた買ってしまっていることを意味している。２回、３回と矢継ぎ早に分割する場合も、その株が脆弱であることを意味する。例えば、２対３の分割の８～10カ月後に１対２の分割が続くようなケースだ。例えば、クアルコムは1999年12月の分割含みで上げたクライマックストップで１対４の分割を実施した。そのわずか８カ月前に１対２の分割をしたばかりなのにだ。

とはいえ、過度な分割が実施されたときは無条件で売ってしまったほうがいいという意味ではない。その分割が発表されたときに株価がどこにあるかに依存する。ベースからかなり放れている場合は脆弱である可能性がある。だが、主導株でも分割で反発し、新株での取引が始まると、クライマックストップを作りに行くことがある。

つまり、分割が過度に行われているというだけでその株を売らなければならないというルールはない。だが、だれもが見ても大騒ぎしているときに、その天井近辺で分割する株がたくさんあるので注意が必要だ。そのタイミングを狙って売りに出るプロたちもいる。

これまでに挙げた売りルールは、多年にわたる客観的、実際的な、テクニカルおよびファンダメンタルズ分析から編み出されている。これらルールを実践するときは、あなたも同様に客観的で高い規律を持たなければならない。しかし、主観的なカテゴリに属する売りシグナルもいくつか存在する。ひとつは、ビジネスウィーク誌やフォーチュン誌の表紙にCEO（最高経営責任者）の写真が使われ、その人物や企業の業績をたたえる記事が掲載された場合だ。特に記憶に残っているのは数年前のインターネット会社だ。CEOの顔つきから達成した業績をいかに誇りにしているかが見て取れた。「もう終わりだな」とつぶやいたことを覚えている。案の定、そのとおりになった。

いくつかの研究で、エゴの強いCEO、特に主にそのパーソナリティーで有無を言わさず強引に引っ張っていくタイプは、もっと謙虚な経営者たちと比べて長期的に成功し続ける可能性が低いことが分かっている。また、最高の業績を達成したCEOたちが、その株が大きく上げている最中に記事になることはほとんどないことも分かっている。ウォルマートが10～20倍に上がるまで、マスメディアがサム・ウォルトンを大々的に取り上げることはなかった。

だから、メジャーな雑誌にあなたが保有している会社に関する記事がまだ載らなくても心配することはない。心配するのは記事が出始めたときだ。そして表紙にCEOの写真が出るようになったら、売ることを考えるときかもしれない。覚えておいてほしい。市場はあまのじゃくな生き物であり、だれの目にも明らかになってしまうと筋書きどおりにはほとんど動かなくなる。市場は大多数をあざむき、裏をかくように動くのだ。

また、企業がぜいたくという虚栄心に基づく浪費に走っていないかどうか目を光らしておくことも大切だ。新しい大きな本社ビルは周辺の企業の役員たちにとっては羨望の的だろうが、あなたのような株主にとっては、その企業が大散財を始め、株価が天井に達したか、天井に近づいているというシグナルかもしれない。1970年に着工し1973年に完成したシカゴのダウンタウンにあるシアーズタワーほど、大きな本社ビルはそれまでなかった。シアーズ株はそれ以来――正確には30年間――おおむね市場平均以下の値上がりしかしていない。パンナム・ビルがグランド・セントラル駅近くに建設されたとき、ゼネラル・モーターズがプラザホテルの向かいに役員用オフィスを建てたとき、そしてガルフ・アンド・ウェスタンがセントラルパークを見下ろす新本社を建設したとき、どれもニューヨークだが、どの株も天井に近かった。ベツレヘム・スチールの新本社ビルとカントリークラブも同様なケースであり、インターネットブームの最盛期にロサンゼルスのオリンピック大通りに建てられたイートイズ社の新本社ビルもそうだった。

企業が業界で最大手になりたいというそぶりを見せ始めたときも、警告灯を点灯させなければならない。そのあとにたいてい合併や買収騒ぎが起こり、その後遺症から回復できなくなるのがオチなのだ。ジミー・リングが仕掛けたコングロマリットブームを覚えている方はおられるだろうか？　リング・テムコ・ボートは、1967年夏のピーク時には170ドルを付けていた。フィデリティファンドが擁する多数の敏腕ポートフォリオマネジャーのひとり、ピーター・リンチは、分散化（diversification）のことを「分悪化（deworsefica-tion）」と呼んでいた。

時の試練を経て実証されたルール、原則、前例に基づく大幅な値上がり後の売りに関する最後の秘訣はこうだ。売るときは、売り切ることだ。小賢しく、一部だけを切り売りするのはだめだ。保有するか、手を引くかだ。手を引きたいときは、完全に手を引くことだ。

値上がりしているときに全部売ってしまわないと、値が下がり始めたら後悔することになる。「確かに利益を確定する絶好のチャンスを逃したが、反発するまで待てばいいさ」とあなたは自分に言い聞かせるだろう。そしてまたもう少し下がると、「いまは下がりすぎているから売れない」となり、さらに下落すると、「前はこんな上だったのに、いまはこんな下だ。これ以上、下がるわけがない」と考えるだろう。そのあとどうなるかはご想像のとおりだ。

このようなよくある心理的なワナを避ける唯一の方法は、それなりの利益が得られる上昇途上で売り、その利益で満足することだ。株価がさらに上がってしまったとしても、あなたは利益を確定し、手にした現金でほかの有望株にかけることができるのだ。それに、前にも言ったように、25％の利益を３回連続して稼げば100％近い利益を得ることになる。けっして悪くない話だ。その利益のひとつがクライマックストップでの売りから得られれば、利益はさらに大きくなる。

ほかには、買い持ちと空売りを同時にやってヘッジすることも避けよう。コールオプションを売ってプットを買うのは賢いやり方だと思うかもしれないが、自分で自分の首をしめることになりかねない。両方のポジションで手仕舞いのタイミングを間違え、両方で損してしまう可能性もある。

シンプルにやることだ。ただでさえ投資は難しい。込み入ったことをしすぎて複雑にしないことだ。

ステップ

5

ポートフォリオ管理――損を抑えて利益を伸ばす方法

Managing Your Portfolio : Time-Proven Methods to Maximize Results and Minimize Losses

株式ポートフォリオの管理は、ガーデニングと似ている。気を配っていないと、あなたが植えた美しい花々は、めざわりな雑草におおわれてしまい、喜びよりも頭痛の種になってしまう。ポートフォリオ内の各銘柄にも、それ以上とはいわないまでも、同じように気配りが必要だ。そして雑草が現れたら躊躇せずに刈り取ることだ。

花と雑草はどうやって見分けるか？　簡単だ。市場が教えてくれる。あなたの買値よりも上がっている株は花で、いちばん下がっているか、いちばん上がっていない株が雑草だ。５銘柄保有していて、それぞれ15％アップ、７％アップ、トントン、５％ダウン、10％ダウンだったとすると、いちばんダメな10％の負け銘柄から手をつけることになる。

簡単なようだが、ほとんどの投資家にとってはそうでもないようだ。庭の片隅の――ほかの草木におくれを取るまいと頑張っている――健気な小さな若枝にも、いずれは投資の花を咲かてほしいと願うのは至極当然のことだ。だが、すでに学んだように、市場はあなたの願いなどお構いなしだ。市場はオークション形式の価格決定メカニズムを通じて、あなたの保有株のいくつかが並み以下の代物だと教えてくれる。その現実を受け入れ、その現実に基づいて行動するかどうかはあなた次第だ。この方法でのみ、自分のポートフォリオを健全に保ち、勝ち銘柄という花を咲かせることができるのだ。

海千山千の商人たちのやり方もだいたい同じだ。商品の動きが悪ければ、値を下げて速く処分し、もっと売れる商品の仕入れにそのお金をつぎ込む。あなたが持っている「商品」も同じような管理が必要だ。負けてしおれてしまう保有株がないように、週ごと、月ごと、四半期ごと、年ごとに保有株をチェックしなければならない。含み損の出ている銘柄を長期間放っておいては絶対にいけないのだ。

２倍や３倍になるような本当にすごい株は、10銘柄買っても１つか２つしかないことをやがて学ぶだろう。だから、見たときにそれと分かることが大切だ。ひとつの方法は、株価が序盤にどう動くかを慎重に見ることだ。ステップ３で述べたように、大きく勝つ可能性のある株は、正しく形成されたベースから上放れしたあと１週間か２週間か３週間で20％以上急騰する。買ったばかりのCAN SLIM銘柄にそんなことが起こったら、わたしは別格扱いにして、もっと長く保有することにしている。つまり、20～25％の利益で売るというわたしのルールに例外を設けるのだ。マイクロソフトの再現のような株を持っていたのに、20～30％の利益で売ってしまい、２倍、３倍と上がるのを指をくわえて眺めているほどつまらないことはない。せっかくのブル銘柄を売ってしまうことほど情けないことはないからだ。

ポートフォリオ管理に成功するもうひとつの秘訣は、市場を正しく見きわめることだけが目的ではなく、正しかったら大きく儲かることが目的だということを認識することだ。そのためには、手に負えないほどの分散化をせずに、集中的に、慎重に、十分に追跡できる範囲で買うことが必要だ。

現在、ほとんどのアメリカ人は、幅広い分散化――資金を少数ではなく多数の銘柄に分けて投資すること――が安全で賢明な投資方法だと思い込まされている。だが、それは一面の真理でしかない。確かに分散化すればするほど、ひとつの銘柄にかかるリスクは小さくなる。だが、大きく損することから守られているわけではないし、読みが当たっても大きく儲かることがない。

幅広い分散化は、わたしが考えるかぎり、知識不足に対するヘッジでしかない。何を買ったらいいのか分からないから、よく知らない銘柄を少しずつたくさん買うだけの話だ。そうしておけば、ポートフォリオを絞った場合よりも、一部の銘柄が値下がりしても痛手が軽いからだ。

分散化したいならもっと良い方法がある。投資資金の額が決まったら、ポートフォリオで保有する銘柄数を厳密に制限する。それから、銘柄をひとつ売らなければ、新しい銘柄を買えないようにする。10銘柄以下に決めていて、新しい銘柄を買いたいときは、その10銘柄のなかでいちばんサエない銘柄を売り、その代金を使って新しい銘柄を買うようにする。限度を設定しないと、10銘柄と決めていても、結局15、20、25と増えてしまうものだ。気がついたときには、あなたのお花畑は雑草でいっぱいになっている。

何十銘柄も完璧に把握していられる人などいない。長年の経験で分かったのは、卵を盛るカゴの数を絞り、その中身について十分な知識を持ちながら、限られた数のカゴに目を光らせておいたほうがいいということだ。

保有銘柄が４つだけの状態で市場全般が大きな下げに入ったら、おそらく４つのうちの１つは――例えば、2000年３月にほとんどの主導株が経験したような典型的なクライマックストップの結末のような――売りルールのために、20～25％の利益を確定するか、早めに損切りして売ることになるだろう。市場全般の動き――例えば、出来高ディストリビューション日が多すぎること――が気に入らなくて、もう１銘柄売るかもしれない。それで資金の50％が現金化され、致命的な損失を回避する態勢が整ったことになる。

だが、市場が下げ始めたときに50銘柄に分散していたら、１つや２つ売ったぐらいではなんの守りにもならないだろう。ほぼ全資金を投資している状態なので、市場全体の下落の影響をもろに受けることになるだろう。覚えておいてほしい。市場全体が下げると４つに３つの銘柄がそれにつれて下がる。現在では過去75年間を網羅しているわたしたちの総合的な研究でも、多くの銘柄が、いったん大きく下落してしまうともう戻ることがないことが分かっている。幅広く分散化されているポートフォリオを持っている投資家は、過去には主導株であったかもしれないが、今ではもう時代遅れになってしまっている多数の銘柄を抱え込むことになる。それら銘柄は、何年も低迷して、ポートフォリオの運用成績を引き下げてしまう可能性があるのだ。

あるいは、慎重によく考え抜かれた方法でやれば、もっと賢く分散化することもできる。絶対にしてはいけないことは、全資金を１回の決断に託してしまうことだ。そうではなく、少しずつ時間をかけて、ポートフォリオ内のほかの銘柄が上げ始めてから初めて銘柄数や株数を増やしていくことだ。そうすれば時間的にも分散化することになり、それもあなたの読みが当たっているときにだけ増やすことになる。うまくいっていないのに、なぜさらにお金をつぎ込む必要があるだろうか？　保有株である程度の含み益が出るまでは、全資金を投入しては絶対にいけない。

例えば、10万ドル持っていて、５つの銘柄に均等に投資すると決めたとしよう。個々の銘柄を買うときに、最初から２万ドル全部を投入する必要はない。最初は半額だけ投資し、うまくいきそうなら少しずつ追加していって最後に２万ドルになればいい。

いちばん成績の悪い銘柄を売って得たお金の一部は、新しい銘柄だけでなく、しっかりした新しい買いポイントにあれば、すでに保有している良い銘柄の追加購入に回すこともできる。そのうち、10銘柄に分散化されているポートフォリオでも、６、７、または８銘柄にシェイプアップされてくる。あなたのポートフォリオはそれでも分散化されているが、資金が弱い株から強い株へ移されているため、全体として強くなっている。わたしはこれを「フォースフィーディング（注力）法」と呼んでいる。

市場が、あなたのポートフォリオを洗練させ、小麦（上がる銘柄）とモミ殻（上がらない銘柄）をより分けてあなたを助けてくれる。肝心なことは、その選別に素直に従うことだ。

ポジションを追加していく方法はいくつかある。あなたがとても保守的な投資家なら、１回目は半分のポジションだけ買い、それから20～25％上がるどうか様子を見る。そして値上がりし、しっかりした、まったく新しいベースを築いて上放れしたら、１回目よりも数量を減らして２回目の買いに入ろう。

それほど保守的でない投資家なら、１回目の買値から２～３％上がったらすぐに追加購入すべきだ。平均コストを急激に上げないようにするために、２回目の買い資金は前回よりも減らすことが大切だ。例えば、50ドルで買った株が51ドルに上がったら、それだけでも読みが正しかったという手応えになるので、買い増しすることができる。１回目に100株買っていたら、２回目は65株買って、上がりそうなポジションを積み増していく。わたしは１回目の買値から２～2.5％上がったらいつもすぐに２回目の買いを機械的に入れている。そうすれば、勝つ可能性のある銘柄を追加購入し損なうことが絶対にない。株価が52ドルになったら、３回目として35株をさらに買い増しすることもできる。だが、あなたの正しい買いポイントである50ドルの５％より上では追加購入してはいけない。このケースでいえば、株価が52.50ドルを超えたら追いかけないことだ。さもないと、やがて起こる、次のお決まりの押しにつかまってしまうリスクが増大するからだ。

１回目の買値の52ドルからすぐに48ドルに下がったら、放っておこう。最も避けるべきことは、値下がりしたときに買い増しすることだ。それは、市場が間違っている……と市場に異論を唱えることになるからだ。前にも言ったように、それは危険な行為だ。

50～51ドルに上がっても、やがては横ばいに移り、いつかは暴落するというのが株価の常だ。だが、長期的に見れば、値上がりしている株を買い増しして見込みのある保有銘柄の株数を増やし、見込みのない保有銘柄の株数を減らしていったほうが良い結果が得られる。上がっている株を増やし、上がっていない株を減らすのが常道だ。だが、買い増しはブル相場でだけやるものだ。上放れや反発がほとんど失敗に終わるベア相場では、買い増しが功を奏することはほとんどない。

ベア相場では、現金主体でいかなければならない。2000年３月から2002年にかけての天井相場の期間、うちの持ち株会社の社内資金運用グループによる投資における株式の割合は、平均でわずか10％だった。市場指数が軒並みマイナスであったために、残りはマネー・マーケット・ファンドに入れてあった。何回か小規模に相場に入ろうとしたことはあったが、成果が出ずに、素早く損切りして退却し、マネー・マーケット・ファンドに戻った。完全投資に近いポジションに戻ったのは、2000年に現金へ移行したときからほぼ３年後の2003年３月だった。

あなたが経験豊富で、自分がやることを本当に理解できる投資家なら、ベア相場では空売りすることもできる。空売りするときは、売りたい株をブローカーから借りることが必要だ。値下がりを期待して空売りし、安値で買い戻して清算する方法だ。だが、空売りはリスクが高く、初心者はほとんど損をする。

値上がりしていて、価格や株価収益率（PER）が高すぎると思われる株は絶対に空売りしないほうがいい。高いのにはそれなりの理由があるもので、もっと上がる可能性があるからだ。また、時価総額が小さく、出来高の少ない株も空売りしないほうがいい。そういう株は簡単に株価をつり上げられて、泣く泣く高値で買い戻さなければならなくことがよくある。それに、配当の大きい株も空売りしないほうがいいかもしれない。なぜなら、配当分も支払わなければならないハメになるからだ。

意外かもしれないが、以前の主導株を空売りする最高のタイミングは、明確にブレイクして天井を付けた５～７カ月後で、横ばいのレンジで３～４回反発してから弱含んだときだ。

空売りは、自分が何をやっているかを十分に理解しながら、正確に物事を運ぶことが必要だ。空売りしてはいけないタイミングがたくさんあり、空売りを比較的安全にできる本当に正しいタイミングはわずかしかないので、買うよりも複雑で難しい。だれにでも分かるようなタイミングで空売りしてはいけない。どんな素人でもチャートを見れば気がつくような、前の安値を割ったときが正しいタイミングであることはめったにない。以前の大物主導株が明確に大天井を付け、そこから下げて何カ月かたつまで待つのがいちばん安全だ。

株価が天井を付けたことに疑いの余地がないなら、３～４回目の反発によって未熟な空売り手たちが買い戻しをさせられたところで、いかにタイミングよく空売りできるかだけが問題だ。

空売りする場合、新安値を待っている余裕はない。３～４回目の10～20％以上の反発が下げに転じ、株価がその10週移動平均価格線を割り込んで出来高が増えた日に空売りしなければならない。一部のチャート信奉者たちが新しい下放れポイントまたは支持エリアと考える可能性がある何週間か前の安値よりも、株価が少なくとも４～５ポイント高いときでなければならない。そこならば、ほとんどのトレーダーが気づく前に余裕をもって空売りを仕掛けることができる。

株価が前の下値支持線を割ってからでは、空売りにはまったく遅すぎる。このことを理解している投資家は少ない。ほとんどの投資家が空売りで損をするのはそのためだ。空売りはかなり複雑なので、下降局面で積み増しするのは１回が限度だ。なぜなら、市場全体が数日間反発しただけで、その株価もつられて簡単に上がってしまう可能性が大きいからだ。また、株価が20～30％下落したら、まだ下げていても利益を確定しなければならない。なぜなら、いつ反転して、20～50％も急反騰して空売りした投資家をピンチに追い込むこ

大きく崩れたあと10週線を上抜けした反発が崩れたら空売りする

とになるか分からないからだ。10週移動平均線を超えて急反発したあと、その10週線を下に割って出来高が増えたときが、おそらく再び空売りするチャンスだろう。

次に、正しい空売りポイントと空売りをしてはいけないタイミングの例をいくつか示す。空売りの達人のひとりであるギル・モラレスがいくつかの例を提供してくれた。

常識的なポートフォリオ管理において考慮すべきもうひとつの点は、各産業グループ内でいくつの銘柄に投資するかということだ。例えば、コンピューター業界でいくつ、ヘルスケアでいくつ、小売りでいくつ？　ひとつのグループを突出させるのはよくない。なぜ

ブロードコムの空売り時を示す出来高シグナル

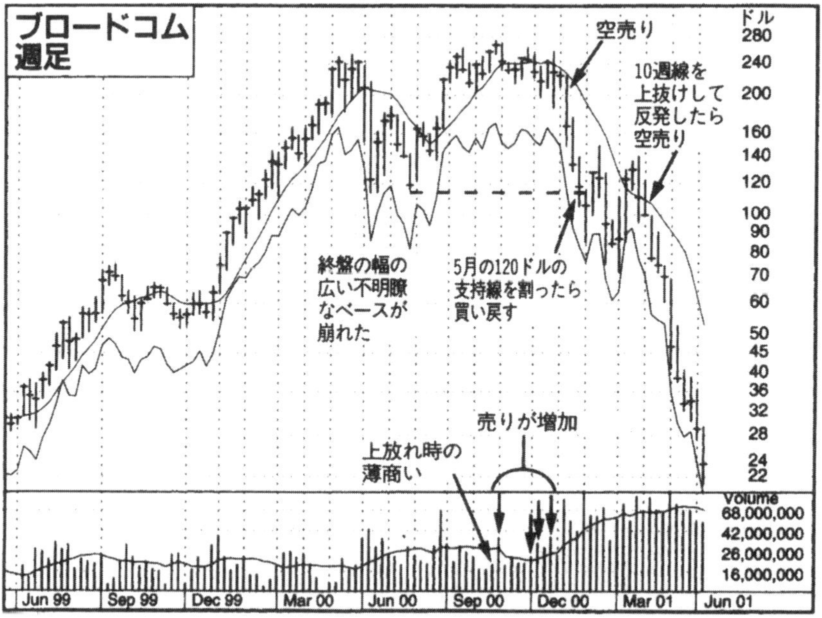

19ドルまで崩れてしまい右肩が左肩より下がっている

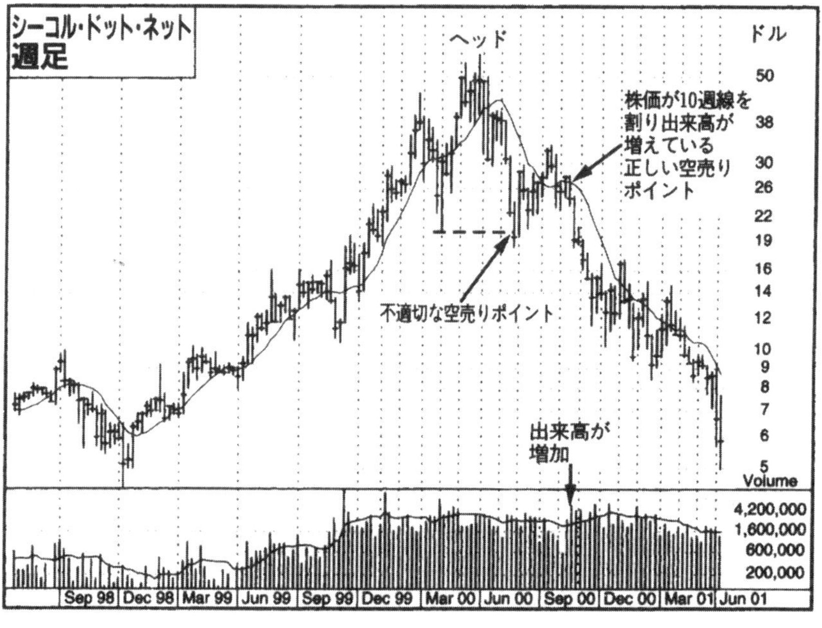

最も安全な空売りポイントはCMGIが天井を付けてから9カ月後だった

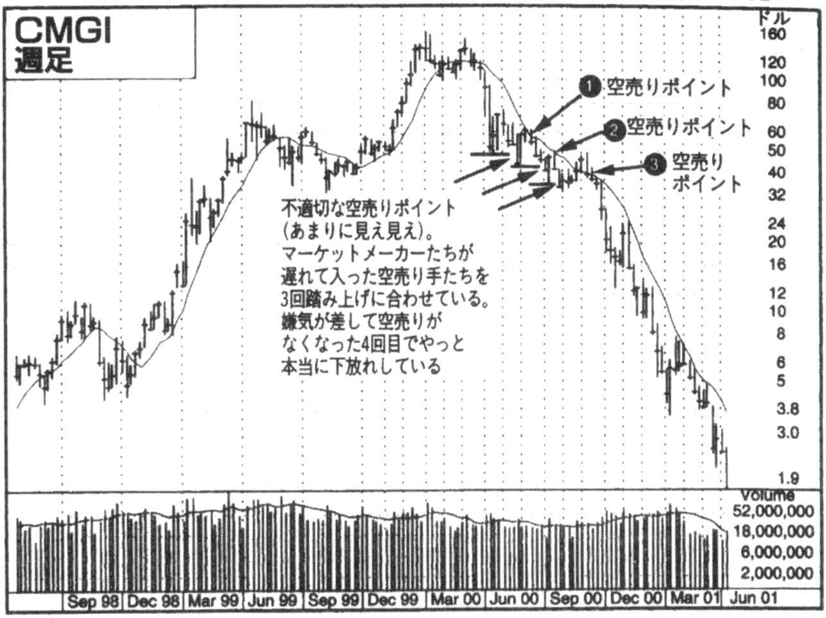

4回目の反発後に10週線を割ったらシスコを空売りする

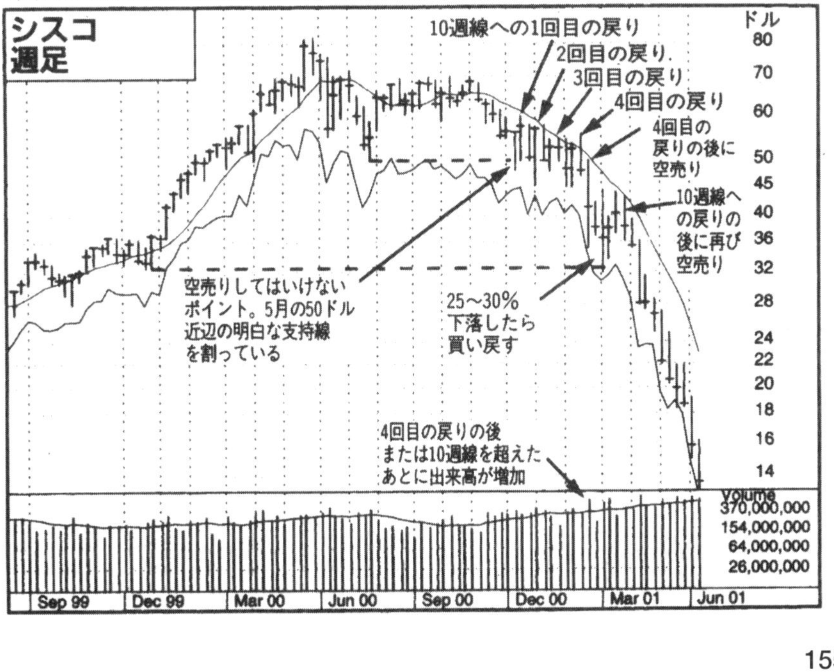

ベリサインのベース崩れを出来高が示唆している

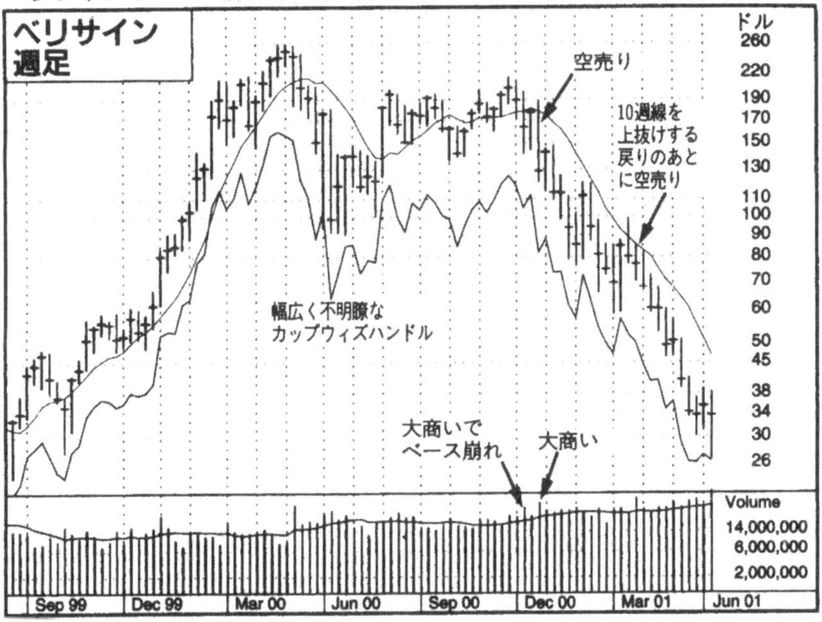

ベリサイン
週足
ドル
260
220
190
170
150
130
110
100
90
80
70
60
50
45
38
34
30
26
空売り
10週線を
上抜けする
戻りのあと
に空売り
幅広く不明瞭な
カップウィズハンドル
大商いで
ベース崩れ
大商い
Volume
14,000,000
6,000,000
2,000,000
Sep 99
Dec 99
Mar 00
Jun 00
Sep 00
Dec 00
Mar 01
Jun 01

右肩が左肩よりも下がっていることが必要

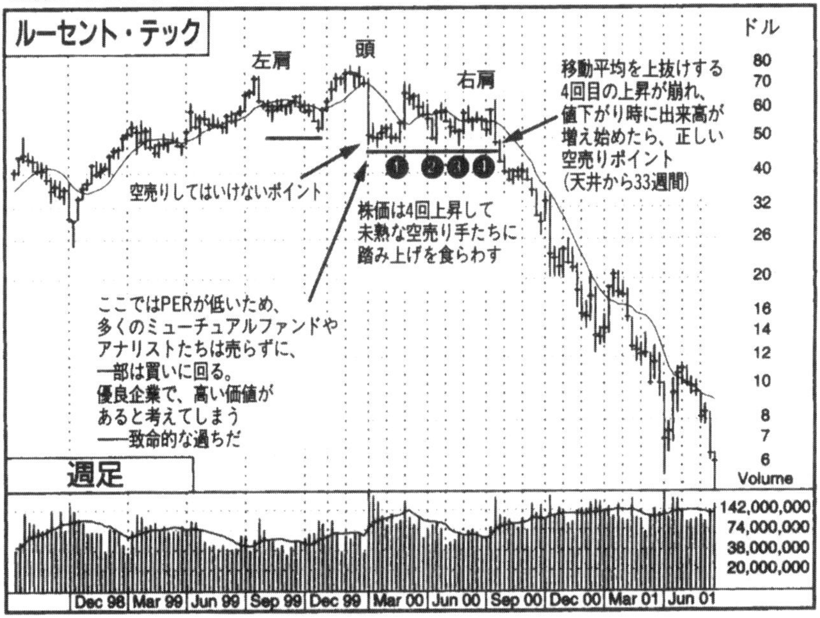

ルーセント・テック
左肩
頭
右肩
移動平均を上抜けする
4回目の上昇が崩れ、
値下がり時に出来高が
増え始めたら、正しい
空売りポイント
(天井から33週間)
1
2
3
4
空売りしてはいけないポイント
株価は4回上昇して
未熟な空売り手たちに
踏み上げを食らわす
ここではPERが低いため、
多くのミューチュアルファンドや
アナリストたちは売らずに、
一部は買いに回る。
優良企業で、高い価値が
あると考えてしまう
——致命的な過ちだ
週足
ドル
80
70
60
50
40
32
26
20
16
14
12
10
8
7
6
Volume
142,000,000
74,000,000
38,000,000
20,000,000
Dec 98
Mar 99
Jun 99
Sep 99
Dec 99
Mar 00
Jun 00
Sep 00
Dec 00
Mar 01
Jun 01

もうひとつの大物主導株の天井が値下がりの週の大商いによって示唆されている

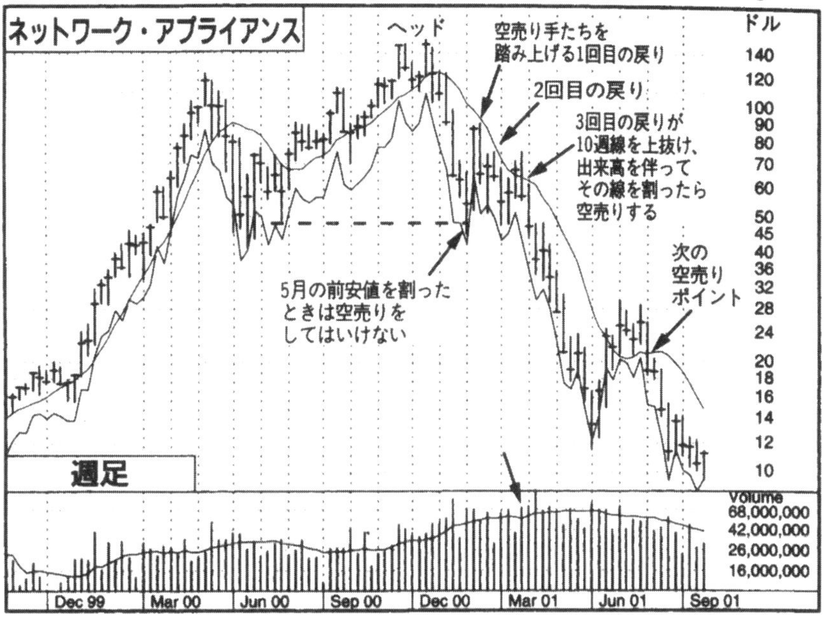

もうひとつの大物主導株が天井を付けて空売り対象に

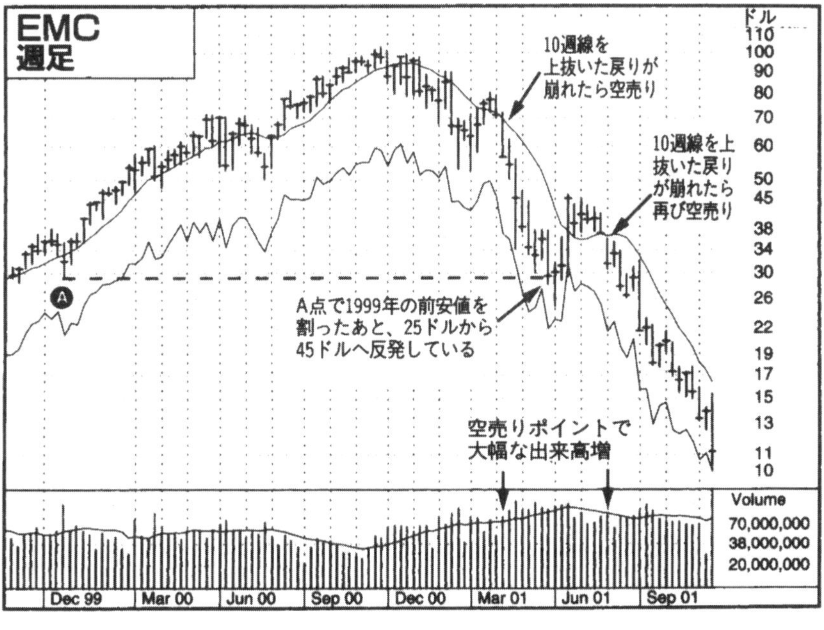

みんなが気づいているときはあせって空売りしてはいけない

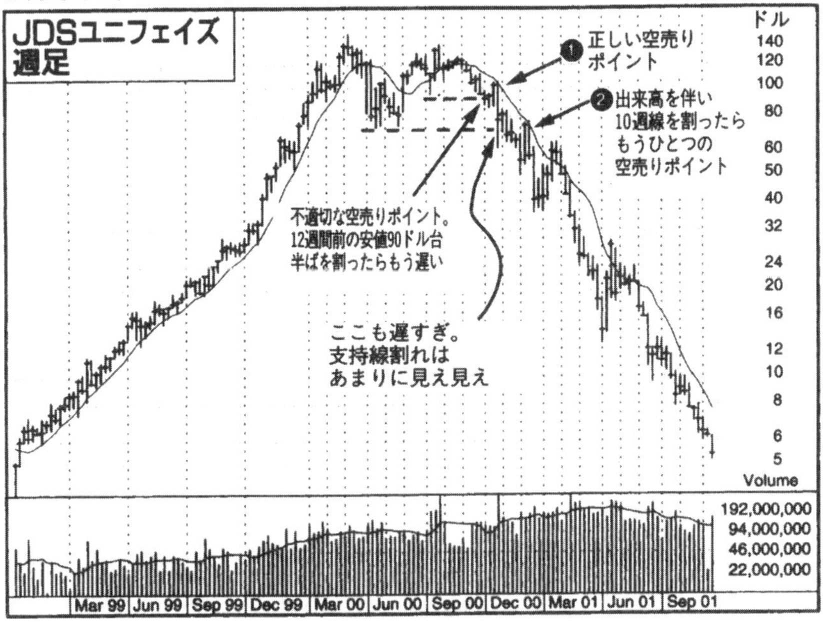
JDSユニフェイズ
週足
ドル
❶正しい空売り
ポイント
❷出来高を伴い
10週線を割ったら
もうひとつの
空売りポイント
不適切な空売りポイント。
12週間前の安値90ドル台
半ばを割ったらもう遅い
ここも遅すぎ。
支持線割れは
あまりに見え見え
140
120
100
80
60
50
40
32
24
20
16
12
10
8
6
5
Volume
192,000,000
94,000,000
46,000,000
22,000,000
Mar 99
Jun 99
Sep 99
Dec 99
Mar 00
Jun 00
Sep 00
Dec 00
Mar 01
Jun 01
Sep 01

株価が明確に下放れし、何回か戻したあとに空売りする

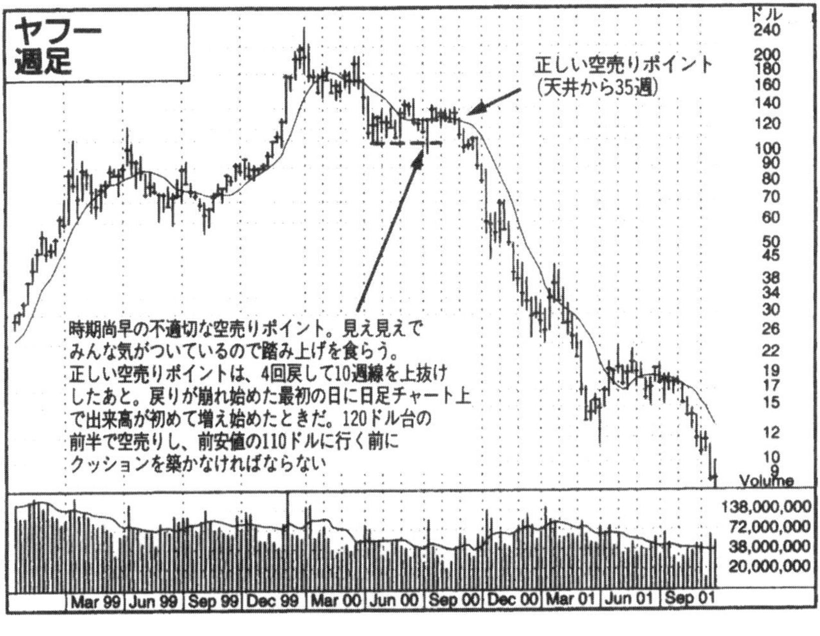
ヤフー
週足
ドル
正しい空売りポイント
(天井から35週)
時期尚早の不適切な空売りポイント。見え見えで
みんな気がついているので踏み上げを食らう。
正しい空売りポイントは、4回戻して10週線を上抜け
したあと。戻りが崩れ始めた最初の日に日足チャート上
で出来高が初めて増え始めたときだ。120ドル台の
前半で空売りし、前安値の110ドルに行く前に
クッションを築かなければならない
240
200
180
160
140
120
100
90
80
70
60
50
45
38
34
30
26
22
19
17
15
12
10
9
Volume
138,000,000
72,000,000
38,000,000
20,000,000
Mar 99
Jun 99
Sep 99
Dec 99
Mar 00
Jun 00
Sep 00
Dec 00
Mar 01
Jun 01
Sep 01

なら、そのグループが突然人気を失ったり、調整に入ったりしたら、大きな痛手を被るからだ。ハイテクバブルがはじけたときにインターネットやハイテク銘柄ばかり持っていたらどうなったかを考えればお分かりだろう。ポートフォリオに何銘柄入れるかを決めるのと同様に、ひとつの産業グループに投資する限度を設定しておく必要がある。

わたしの限度はかなり高くて、50〜60％だ。だが、わたしには長年の投資経験がある。ほとんどの人は、おそらくもっと低い限度を設定すべきだ。あなたが何を考えているか、わたしには分かる。これは少し前に言った、読みが当たれば大儲けするためのカギである集中化の考え方と矛盾するのではないか、と。まったくそのとおりだ。だが、繰り返し言うが、あなたが経験豊かで、自分が何をやっているのか分かっていて、自分を守るために常に厳しい売りの規律を貫く意志があるなら、例外を設けることができるのだ。

最高の産業グループ内の最高の銘柄を持っていて、その銘柄でかなりの含み益が出ているなら、ポートフォリオの50〜60％がひとつの産業グループに投資されていても何の問題もない。だが、ハイテクバブルで分かったように、ほとんどの投資家はそのレベルのグループ集中化を扱い切れない。それだけリスクに対する露出度が高いのだから、敏速に行動しなければならない。だから、一般的には、限度はおそらく25〜30％に設定すべきだろう。ハイテク銘柄は、ほかのほとんどのカテゴリの株と比べて２〜2.5倍も変動が激しいことを覚えておいたほうがいい。そういう銘柄に集中的に投資していると、とんでもない目に遭いかねない。信用取引をやっていればなおさらだ。

前にも言ったが、原則はこうだ。どんな銘柄でもナンピン買い下

値下がりしている株は買うな、ナンピン買いはするな、損切りは早めにすること……さもないと、こんなことになる――サン・マイクロシステムズは96%下落し2002年に2.34ドルを付けた

がりをやっては絶対にいけない。50ドルで買った株が45ドルに下がっても絶対に買い増しするな。確かにそれでうまくいくこともあるだろうが、ババを引くことになる可能性のほうが高い。長い目で見れば確率的に不利であり、遅かれ早かれ痛い目に遭うことになる。

初めの買値から下がっている株を買い増しするように勧めるブローカーには用心しよう。そういうブローカーは要するにあなたに盗人に追銭をしろと言っているのだ。もっとまともな別のブローカーを見つけることだ。そういうところにも人間性が絡んでくる。推奨した銘柄やあなたが買うことを決めた銘柄が値下がり出したら、「さらにお買い得になりましたよ」と言うほうが、「自分が間違って

いました」「もしかしたら間違っていたかもしれません」「売って損切りすべきです」と言うよりもだれにとってもずっと楽だ。そんなことは百も承知でも、ブローカーはなかなか口に出すことができない。なぜなら、それは顧客が最も聞きたくないことだからだ。優秀なプロはナンピン買い上がりはするが、買い下がりはしないものだ。

しかしナンピン買い下がりを、少し上げてから押したときに買い増しすることと混同してはいけない。例えば、正しいベースからの上放れ時に50ドルで買った株が57ドルに上がり、それから53ドルか54ドルに押したあと、強い出来高増を伴って10週移動平均線から反発する……という買いポイントが現れるかもしれない。これは（最初の買値は50ドルだったから）買い下がりではなく、買い上がりだ。これだけは覚えておいてほしい。最初の分が含み益を出していないかぎり、けっしてそれ以上金をつぎ込まないことだ。一般的に、ベースを上放れしてから10週移動平均線への最初の２回の押しまでなら、優良な主導株を買い増しても大丈夫だ。

もうひとつのプロ級のポートフォリオ管理に必要な原則は、非常に安値が付いているか、かなりの薄商い（１日の平均出来高が少ない）の低位株を避けることだ。繰り返すが、例外は常にあるものの、原則として、あらゆるものはその時点の価値にほぼ相当する価格で売られている。20ドルの銘柄は20ドル、10ドルの銘柄は10ドル、５ドルの銘柄には５ドルの価値しかないのだ。２ドルや５ドルで売られているほとんどの低位株が大幅に値上がりする確率はかなり低い。そこまで安いのは、そもそも何か問題があるからだ。それとは逆に、50、75、100ドルの銘柄がその価格で売られているのは、それだけの価値があるからだ。本格的なブル相場では、そういう値がさ株がさらに値上がりする確率のほうがずっと高い。

そもそも大手機関投資家は２ドル銘柄を何百万株も保有することはできない。多額の資金を運用しているので、流動性の低い株やほかの機関投資家があまり保有しない、質の低い株にはかかわりたくないと思っている。あなたが２ドルや５ドル株を持っていたとして、何か問題が起きたときに、それをいったいだれに売ることができるだろうか？　そういう種類の株を買いたいと思っているプロはあまりいない。あなたが保有する株として大切なことは、情報を豊富に持っているプロたちが大量に購入・保有したいと思う株であることだ。それは主に優良な値がさ株だ。産業グループのなかで、最悪ではなく、最良の企業を見つけることが必要だ。

わたしは長年、１株20ドル未満の銘柄には絶対に手を出さないことをルールとして守っている。ときには、いくつかのナスダック銘柄に関して基準を15ドルまで下げたことはある。だが、低品質の低位株に属すると見られる銘柄は、ゴミ溜めを避けるように避けることに努めてきた。インベスターズ・ビジネス・デイリー（IBD）紙で、値がさ優良株の表が乱雑にならないように、10ドル未満の銘柄を別枠で掲載しているのはそのためだ。また、大切な主要株の表を調べるときに時間の節約にもなる。

低位株なら株数をたくさん買うことができ、大金を素早く稼ぐことができると考えてしまうのは人情だ。ほとんどの素人や投資の初心者たちはそのように考える。だが、それは到底真実ではない。そういう低位株は、実績が少なく、機関投資家による保有も少なく、とても投機的な銘柄なのだ。だから、大きく値上がりする可能性は低く、大きく下がるリスクはそれだけ大きい。ほかのことでは知的な人なのに、そのようなギャンブラー的な悪癖に気づくことも、克服することもできない人を、わたしは数多く見てきた。

何株買えるかで考えるのではなく、「この資金を最高の銘柄に投資しよう」と考えることだ。最高の銘柄が1株5ドルや10ドルで売られることは普通ない。5ドル株を買わないぐらいだから、ペニー株も当然避けるべきだ。ペニー株はさらに、いや、はるかに悪い。

株を一定の取引単位、つまり100株に満たない株数で注文するのを気まずく感じる人がいる。そういう人は、そういう気持ちを克服する必要がある。低位株を100株や500株買うよりも、優良企業の端株（100株未満）を買ったほうがはるかに有望だからだ。大切な資金は何株でも構わないから、これはという優良株に投資すべきだ。たとえわずか5、10、20株でも構わない。

1997～2000年における上位50の値上がり株がそのベースから上放れたときの平均価格は46.78ドルで、それから61週間で1031％値上がりした。1960年から1995年における上位値上がり株の最初の上放れポイントにおけるPERは当期利益の36倍で、それから大きく上げてPERが100％以上上昇した。

また、投資を始めるのに大量の資金は必要ない。わたしは500ドルから始めた。徐々に蓄えを増やしながら保有株を増やしていけばいい。読んで勉強して投資に上達するにつれ、資金も増えていくだろう。オプションや先物の取引を多用して手っ取り早く儲けようとするのは、わたしは反対だ。それらはレバレッジの高い商品であり、そういう分野に重点を置きすぎたり、取引をやりすぎれば、損をするリスクが必然的に大きくなる。

分散化のように広く推奨され、一見もっともらしいが、実際にやってみるとポートフォリオ管理としては必ずしも最適な方法ではない、もうひとつの有名なコンセプトが資産配分（アセットアロケーション）だ。確かに、生活にいくらかかるか、まさかのときにいくら必要か、貯蓄はいくら必要か、いくら投資に回すかを決めることは必要だ。そして、その投資資金のなかでいくらを普通株に投資するかを決めることは必要だ。

だが多くの投資家がアドバイザーの勧めに従って余計なことをしてしまう。普通株だけでなく、優先株、債券、外国株、金などにそれぞれ何％割り当てるかを決めるのだ。この場合も、目的は幅広い分散化だ。投資対象のカテゴリを増やせば、それだけ安全だというわけだ。あなたが極端な保守主義者ならそんなやり方にも意味があるかもしれない。だが、そのような資産配分が保証することはひとつのことだけだ。トータルの成績が並みの並みの水準に収束することだ。必要に応じてポートフォリオリスクを軽減する、実績のある売りルールを駆使してさえいれば、企業債券や債券ファンドに資産を配分することにさほど意味があるとはわたしには思えない。

資産配分も、普通株と現金やマネーマーケット商品などに限定されているかぎり健全だ。つまり配分をシンプルにとどめておくことだ。相場が悪いときの守りは、普通株を売って現金やマネーマーケット商品へ退避することによって得られる。例えば、55％だった株の割合を50％に減らし、債券のポジションを５～10％増やすことによっては得られない。資産配分をしている投資家は、配分比率を上げ下げするタイミングを間違えたり、遅すぎたりするかもしれない。そのうえ配分はベア相場での損失に対して何の守りにもならない。株の配分比率を70％から60％に減らしても、ひどいベア相場ならば大きく損をする可能性がある。なぜなら、そのぐらいの変更はたいした違いではないからだ。投資家によっては、ベア相場の終盤近くになってから株式の比率を下げて債券の比率を上げてしまい、相場が確実に底を打って新たな大上昇トレンドが始まったときにタイミングよく株に戻ることができない可能性がある。そのため、配分主義者は２つの決断を正しく行わなければならない。退避するタイミングと戻るタイミングだ。

さらに、一部の商品はブル相場においても市場平均をはるかに下回ることがある。外国株もこの部類に属する。金もそうだ。市場が何年も活況を呈していても蚊帳の外だ。長期保有に良いように思われるのは、ベア相場でも短期的に強気の動きをすることがあるからだ。

分散化と同様、過度な資産配分も無知に対するヘッジにすぎない。この場合は、もっとまともな投資法を知らないという無知だ。資産配分は、運用成績を改善または維持するために顧客に配分比率を調整するように進言するためのもっともらしい口実を一部のアドバイザーに与える。アドバイザーが推奨する資産シフトが投資家たちにとって功を奏するかどうかは、そのアドバイザーやアドバイザーが属する投資会社が採用しているアナリストがどれほど現実に通じてるかに依存する。2002年の調査では、資源配分を推奨しているウォール街のストラテジストたちの成績は、いまひとつだったようだ。だからといって勘違いしてはいけない。普通株に集中したポートフォリオを管理するにも、規律とスキルが必要だ。

損失は７～８％、ときにはそれ以下で切り、利益の一部は20～25％で確定して利益対損失比率を３対１に維持し、長期保有する数少ない真の勝ち銘柄については常に注意を怠らないことが必要だ。とはいえ、損失をコントロールできずに、株価が買値から15～20％急落してしまうこともたまにはあるだろう。そうなったときは、その株を売ることがなおさら急務だ。異常な損失につながるような急激な崩れは、その銘柄が深刻なトラブルに陥ることを示唆しているかもしれないからだ。

こういうことを言うのは、そういう状況に直面すると精神的に硬直してしまう人が多いからだ。もともと売るべきだった値に戻るまで株価が反発するのを待とうと考える。あるいは、それだけ下がったのだからそれ以上は下がらないだろうと考えたり、損失があまりに速く発生したり、損失があまりに大きいので、その現実を受け入れたくないと考えてしまう。理由がどうであれ、株価がもっと下がれば損失はさらに深刻になる。そうなる前に状況を正さなければならない。そういう現実を把握できていないのだ。消火されていない小さなキャンプファイヤが、壊滅的な森林火災に発展してまうこともあるのだ。

もうひとつ大事な点がある。株を売買するときは、成り行き——つまり、その時点で付いている価格で行うことだ。特定の価格で売買することにこだわる指値注文をしていると、いずれ指値を逃してしまい、手放したいのに手放せなかったり、手に入れたいのに手に入れられない状況に遭遇することになるだろう。株は４分の１ポイントにこだわって投資してはいけない。もっと大きなスタンスで投資すべきだ。

ポートフォリオ管理において何かを行わないことは、何かを行うことと同様に大切なこともある。次にいくつかの例を示そう。

株価収益率（PER）、配当、簿価

少なくともブル相場では、よく話に出てくるこれら尺度にあまり注意を払わない。PERに関してあなたが知っておく必要があることは、優良企業のその比率は一般的に高く、優良でない企業のは低いということだけでほぼ十分だ（バスケットボール、フットボール、野球などのスタープレーヤーの報酬が低いことがあるだろうか？）。過去50年間における超成長株の各企業は、着実に成長していて、ほとんど、あるいはまったく配当を払っていなかった企業だ。なぜなら、資金は、研究開発、新製品、事業拡大のために再投資されたからだ。まだ成長過程にある若い企業や中規模の企業が配当を支払っていると、いずれ借り入れによって補わなければならなくなる。その利子は株主の負担になるのだ。配当理論にとりつかれている多くのエコノミストは、このことをまったく理解できていないようだ。

配当は利益からしか払うことができず、あなたが評価しなければならないのは利益のほうだ。株価が上がるのは１株当たり利益が伸びているからであって、配当率のためではない。600人を超えるミューチュアルファンドのマネーマネジャーたちとの長年のつきあいのなかで、企業の配当について尋ねられたことは１回もない。予想売上高、利益の伸び、経営陣の質、それに新製品に関する質問ばかりだ。実のところ、優秀なマネーマネジャーたちは、企業が配当を支払い始めたり、配当比率を上げると、一般的にその企業の成長が止まる兆候であることを知っている。

定期的な収入が必要な場合は、配当収入を得るだけのために、ぱっとしない、古い、現状維持的な、配当を支払っている企業の株を買うよりも、最高の実績を有する堅実な企業の株を買って、口座から毎年６％を引き出すことを考えたほうがいい。配当株を買う場合は、利回りが並はずれて高いものは避けることだ。そういう株は一般的に優良ではなく、それだけリスクが大きいので、値上がりはあまり望めない。配当に対する連邦税率が引き下げられたことは、配当目的で投資している退職者にとっては朗報だろう。

簿価についていえば、この会計尺度と株価の値上がりとの間に強い結びつきを見つけることはできないだろう。

クローズエンド型ファンド

ポートフォリオにミューチュアルファンドを入れている投資家は、クローズエンド型ファンドを勧められることがあるだろう。その種のファンドは一般的には避けるべきだ。クローズエンド型ファンドは、その現在資産価値がいくらでも、買い戻す義務のあるオープンエンド型ミューチュアルファンドとは異なる。クローズエンド型ファンドは、株のようにオークション市場で取引され、どんな価格にもなり得る。例えば、ある企業の資産価値が15ドルであっても、その企業の株が7ドルや8ドルという50%引きの水準で何年にもわたり取引されることもあり得るのだ。

債券

わたしなら債券も買わない。特に株式相場が売り崩されているときの「安全な避難場所」としては。安全を求めるなら、マネー・マーケット・ファンドや国債で事足りるはずだ。株とまったく同様、債券でも損するときは損をする。大恐慌のときも債券で財産を失った人がたくさんいた。それに債券は長期保有してもたいしたリターンが得られない。インフレ率や税金で赤字になってしまうことが多い。おまけに債券ファンドの購入時には手数料が求められることがある。

バランス型ファンドとインダストリーファンド

ほとんどの場合、これらも避けなければならない。バランス型ファンドは、株と債券がほぼ同量組み入れられていて、お粗末な運用成績がほぼ保証されているようなものだからだ。インダストリーファンドは株と同じ動きをする。産業が好調のときはより速く上げ、不調のときはより速く下げる。例えば、ハイテクファンドを買っても短期的にはうまくいくかもしれない。だが、ハイテクセクターがトラブルに陥ったら深刻な損害を被ることになる。インダストリーファンドは、幅広い産業に分散化された株式ミューチュアルファンドやインデックスファンドとは異なり、長期的な安全性はまったくない。

外国株

わたしはこれも好きではない。多数の堅実な地元企業が米国市場で取引されている。米国で目ぼしいもの見つけられなければ、フランス、ドイツ、香港や、ブラジルへ行っても見つからない。だいいち、それらの国の通貨や政府の政策についてあなたは何を知っているだろうか？　例えば、それらの国の政府は、ベンチャー的な新企業の設立や成長をバックアップしているのだろうか？　それに、どうやって外国市場の動きに目を光らせておくことができるだろうか？

わたしが言っていることの多くは、よく引き合いに出される「専門家たち」の言っていることと正反対だ。だが株式市場の場合、大多数の意見と社会通念が命取りになることがあることを認識しておかなければならない。大部分の投資家がろくな成果を上げていないのは、地に足が着いた投資原則を本気で発見・理解するためのきめ細かい下調べを十分にしていないからだ。

医者にかかるときは、相手がその分野で高度な訓練を受けている専門家で、実績のある方法を使うものと仮定できる。証券を買うときの相手は、たいてい、頭の回転が速い、訓練を受けた、とても口のうまい人たちだ。医者とは異なり、なかにはプロとして株式相場で儲けた経験もなければ、現実的な分析やポートフォリオの勉強をしていない人もいる。加えて、株式市場自体、ほとんどの人が考えているよりずっと複雑なのだ。だから、一定期間にわたって一貫してしっかりしたアドバイスができる優秀な専門家を見つけるのは簡単なことではない。そういうレベルに到達するには、かなりの地道な努力と勉強と規律が必要だ。

この業界にも、熱心で、有能で、経験豊かな人がたくさんいる。だが、推薦者を求めたり、所属企業の調査に加えて、その投資哲学、方法、方針、アイデアや分析の情報源などに関するたくさんの質問をするなどして、適切な評価を行わなければならない。また、質問したときに、相手の筋道の通ったアドバイスが理解できるように、投資について十分に学んでおくことも絶対に必要だ。ほとんどの投資家は、取引相手、相談相手、耳を傾ける相手を選ぶとき、洗濯機や自動車を買うときと比べ、時間も使わなければ、考えもしない。

そのブローカーがIBDの有料ワークショップに１回以上参加していることが確認できれば参考になるはずだ。IBDの全日コースでは、チャートの読み方と守るべき基本的な売買ルールを教えている。あなたのブローカーが、うちで出している３冊の本のうち少なくとも１冊を何度も読み返していることもプラスと考えられる。また、そのブローカーが自分用にIBD紙を購読するほど仕事に熱心か、それともオフィスにあるのをときどき見る程度かも調べてみよう。献身的で、スキルと知識を持ち、努力を惜しまない人であることが望ましい。

最後に、手数料と税金について少しだけ触れてみよう。“トップクラス”の証券会社で株を売買するときに課せられる手数料についても、考え方はほとんど同じだ。株式取引に課せられる0.5～２％の手数料は、実際のところ、ほかのほとんどの品物を買うときに支払う手数料と比べて小さい。デパートでワイシャツを買ったら、おそらく33％は取られているだろう。食料品店の食品の利幅は25％、家具や宝石なら利幅は50％ぐらいあるだろう。不動産を売買するときは、行きで６％、戻りで６％取られる。つまり、ほかの選択肢と比較して、普通株に普通に投資することは、特権でありチャンスであるだけでなく、かなりお得であると言えるかもしれないのだ。

株式のような高い流動性は、事業や美術品などに対する投資では、常に存在するとは限らない。流動性の高い市場は、売買する方法とタイミングさえ心得ていれば、非常に安全だといえる。

税金も多くの投資家にためらいを与える。利益に税金がかかるので売りたくないという人がたくさんいる。株を長く保有し続けていると、そういう悩みは消えてしまうのが普通だ。利益がもうなくなっているので、税金を払う必要がなくなるからだ。売買の決断は何よりもその株を基準に行わなければならない。税金の心配は、ずっと離れた二の次でなければならない。

利益の一部を国が取るのは、あなたの投資が成功していることに対する代償の一部だ。損をしたのでまったく払わなかったり、税金逃れをして結局お金を失ってしまったり、税務調査を受けるよりも、払わなければならない税金はさっさと払ってしまったほうがいい。

なんなら、納税を、多くの成功したベンチャー企業と肩を並べて与えられた特権だと考えてもいい。ほかの多くの国々では、国民にそういう機会を与えていない。起業家に創業を奨励することもない。

そのため、資金調達が難しく、投資したくなるような有望な企業がそもそもあまり存在していない。

米国は素晴らしい機会に満ちている。そのことを理解し、その機会を生かすことができたなら、正当な額の税金を支払うことが絶対に必要だ。税金は、自分と自分の家族の生活を向上させる機会に対する、ほんの小さな代償にしかすぎない。

もう少しわたしの意見を申し上げよう。

株式投資で儲けるために頼りになる最高のブレインは、必ずしも、ニューヨーク市を本拠地にし、大勢のアナリストをそろえているところではない。全米の10～15の主要都市に本拠を置く、トップクラスのポートフォリオマネジャーたちのなかにいる可能性のほうが高い。現に、ウォール街と同様、ボストン、ダラス、ロサンゼルスでも、トップクラスの成績を有するポートフォリオマネジャーを見つけることができる。しかし、なかなか見つけることができない場所が米国の大学、特に経済学部だ。経済学の大学教授たちは、並はずれて頭が良く、知的で、立派な人たちだが、株式市場で儲けた経験はもちろんのこと、株式市場に関する現実的な理解がほとんどない人が多い。ビジネスで成功したことがまったくない人たちも多い。そのせいか米国のオークション形式の市場という現実的だがあまのじゃくな戦場においては、必ずしも通用しない理論や学術的信念にこだわっている傾向がある。

一部の大学教授たちが唱えているランダムウォーク理論と効率的市場理論は、象牙の塔の非現実的なナンセンスであることがおおむね立証済みだ。何年か前、新大型ブル相場が始まったときにエール大学が大量に売って現金に移行したが、その判断の根拠となった配当割引モデルやフォーミュラプランも同じだ。一方、市場について地に足の着いた研究を行い、わたしが話してきたような、現実的な手法を教えている金融や投資の教授たちもいる。

大きな自尊心や高いIQよりも、正直さ、倫理観、そして謙虚さのほうが、投資で成功するうえではるかに重要な要件だ。あなたは常に分析し、討議し、市場における自分のたくさんの過ちを認めなければならない。それが学び、賢くなる方法だ。投資においては女性でも男性と同様、ときには男性よりも成功できるのはそのためだ。女性は、古い市場の通念にしがみつくような頑固さやエゴが少なく、もっとまともな投資法を学ぶことに抵抗感が少ないように思える。

銘柄選択に成功するために必要なことは、企業とその企業が属する産業に関する基本的なファンダメンタルズ情報を熟知していることが60～65％、チャートと相場の動きを理解していることが35～45％……というのが長年の経験からのわたしの結論だ。長年にわたるわたしの大きな勝ち銘柄は、すべて、高い売上利益率と高い資本利益率とともに、利益と売り上げを大幅に伸ばしていた企業だった。当時、基本的な尺度で見て、それぞれの産業におけるトップ企業であり、ほぼすべての銘柄が通常よりも高いPER水準で取引されていた。それら銘柄にはまずチャートや相場の動きで注目したケースが多かったかもしれないが、強固なファンダメンタルズ、機関投資家による保有、革新的な新製品やサービスなどの条件が整っていなければ、それほど値上がりすることは絶対になかっただろう。

どんなことでもそうだが、報いが得られるかどうかは、どれだけ努力するかに依存する。勉強と観察を絶え間なく行うことで得られる細かい重要な情報の積み重ねが、あなたの知識とスキルを向上させ、投資の世界で成功するか、もう一歩のところでとどまるかの分かれ道になる。

次に、わたしが無作為に選んだ過去の優良銘柄のチャートをいくつかお見せしよう。実践的なポートフォリオ管理のルールと原則に従って投資することを学べば、いかに大きな可能性が米国の株式市場に常に存在しているか、分かるはずだ。

シンテックスはわたしの最初の本格的な大勝ち銘柄で、1963年7月に買い、その6カ月後に売った。だれの目にも高すぎると見えたので、わたしの周りでは買った人がいなかったぐらいだ。株価はすでに従来の2倍の1株100ドルの新高値を付けていたし（チャートは1対3の分割に対して調整済み）、PERは45倍で、おまけに同社の製品が乳ガンの原因になっているという訴訟を抱えていたため、手を出しにくかったのだ。だが売り上げと利益は急伸しており、同社のピルは社会を一変させるような画期的な製品だった。

シー・コンテナーズは、完璧なカップウィズハンドル・パターンを描いていた。値が押してから何週間も終値が固まっているハンドル部分で、出来高が極端に減少している点に注目されたい。覚えておくべきことは、値上がりする株だけが良い株だということだ。だから最初の正しい買いポイントを逃してしまったら、じっと我慢していることだ。それがほんとうに良い株なら、やがて別のベースを形成し、新しい買いポイントが現れるはずだ。シー・コンテナーズが良い株であるというひとつのヒントは、最初の4週間で出来高を大きく増やしながら値を50％上げていることだ。

ザ・リミテッド・ブランズという女性向けの小売店は、女性の職場進出の増大を追い風にして成長した。1980年代最高の主導株で一連のベースを形成していたが、1987年に形成したベースが終盤でダマシに変わっている（すべてのチャートは株式分割に対して調整済みなので、ザ・リミテッド・ブランズの初めての買値は9ドルでは

高値は必ずしも高値にあらず……まだまだ安値のこともある

なく、実際には27ドルだった)。

TCBYは、1984年のヨーグルトブームに乗ってフローズン・ヨーグルトの店舗を急展開した面白味の多い新規発行株だった。1985年の最終四半期における10週カップ・パターンから抜け出た１年後に買っても、並はずれた利益が得られた。この銘柄も、ほとんどの人が高すぎだと見ていても、実際にはまだまだ安いこともあることの証拠になる。

コストコは、弁解のしようもないが、わたしが見逃した株だ。この株はわたしが３年半保有していたプライスカンパニーの優れた後継銘柄だった。コストコの創立者のひとり、ジェームズ・シネガル

シー・コンテナーズの典型的な大型カップウィズハンドル

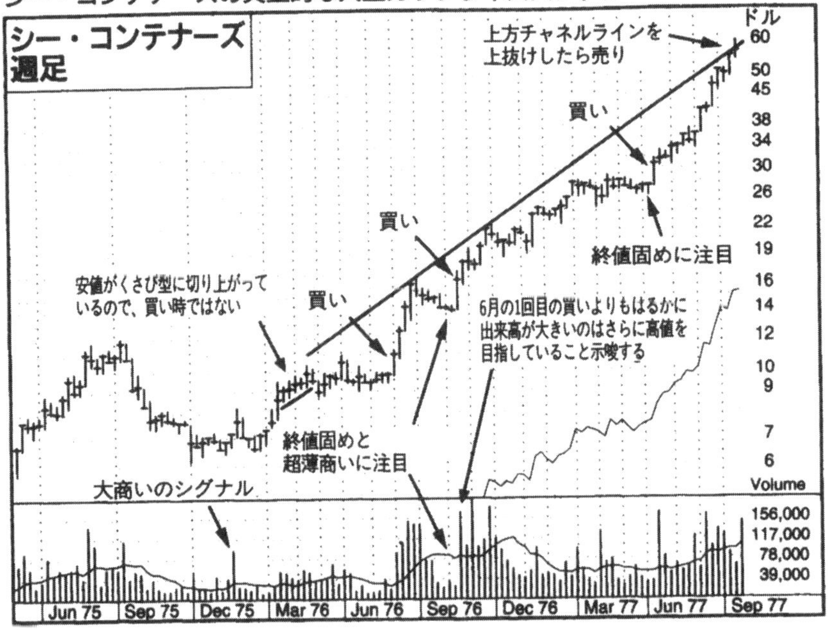

リミテッドは79週の大型カップウィズハンドルを形成して113週間で420%上昇した

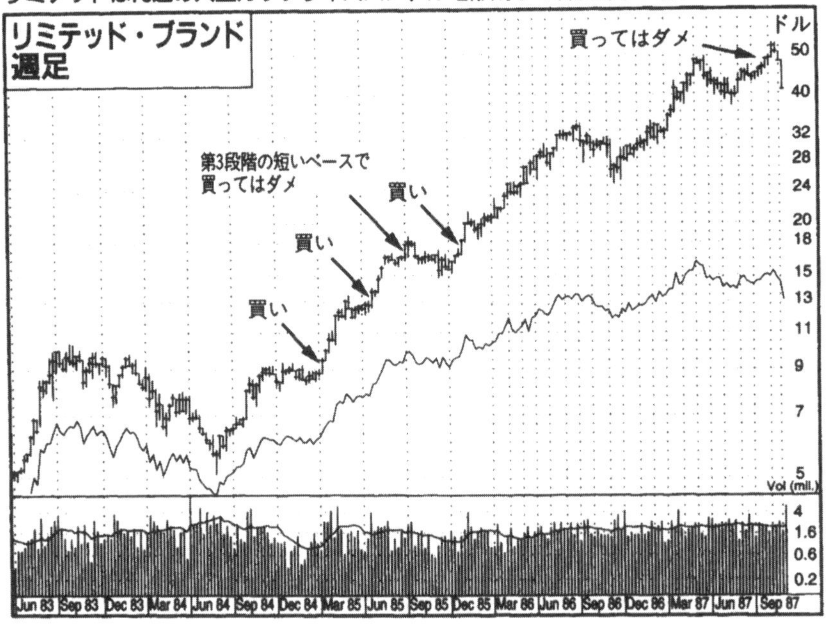

TCBYは1984年に9週カップから20倍以上上昇した

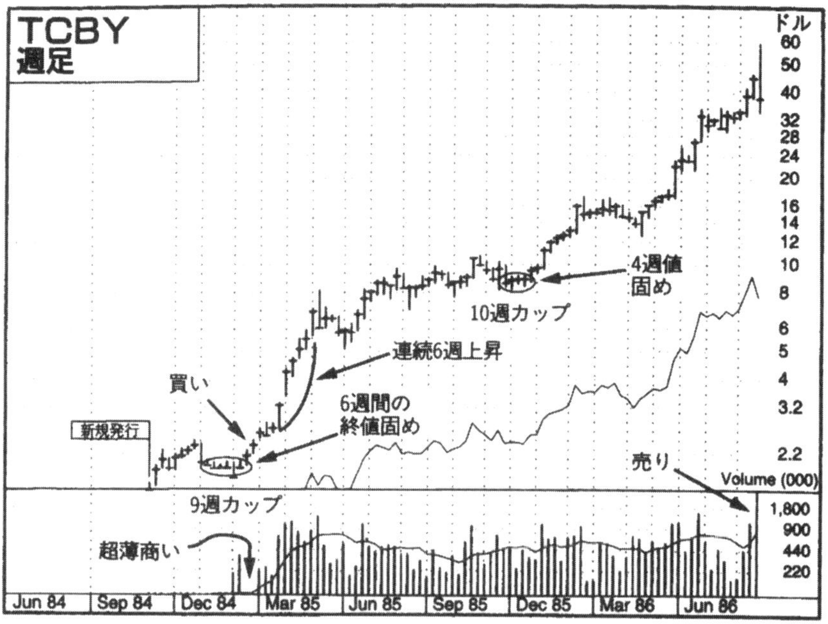

コストコはプライス・カンパニーの大幅上昇の前例に従った

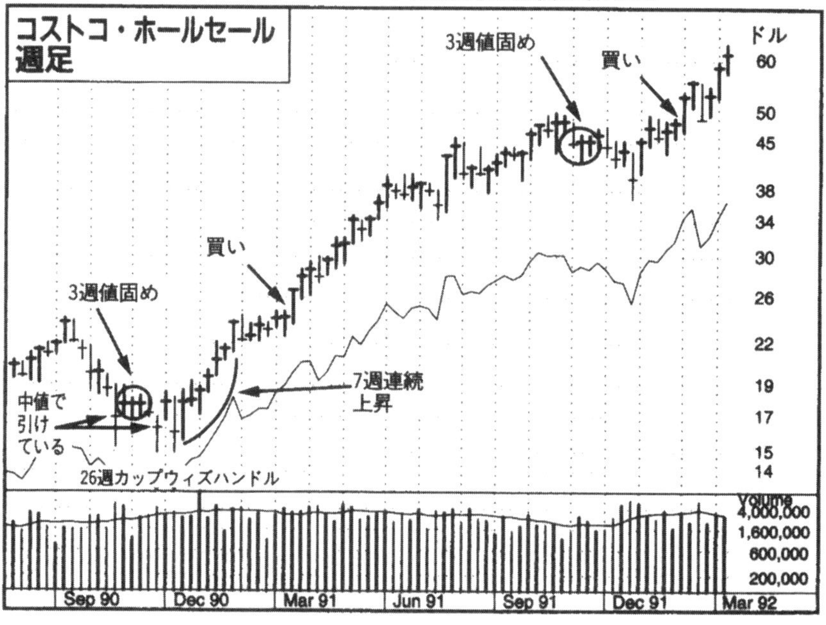

20%の自社株買いが15倍の上昇につながった

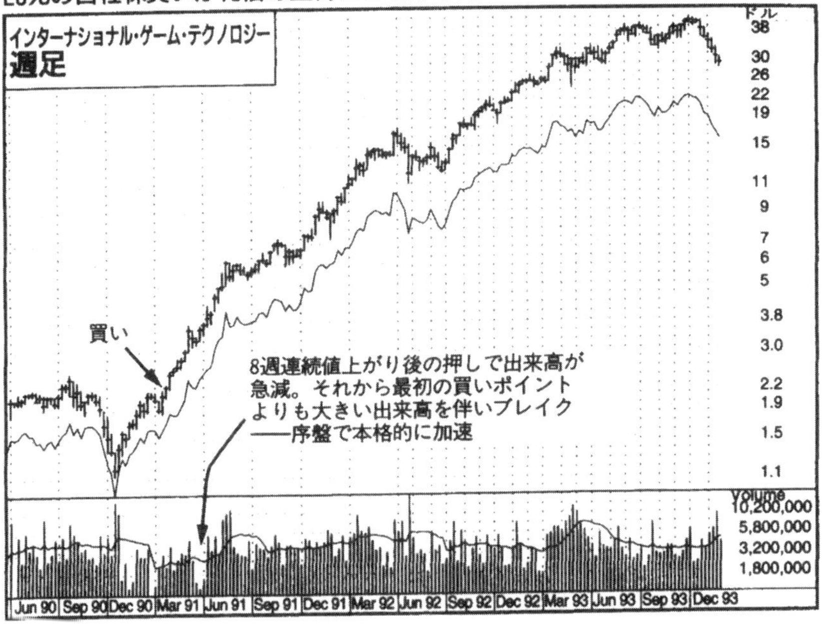

アップルやコンパック・コンピューターの前例に従っている

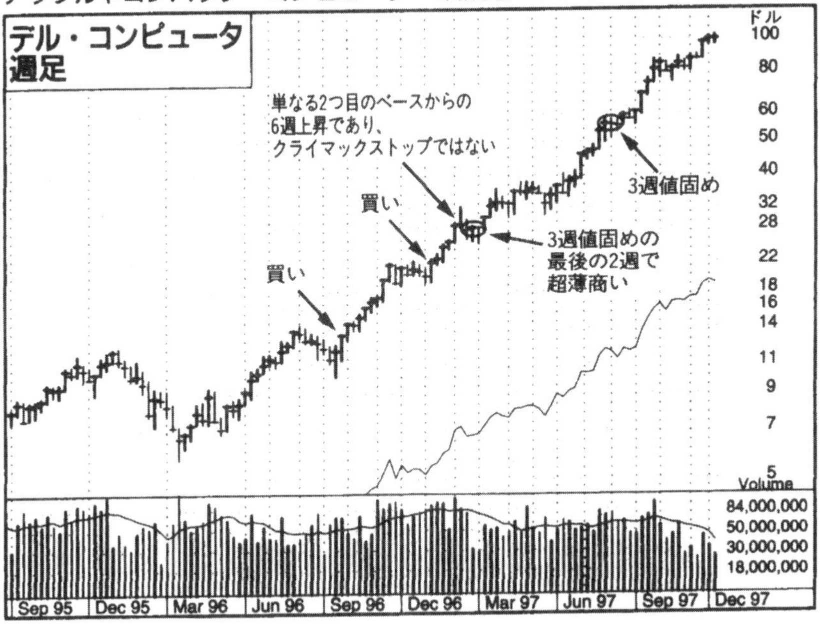

カップウィズハンドルに続くフラットなベース・オン・ベース

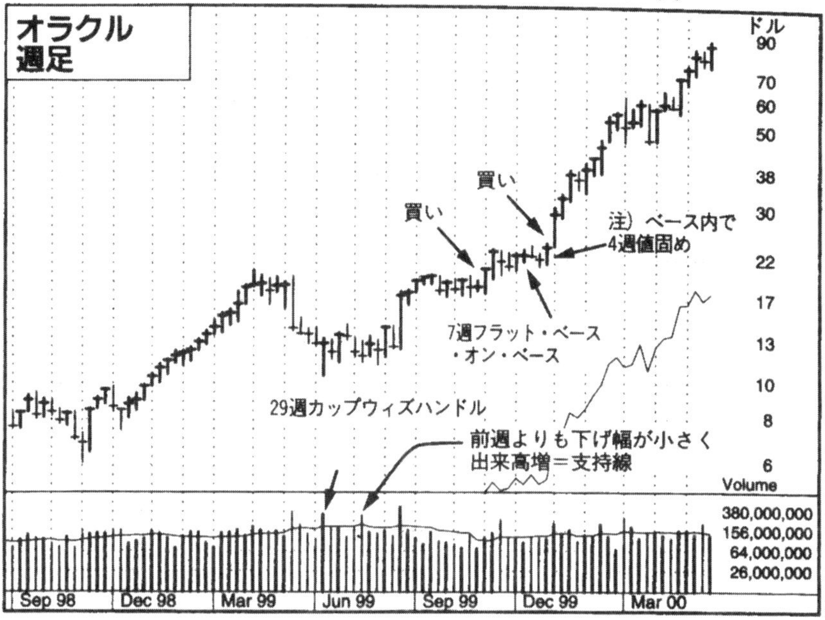

プライス・カンパニーがダブルボトムウィズハンドルから1293%上昇

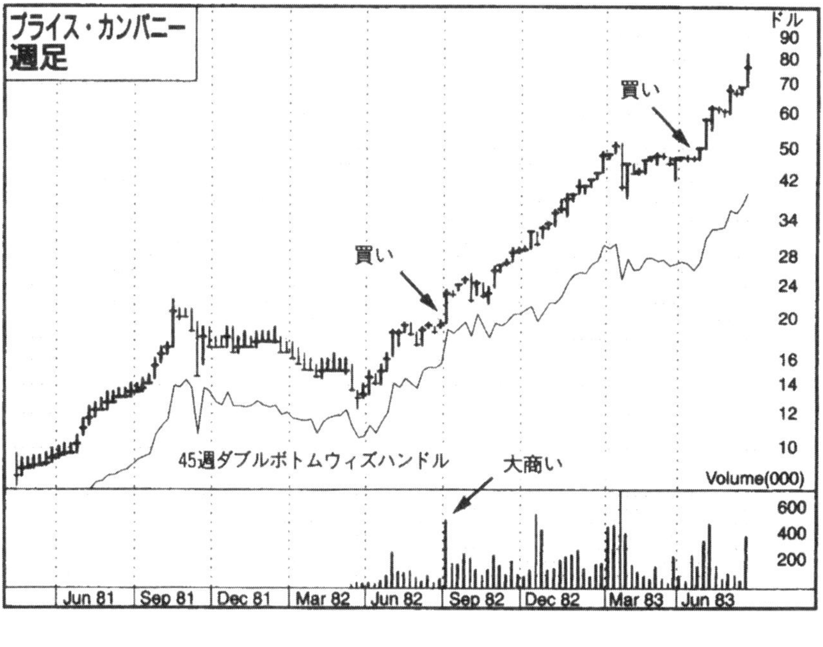

は、もともとサンディエゴでウェアハウスストア（倉庫型店舗）という新しいコンセプトの小売業を始めたソル・プライスで働いていた。数年後、シネガルは同じスタイルのウェアハウスストアをコストコという名前でシアトルに開いた。過去数年間における主導株と同じ分野で成功しそうな銘柄には要注目だ。

だれでも納得できる後継銘柄のもうひとつの例を挙げよう。まず、アップル・コンピュータが主導株になり、数年後にコンパック・コンピュータが現れた。それからデルが受注生産のパソコンを直接販売するという新しいコンセプトを携えて主導株の地位を引き継いだ。

インターナショナル・ゲーム・テクノロジーは、自社株の10％買いを発表したその数カ月後、なんと２回目の10％買いを発表した。これは間違えようのないヒントだった。新しいコンピュータゲーム機を材料に、同社の株価は15倍というすさまじい高騰を演じた。

オラクルは、典型的なベース・オン・ベース・パターンを形成する前に、データベースソフトウエア分野におけるリーダーであることをすでに証明していた。上方へ爆発する直前の２つ目のベースで、４週間の終値固めを続けていることに注目されたい。

プライス・クラブ・ウェアハウスというディスカウントストアを所有するプライスカンパニーも、わたしの最高の勝ち銘柄のひとつだ。初めて買ったのは、まだ店舗が２つしかない1982年の第２四半期だった。東海岸への進出というやや背伸びをしでかすまでの３年半、同社の株価は絶好調だった。プライスカンパニーは、のちにコストコによって引き継がれた新しい販売促進コンセプトの元祖リーダーであり、革新者であった。プライスカンパニーの資本利益率はなんと55％だった。

選択とタイミングが正しければ、買ってからすぐに値上がりし、あなたに小さなクッションを提供することになるはずだ。良いクッションがあれば、1回目の購入に続いて、額を減らしながら何回かの追加購入を行う余裕が生まれる。またPERが高すぎるということで一部のメディアがその銘柄に難癖をつけて値下がりさせようとしても、クッションがあれば安心していられる。ほとんどの場合、そういう非難は、絶頂期のマイケル・ジョーダンに向かって「もらいすぎだ」とけちをつけるようなものだ。利益と売り上げが確実に伸びている優良企業の場合、そういう非難が原因でパニック売りが起きても2時間、長くても2日間ぐらいしか続かないのが普通だ。多くの場合、事情に通じているプロの投資家にとって買いチャンスとなる。

歴史は、社会的な通念、根拠のない個人的見解、まるっきり見当違いの悲観論者たちの事例で満ちあふれている。昔、ドュビーン卿は、ほとんどの人たちが高すぎると見ていたヨーロッパの古い画家たちが描いた独特な絵画を買い集め、それらをヘンリー・フォードをはじめとする米国の当時の新興起業家たちにはるかに高い値段で売りつけることよって財を成した。批評家たちはみな、CNNのテッド・ターナーがMGMのフィルムライブラリーを高く買いすぎたと見ていたが、何度も繰り返し利用することで結局もとが取れている。

英国の発明家たちは、トーマス・エジソンのやり方では電球は作れないと言っていた。ライト兄弟は人間が鳥のように空を飛べると考えるほど常識を欠いていた。ビリー・ミッチェルは、次の戦争における航空機の重要性を訴えて軍法会議にかけられた。海軍は、ヘンリー・カイザーという砂利業者に造船技術などあるはずがないと考えていた。アレキサンダー・グラハム・ベルは、ウェスタン・ユニオンの社長に発明した電話の部分所有権をプレゼントしようとしたが「そんなオモチャに使い道ないだろ？」というひと言で断られた。ウィリアム・ヘンリー・シーワードの愚行と呼ばれたのは、現在ではアラスカと呼ばれている雪と氷だけの何の価値もない土地のために700万ドルという大金をロシアに支払ったことだった。

投資家として成功するには、下調べをし、入手できるかぎりの関連情報を見きわめることが必要だ。そうすることによって、自分自身の能力にもっと自信を持つことができるようになり、どれほど多くの人にどんなに強く信じられていても、その情報源や媒体にどんなに権威があっても、他人の意見に左右されたり、悪い影響を受けることがなくなる。

本格的な投資家のために、デイリーグラフ・オンラインには高度な日足・週足チャート、100種類以上のデータ項目によるデータスクリーニング、産業グループ分析などを提供するプレミアムサービスが用意されている。http://www.dailygraphs.comは、試しに使ってみることも可能だ。わたしは個人的な意見よりも歴史や事実のほうを信じている。次に、米国史上最大の成長率と比類なき経済的・社会的進歩が見られた、近年の各ブル相場と経済回復においてけん引役を果たした銘柄の実際の歴史を示そう。米国がいかに成長してきたかを如実に示す、万華鏡的な要約になっている。

このような驚くべき成長物語は、新しい景気サイクルが現れるたびに何度も繰り返し語られている。なぜなら米国の制度では、成功するために必要な仕事や勉強をやりたいと思えば、だれにでも自由にその機会が与えられるからだ。各景気サイクルは、優れた新製品、時間や費用を節約する発明品、新しい技術、求められていた新しいサービスを生み出した企業によってリードされる。この比類なき成長は、この自由が守られるかぎり継続するだろう。政府は過度な税金と無駄な支出を削減することによって、その道を開いておくことが必要だ。そうすれば、革新者、発明家、起業家たちが、人々の生活水準や機会を向上させ続けようという動機を持つことができる。

185ページからの表のなかで、あるサイクルをリードしたほとんどの企業が、次のサイクルでは消えていることに注目されたい。また、各サイクルにおける主導株が新製品を持っていること、すべての成功の裏に高い利益の伸びとEPSレーティングがあることにも注目されたい。米国の成長の強力な要因となったのは、特に1970年以降、配当ではなくIPOだった。

それには、経済と株式相場がしっかりしていることが絶対に必要だ。米国の経済と市場が低迷していたとき、ブッシュ大統領に190ページに紹介する手紙（2002年７月６日付け）を送ったのはそのためだ。それより前の２月、大統領の経済審議会のトップ、グレン・ハバード博士がロサンゼルスで開催されたIBDの2002年経済会議で講演したとき、大統領あての同様な手紙を同氏に託そうとしたがかなわなかった。７月６日付けの手紙も大統領の経済チームへ回されてしまう可能性があった。だが10月になって、サンフランシスコにいる大統領の友人であるケイテイ・ボイド氏を通じてホワイトハウスの夕食会で大統領の手に渡った。大統領は、その翌日に自筆の返事をくれた。わたしの手紙の内容にうなずけること、小規模企業の設立を促進するアイデアに関心を抱いたことが書かれてあった。わたしはこんな速く返事をもらえたことに驚いた。なにしろテロとの戦いやイラク問題など、難問が山積している状態だからだ。だがブッシュ政権は、重要な経済問題や国際問題に対して単刀直入ビジネスライクに迅速に反応するという姿勢を鮮明にしてきている。

それ以来何回かのやりとりがあった。再び利下げが実施され、新しい議会が招集され、新しい経済チームが結成され、テロ対策が推進され、5000万人のイラク人とアフガニスタン人が残虐な独裁者から解放され、すべての納税者と米国経済を救済するための減税法案が議会を通過し、大統領が署名した。

2003年が通常よりも多くの刺激策を必要としていることには理由がある。1973～1974年と1929～1932年は2000～2002年と同様、長い深刻なベア相場を経たあとの米国経済は、通常よりも回復に時間がかかり、通常よりもはるかに多くの助けを必要とするからだ。加えて今回は9.11による精神的ダメージにも対処しなければならない。

赤字はけっして米国の真の問題ではない。不況やときに発生する短期的な戦争のさなかでも、赤字はまったく正常だ。2002年の赤字はGDP（国民総生産）に対する割合で見れば並はずれたものではない。GDPの1.5％にしかすぎない。過去50年間の平均は1.9％だった。それら赤字を補うための負債にかかわる純利子額も同様に小さく、GDPの1.6％にしかすぎない。現時点における赤字に関する議論は、減税に対する選挙民の期待を削ぐために利用されている、主として政治的な議論だ。

赤字問題を解決する方法は、政府の税収を増やすことによって赤字が解消されるように大幅な減税によって経済を活性化させ、削れる支出を抑制することだ。第二次世界大戦以降の――ケネディとレーガン政権時代に実施された――２回の大型減税は、ともに政府の歳入を減らすどころか大幅に増やす結果になった。

キャピタルゲインに対する税率の引き下げでも毎回同じ現象が起きている。キャピタルゲイン税の引き下げによって米国政府の歳入が増加したのだ。

各サイクルにおける主導株の75%が設立10年未満の新企業で、80%が配当なしで、配当ではなく利益の伸びが主導株の原動力だった

会社名	説明	上昇%	期間	設立年	IPO年	EPS*	配当
1982-1986							
アドビシステムズ	新印刷ソフト	482	6カ月	1983	1986	66	―
サーキットシティ	新ディスカウント電気店	1971	4年3カ月	1949	1986	298%	0.7%
コンパック	新高速小型ポータブルパソコン	378	11カ月	1982	1983	98	―
コストコ	新卸売メンバ制店舗	700	3年3カ月	1983	1985	92	―
ドゥケーンシステムズ	新IBMソフト	725	2年	1970	1984	88	―
エミュレクス	新ディスク／テープ制御装置	410	8カ月	1979	1981	66%	―
フォード	新経営陣	173	1年	1919		158%	―
フランクリンリサーチ	新ミューチュアルファンド会社	750	1年3カ月	1969	1983	92	1.0%
ジェネンテック	初のバイオテック製薬会社	277	6カ月	1976	1979	82	―
ジレット	最高品質の世界的ブランド	279	3年9カ月	1917		72	1.4%
ホーム・デポ	新ディスカウントホームサプライセンター	938	1年3カ月	1978	1981	140%	―
キングワールド	新ゲーム番組――ホイールオブフォーチュンとジェパディ	300	1年	1984	1984	89	―
レイドロートランスポテーション	スクールバス	567	2年9カ月	1979	1983	75	―
リミテッドストアズ	働く女性向け衣料	467	2年9カ月	1963	1973	79	0.9%
リズクレイボーン	働く女性向け衣料	2820%	4年9カ月	1976	1981	33%	―

各サイクルにおける主導株の75%が設立10年未満の新企業で、80%が配当なしで、配当ではなく利益の伸びが主導株の原動力だった

会社名	説明	上昇%	期間	設立年	IPO年	EPS*	配当
マリオンラボ	新薬品	176	10カ月	1952		7%	2.0%
メルク	処方薬	270	1年9カ月	1934		79	2.8%
ノベル	新LANソフト	100	5カ月	1983	1985	99	—
プライス・カンパニー	新卸売メンバ制店舗	1293	4年	1976	1980	43%	—
リーボック	テニス、エアロビクス、ランニング用シューズ	262	4カ月	1979	1985	97	—
TCBY	フランチャイズのヨーグルト店	2290	1年6カ月	1984	1984	99	—
ウォルマート	新ディスカウントストアのチェーン	957	3年	1969	1971	40%	1.1%
	1988–1997						
アライアンス	パソコン用半導体	589	11カ月	1985	1993	66	—
アメリカオンライン	新通信メディア――インターネットアクセス	647	1年6カ月	1985	1992	90	—
アメリカパワーコンバージョン	新パソコン用無停電電源装置	808	1年9カ月	1981	1988	99	—
アムジェン	新バイオテック癌治療薬	680	1年9カ月	1980	1983	94	—
アップルサウス	アップルビーズ・レストラン	463	1年3カ月	1986	1991	96	0.1%
アセンドコミュニケーション	新LAN/WANアクセス製品	3206	1年9カ月	1989	1994	91	—
キャラウェイゴルフ	ビッグバーサクラブ	333	11カ月	1982	1992	99	—
シスコシステムズ	新ルータとネットワーク機器	74445	9年6カ月	1984	1990	99	—

コブラゴルフ	高級ゴルフクラブ	156	6カ月	1978	1993	99	—
デルコンピュータ	新受注生産パソコン販売	2973	2年6カ月	1984	1988	55	—
デジタルスイッチ	新電気通信交換機器	584	8カ月	1976	1980	−106%	—
EMC	新コンピューター記憶装置	500	1年	1979	1986	90	—
インターナショナルゲームテクノロジ	新マイクロプロセッサゲーム	1567	2年6カ月	1980	1981	91	—
コールズ	新ディスカウント百貨店	177	1年6カ月	1988	1982	67	—
メディカルケアインターナショナル	外科介護センター	627	3年	1981	1983	69	—
マーキュリー ファイナンス	新車中古車ローン	424	2年9カ月	1984	1989	98	1.8%
マイクロンテクノロジー	コンピューター用DRAMとSRAM	300	7カ月	1978	1984	99	0.4%
マイクロソフト	新コンピューターソフト	13847	10年	1981	1986	95	—
ニューブリッジ ネットワークス	新世界的ネットワーク製品	699	11カ月	1986	1989	81	—
ピープルソフト	新HR管理ソフト	395	1年3カ月	1987	1992	99	—
セイントジュードメディカル	人工心臓バルブのリーダー	400	2年3カ月	1976	1977	85	—
サージカルケア アフィリエイツ	外科介護センター	1636	2年9カ月	1982	1983	93	—
テルラボ	データ通信とネットワーク	1074	2年3カ月	1974	1980	77	—
スリーコム	コンピューターネットワーク	286	1年3カ月	1979	1984	97	—
USヘルスケア	新健康管理組織	125	6カ月	1982	1983	90	—

各サイクルにおける主導株の75%が設立10年未満の新企業で、80%が配当なしで、配当ではなく利益の伸びが主導株の原動力だった

会社名	説明	上昇%	期間	設立年	IPO年	EPS*	配当
ユナイテッドヘルスケア	新健康管理組織	384	1年3カ月	1977	1984	91	0.1%
ヤフー	インターネット・アクセス	7443	2年6カ月	1995	1996	52	—
ビジネスオブジェクツ	新データベースソフト	535	8カ月	1990	1994	95	—
	1998–2000						
ビオゲン	新バイオメディカル薬品	330	1年6カ月	1978	1983	71	—
チャールスシュワブ	No.1オンラインディスカウントブローカー	439	6カ月	1971	1987	91	0.3%
チェックポイントソフトウエア	データベースソフト	1142	9カ月	1993	1996	97	—
コムバーステクノロジ	新電話会社用ハードウエア	606	1年3カ月	1984	1986	96	—
イーベイ	新インターネットオークション	1070	6カ月	1996	1998	53	—
エテックダイナミクス	光ファイバ機器	507	6カ月	1983	1998	99	—
ネットワークアプライアンス	新ネットワーク用記憶装置	517	4カ月	1992	1995	98	—
ノキア	大手携帯電話機メーカー	800	2年	1967	1994	95	—
オラクルシステムズ	新データベースソフト	274	5カ月	1977	1986	95	—
PMCシエラ	新半導体	1949	1年3カ月	1983	1991	51	—
キューロジック	周辺機器用集積回路	3351	1年3カ月	1992	1994	68	—

クアルコム	新携帯電話システム	2567	1年	1981	1991	79	—
RFマイクロデバイシス	無線通信用集積回路	3224	1年6カ月	1991	1997	68	—
SDL社	光ファイバー機器	3631	1年3カ月	1983	1995	92	—
シーベルシステムズ	新マーケティングソフト	420	7カ月	1993	1996	99	—
サンマイクロシステムズ	新トップネットワーク製品	688	1年6カ月	1982	1986	94	—
ユニフェイズ	光ファイバー機器	2016	1年3カ月	1979	1993	90	—
ベリタス	新セキュリティソフト	1097	1年3カ月	1982	1993	99	—
ビテッセセミ	インターネット装置用高速チップ	535	1年3カ月	1987	1991	98	—

＊パーセンテージ値は、直前2四半期のEPSの増加%の平均を示す。
数値は、ウィリアムオニール＋Co.レーティングのひとつであるEPSレーティングであり、99が最高

2002年７月16日

米国大統領
ホワイトハウス　ペンシルベニア通り1600番地
ワシントンDC北西区20500

拝啓　大統領殿

ロサンゼルスでビル・サイモン（州知事候補）のための写真撮影会で少しだけお目にかかったことがあります。

停滞している米国経済と株式市場に立ち向かうための、大胆かつ新鮮なアイデアを提案したいと思います。あなたがテロとの戦いで実施して見事に成功したような、まったく新しい計画です。

新たに企業を立ち上げるすべてのアメリカ人に、最初の２年間法人所得税を全額免除し、その後２年間さらに半額免除するように議会に直ちに要求してください。またそれら新企業の株式を所有している経営者や従業員に対して、最初の10年間にその株を売って得られたキャピタルゲイン税を半額免除するようにしてください。

そうすれば起業家精神豊かな小企業が米国で続々と生まれてきます。あなたが指摘されたように、小企業が新規雇用のほとんどを生み出しています。大手の古い企業はダウンサイズしていくばかりです。

新たに大量に生まれてくる新企業は現存していない企業なので、政府が失う歳入はまったくありません。１年目や２年目に大きな利益を上げる新企業はほとんどありません。しかし政府のさらなる介入や規制なしに、それら企業が自ら数十万の新規雇用と新しい個人納税者を作り出すことになります。それは景気と高い失業率に良い影響を与えます。

「小企業設立促進法」とか「起業及び雇用促進法」というタイトルにすれば、民主党も反対しにくいでしょう。大幅な企業減税、特にキャピタルゲイン税の引き下げなど、「金持ち優遇」という民主党の批判も退けることができます。これはすべてのアメリカ人のためになります。普通の男性や女性のためです。

積極的かつ斬新な経済政策を駆使していまこそ攻勢をかけ、反対派やリベラル系のメディアの守勢に追い込まれないようにすることには、とても重要な意味があります。

1990年代のハイテクブームを主導した株式市場の勝ち銘柄の80％が、その前８年以内に株式を新規公開しており、1980年代のキャピタルゲイン税の引き下げ後に新規設立されているのです（デル、サンマイクロシステムズ、コンパック、アムジェン、EMC社、オラクルなど）。

歴史は、新しいブル相場が、過去の相場サイクルにおいて主導株だった銘柄ではなく、新たな主導株によってリードされるのが常であることを教えてくれます。現在、今後の市場の回復をリードすることになる新規株式公開がほとんどない状態です。

ワシントンの方々が株式市場で起こったことの真の原因やその対処法を理解しているかどうか、わたしには確信がありません。45年間にわたるわたしの市場での経験から分かったことは、経済とはまったく関係がないということです。経済が上向いているとか、在庫状況が改善しているとか、あなたが耳にした報告のほとんどが市場になんの影響も与えなかったのはそのためです。

わたしたちは、1950年代にオランダで起きたチューリップ球根バブルや1929年の米国の株式市場と、歴史的、精神的に似た、重大な時期を過ごしています。連銀やほとんどのエコノミストたちは、このことをまったく理解していません。

1991年から2000年３月の天井、そして現在の安値までのナスダック平均をとり、それを1921年から1929年の天井、そしては32年の底までのダウジョーンズ工業平均に重ねてみると、これら２つの期間がいかに似ているかがお分かりいただけるでしょう。唯一の違いは、昨年のウォール街におけるナスダックのハイテク、インターネット、バイオテック銘柄に対する無謀で無制限な投機が、1929年終盤でのダウのブームよりも激しかったことです。

クリントン政権下の1990年代後半、ほとんどのアメリカ人がバブル相場のさなか投資をしていました。人々はリスクの管理方法も知らず、お粗末なアドバイスを真に受けていたので、50～80％のお金を失いました。現在いくつかの大手ミューチュアルファンドにおいて不適切な需給状況が存在し、市場の重荷になっています。

ハイテクバブル崩壊による大きな損害、個人投資家たちが被った大きな損失、ミューチュアルファンドによるパニック売り、9.11による精神的ダメージと恐怖心が重なり合えば、回復ははるかにゆるやかに、はるかに時間がかかることになると歴史は教えてくれます。だからこそ通常よりも多くの刺激をいま経済は必要としているのです。

民主党に対して彼らが雇用創出法案とみなすものを与える代わりに、消費者向けだけの中程度の一律所得税引き下げを求めることを考えてもいいでしょう。民主党が赤字を根拠に反対するでしょうが、あなたのチームは本格的な歴史的な調査を駆使することによって論破できるはずです。赤字の問題については、わたしは過大に見られていると思っていますが、５つから６つの強力な回答を提案することができます。

連銀は、住宅建設部門の景気回復を支え、消費者と企業の意欲を高めるために、税率を８分の３％引き下げることによって株式市場を驚かせなければいけません。

最後に、過去の市場についてもうひとつお話します。1962年初頭、SECはミューチュアルファンド業界に対して調査を実施することを発表しました。それが市場を怖がらせ、急落を招きました。のちにケネディが鉄鋼価格の値上げを撤回したとき、経済には何の悪影響もありませんでしたが、市場は崩壊しました。市場は不確実性や政府による長期調査に対して良い反応を示しません。

新しい経済政策があなたの政権によって提案され、積極的に促進されなければ、そしてニュースが政府による調査やリベラル派の批評で支配されていたら、あなたは11月に議席を減らす可能性があります。

もしご希望でしたら、あなたもしくはあなたの主要政策担当者とお会いして上記の各提案についてお話し申し上げたいと思います。

敬具

ウィリアム・J・オニール
会長兼創立者

逆説的だが、政府のキャピタルゲイン税収入を削減する方法は、キャピタルゲイン税率を引き上げて、利益を確定したり、追加リスクをとったりしないように誘導することなのだ。現在、キャピタルゲイン税の対象となる含み益が出ている全銘柄の50%が、税金を払いたくないために売られない状態にある。利益に対して税金を支払いたくないがために何年も、あるいは死ぬまで頑固に持ち続けるのだ。そのため政府は、そのいささか知恵足らずの政策によって、税率を下げた場合よりも少なめのキャピタルゲイン税収入しか得ていない。アラン・グリーンスパンは、キャピタルゲイン税が投資の促進と米国経済の成長を損なっている、最も出来の悪い課税方法のひとつだと何度も発言している。下院歳入委員長のビル・トーマス（カリフォルニア州選出）によって提案され、新しい減税パッケージにも含められ、最近15％に引き下げられたキャピタルゲイン税は、米国のすべての投資家に対する優遇策になるだろう。

キャピタルゲイン税の15％へ引き下げについては、わたしたちが微力ながらも貢献できたかもしれないと自負している。わたしの同僚のひとりがクリスマスにビル・トーマスと話したとき、彼がわたしたちの提案の一部について知っていて、11月の中間選挙で上院の議席を増やしたので、そのような法案が議会を通過するチャンスがあるかもしれないと言っていたというのだ。それでわたしは1月2日にホワイトハウス宛の手紙（2002年12月31日付け）のコピーを彼に送った。その手紙の関係する部分である最後の数段落を以下に紹介する。

1500ドルの配当税免除を認め、小規模企業の減価償却の短期化または研究開発減税の強化を検討してください。

証拠1　米国最大の成長期である過去50年間の新規ブル相場と景気回復をリードした600銘柄の企業。

それら企業は配当をほとんど支払わず、学者たちが思いこんでいるように借金ではなく、成長のための資金を利益と株式によって調達していました。80％の企業が資本に対する負債の割合を減らしていたか、無借金経営でした。株の買い戻しを行った企業が少数ありました。1990年代後期に1万の公開株のなかの10～20銘柄にかかわる行き過ぎた行為や不正行為が話題になりましたが、これはもっと前の話で現状とはまったく関係ありません。

証拠２　米国にとって重要で欠くことのできない伝統的な大企業各社は、3900万人の新規雇用創出があった1980年から2000年にかけて雇用を大量に減らしたこと。

従業員数500人を超えたか、買収されて数に入れられなくなった小規模企業も含めれば、雇用創出企業の90％以上が小規模企業によって占められていたかもしれません。

わたしの結論は、キャピタルゲイン税を15％に引き下げることは、配当に対する二重課税を撤廃するよりも、新規企業、新規雇用、強い株式市場、強い経済の創造にはるかに貢献するということです。また、第２条項に基づき設立される新規小規模企業が、長期保有株を売ってもわずか7.5％のキャピタルゲイン税しか払わないで済むことも意味します。それは、実施する価値のある、強力な雇用創出奨励策になります。

上院共和党の幹部が減税総額を3500億ドルに限定することに合意し、３人の共和党上院議員が赤字を悪化させる可能性があるとして大規模減税に反対したあと、ビル・トーマスは、大統領のプランの大部分を温存し、キャピタルゲイン減税が追加された、サンセット（見直し）条項付きの素晴らしいプランを作り上げた。

赤字そのものがインフレや金利を高めるというのも、社会的通念にしかすぎない。なぜなら、赤字の悪影響を無効にしてしまう大きな要因がほかにたくさん存在するからだ。例えば、レーガン時代に赤字は膨らんだが、インフレや金利は毎年一貫して劇的に下降していた。レーガンが政権についたときに11.8％だったインフレ率は、彼が去ったときには4.5％まで落ちていた。フェデラルファンドレートは19.1％から9.1％へ急落した。一方、赤字に貢献した大規模な軍拡――スターウォーズミサイル防衛システムの実験、開発、配備の脅威――が、究極的に軍事的には脅威だが、経済的には脆弱なソビエト連邦を崩壊へ導いた。ベルリンの壁の崩壊は70年間抑圧されていた人々を解放した。逆に、冷戦の終焉は軍縮を可能にし、軍事費の削減が1990年代における連邦予算の黒字転換に大きく貢献している。

人が米国政府の負債について語るとき、米国の貸借対照表の負債側についてだけ言及する。過去50年間に負債側よりも増えている米国政府の総資産側について、計算、思考、言及する人はだれもいない。問題なのは、負債の水準よりも負債と資産の比率だ。

将来的には、長期キャピタルゲインの適用保有期間を以前のように６カ月に短縮する可能性を議会は検討しなければならない。そうすれば、米国政府が必要な税金をもっと早く徴集することができるようになる。それに人々の投資意欲を高めることにもなる。

もっと重要なことは、株式市場と米国経済の雇用創出能力を本当に向上させたいなら、政権と議会は、わたしが2002年７月の手紙でブッシュ大統領に提案した新規小企業促進計画を単純化し、スリム化したバージョンを真剣に検討しなければならない。大統領は間違いなく気に入ってくれたようだが、配当税の撤廃に関して自前の計画を持っていた当時のチーフエコノミックプランナーによって棚上げされてしまった可能性が高い。新規小企業設立を促進する刺激策は、米国経済と米国株式市場にとってのバックアップ保険になるだろう。新規雇用を創出し、当初５年間で政府の歳入を390億ドル増加させ、しかも赤字に対する悪影響もない。改訂されたよりシンプルな、新規小企業設立及び雇用創出計画の仕組みはこうだ。
議会は、最低３人を雇用する新規に小規模企業を立ち上げる人にはだれでも、営業開始後10年間、創立者または従業員が売却した株式または所有権に対して通常の15％のキャピタルゲイン税の半分を免除することに合意しなければならない。そうすることによって、小企業の設立に弾みがつく。なぜか？　小企業創出計画によってキャピタルゲイン税がわずか7.5％になるからだ。リスクを覚悟で新しい企業を立ち上げようとする人を後押しするのは、35％という新しい起業家志望者に適用される所得税の最高税率区分と、新しいベンチャーを立ち上げることによって得られる長期的な利得に対する7.5％という低税率との差だ。
予想される成果はこうだ。初年度だけで10万の新企業と53万人の新雇用が付加的に生まれる（過去の新規小企業による平均雇用者数5.3人に基づく）。この計画を５年間継続した場合、米国政府は計画期間中に創立される36万6667の新規企業、そして控えめに見て約２万7000ドルを稼ぐ285万5000人の新規雇用者から所得税を受け取ることになる。これは、新規企業の50％だけが５年後も存続し、その時点で各社が約11人を雇用していて、平均売上高が60万ドル、推定売上利益率が13％と仮定している。
これら新設企業は、家具、機器、消耗品、パソコンなどを購入し、不動産を借り、会計などの事務サービスを利用する。経済に対するこれらの乗数効果は、前述の計算には含まれていない。
大手企業が新設企業の一部を所有し、資産を新設企業に移転することによってキャピタルゲイン税を逃れることができないように、いくつかの簡単なルールを設ける必要がある。この刺激策は、基本的に、それまで存在していなかったまったく新しい新設企業が対象だ。

それら新規企業の１％が起業後数年以内に株式公開するとわたしは推定している。1000社による新規株式発行は、米国の株式市場と経済を活性化し、成長を支えていくために不可欠な原動力になるだろう（現在、新規株式発行の件数はごく限られている）。このプログラムは政府にまったくコストをかけないが、最初の５年間で約390億ドルの追加税収をもたらすことになる。162億5000万ドルが新規企業が支払う法人税、225億ドルが新しい雇用者が支払う個人所得税だ。ゆっくりと改善している雇用状況に対する賢明なヘッジにもなるだろう。

この新しい雇用創出プログラムは普通の男性と女性だけを対象としているため、民主党にも共和党にもアピールするはずだ。十分に認識していない可能性があるが、両党とも回復には大きな責任を負っている。現在の大統領はジョージ・Ｗ・ブッシュだが、景気後退が始まったときはまだ政権についたばかりだった。何でもありの異常な株式バブルが膨れに膨れあがってついにはじけた2000年２月～３月に政権の座にいたのはビル・クリントンだった。また、再びテロ攻撃が起これば、米国経済の回復が減速する可能性がある。それらは、わたしたちが負ってはならないリスクだ。

では、米国政府がこの小企業創出法を本格的に推進したいと考えるなら、すべての指定された都心部のマイノリティー（貧困）地区にある新設企業を対象に、創業後10年間、創立者によるあらゆる事業利益の売却に対してキャピタルゲイン税を免除しなければならない。そうすることによって、特に不満を抱いている中心市街地域の若者たちの雇用が促進され、犯罪発生率の低下につながるだろう。

そんなことが株式市場とどういう関係があるかって？　新規企業

が増えれば、雇用が増え、経済が強くなり、その結果、もっと持続的な、力強い株式市場が生まれる。いつまた長い景気後退に陥るか分からないような状態よりも、わたしはそのほうを選ぶ。

最後にひと言。これであなたは人生を一変させることができる、買いルールと売りルールを備えた手法と時間の試練を経た実績に裏付けられたシステムを手に入れることができた。

アメリカンドリームは生きている。今後のすべてのブル相場で、何十もの新しい大物主導株が現れるだろう。チャンスは無限にあるが、成功するか否かはあなた次第だ。それは容易なことではない。なぜなら、完全に身につけるには何度も読み返すことが必要だからだ。どんな技術でもモノにするには繰り返しが必要だ。投資で成功する方法も、努力を惜しまない熱意さえあれば身につけることができる。米国はまぎれもなくすべての人に対して開かれた機会の国だ。

付録A　CAN SLIMによる成長株発掘法

ジョン・バジコウスキー著

（AAIIの財務分析担当副社長であり、『コンピュータライズド・インベスティング』誌の編集者）

人目を引く書名をつけ、覚えやすい頭字語を差し込み、それに予備的な分析に必要な情報が掲載されている日刊ビジネス紙があれば出来上がり。それが人気の高い投資戦略の作り方だ。CAN SLIM法は、インベスターズ・ビジネス・デイリー（IBD）紙の発行者、ウィリアム・オニールによってその著書『オニールの成長株発掘法』（パンローリング刊）において提唱された。

『オニールの成長株発掘法』の第２版では、1953年から1993年における株式市場の大勝ち銘柄500株を研究することによって開発された銘柄選別法が提唱されている。同書で提唱されたCAN SLIM法は、それら勝ち銘柄が大幅な高騰を演じ始める前に持っていた特徴を基礎にしている。最近オニールは分析対象を1953年から2001年までに強い値上がりを示した600銘柄へと拡大した。昨年『オニールの成長株発掘法』の第３版が出版され、改訂版CAN SLIMルールが提唱された（**表A.1**を参照）。本記事では、CAN SLIMの最新の変更点と米国個人投資家協会（AAII）の銘柄スクリーニングシステム「ストックインベスタープロ」の使用法を交えながら、CANSLIM法について説明する。また、2003年３・４月号の『コンピュータライズド・インベスティング』誌では、インターネット銘柄スクリーニングシステムを使用したCAN SLIM銘柄選別法の使い方を解説している。

表A1　改訂版CAN SLIMルール

	第３版	第２版との比較
C＝当四半期の１株当たり利益――大きいほど良い		
一次要素	●前年同期比で当四半期EPSが大幅に増加していること（最低18から20％）	●第２版と同じ
	●企業の１回かぎりの特別利益は無視する	●第２版と同じ
	●四半期利益の伸びが加速している銘柄を探す	●第２版と同じ
二次要素	●四半期売り上げの伸びが25％、または少なくとも過去３四半期にわたり売り上げ増％が加速している銘柄を探す	●第３版で新規登場
	●同じグループで四半期利益の強い伸びを示しているほかの銘柄が少なくとも１つ存在する	●第２版と同じ
A＝年間収益の増加――伸びが顕著な銘柄を探す		
一次要素	●EPSの年間複利成長率が最低25％	●EPS年間複利成長率が過去４～５年にわたり最低25％でなければならない
	●過去３年間のEPSの伸びが毎年著しいこと	●過去５年間の各年の年間EPSが前年の収益に対して伸びていなければならない
二次要素	●翌年の収益に関するコンセンサス予想が当年より高くなければならない	●第２版と同じ
	●株式資本利益率が17％以上	●第３版で新規登場
	●年間１株当たりキャッシュフローが実際の１株当たり利益よりも少なくとも20％大きい銘柄を探す	●第３版で新規登場
	●収益が過去３年間にわたって安定していなければならない	●収益が過去５年間にわたって安定していなければならない

N＝新製品、新経営陣、新高値――適切なタイミングで購入すること		
一次要素	●強力な新製品または新サービスが登場したか、経営陣の大きな交代があったか、その業界で良い変化があった企業を探す	●第２版と同じ
二次要素	●揉み合いを経たあと、新高値またはそれに近い値を付けている銘柄を探す	●第２版と同じ
	●強い出来高を伴う値上がり	
S＝需要と供給――発行済み株式数と大量の需要		
一次要素	●CAN SLIM選別法では、あらゆる規模の銘柄を買うことができる	●ほかの条件が等しければ、発行済み株式数が少ないか妥当な数の銘柄は、一般的に、古い大型株より良い
	●相場は時に応じてその力点を小型株と大型株との間で移す	
	●２つの銘柄から選ぶ場合、株式数の少ない株のほうが上昇力があるが、下降するときもそれだけ速い	●第２版でも言及した浮動株数の少ない銘柄をさらに強調
二次要素	●トップ経営陣が大きな割合を所有している銘柄は一般的に有望	●第２版と同じ
	●公開市場で自社株を買っている企業を探す	●第２版と同じ
	●負債比率が低い企業と過去数年間に負債比率が下がっている企業を探す	●第２版と同じ

表A1　改訂版CAN SLIMルール（続き）

	第3版	第2版との比較
L＝主導株か、出遅れ株か——保有銘柄はどちら？		
一次要素	●強い産業グループ内のトップ2または3銘柄から選んで買う	●第2版と同じ
	●レラティブプライスストレングを使って先行株と出遅れ株を区別する——レラティブストレングランキングが70%未満の銘柄は出遅れており、避けるべき	●第2版と同じ
二次要素	●レラティブストレング力ランキングが80%以上でチャートパターンがベースにある銘柄を探す	●第2版と同じだが、第3版ではレラティブストレングランキングが80%以上の銘柄だけを買うことをさらに強調
	●相場の調整時は、平均パフォーマンスよりも弱い銘柄は買わない	●第2版と同じ
I＝機関投資家による保有——リーダーに続け		
一次要素	●複数の機関投資家によって保有されている銘柄を探す。10が妥当な最低線かもしれない	●第2版と同じ
	●保有者の質を見る——少なくとも1人か2人の有能なポートフォリオマネジャーが保有している銘柄を見つける	●第2版と同じ
	●保有者数が減っているのではなく、増えている銘柄を探す	●第2版と同じ
二次要素	●保有されすぎている——機関投資家による保有が多すぎる——銘柄は避ける	●第2版と同じ

M＝相場の方向性

一次要素	●トレンドに逆らっても勝てないので、相場がブルかベアかを見きわめる	●第２版と同じ
	●毎日、市場全般の平均の動向を追跡し、理解する	●第２版と同じ
	●相場が天井を付け、大転換を始めたときは25％を現金化するように努める	●第２版と同じ
	●大した値上がりがないのに出来高が大きく増えたら天井の兆しの可能性があるが、最初の下降時は出来高が少ない可能性がある	●第２版と同じ
	●相場の強さのヒントとして主導株を追跡する	●第２版と同じ
二次要素	●より弱い、狭い相場の動きへの主要な転換点における、主要平均と指数の差を見る	●第２版と同じ
	●センチメント指数は、大きな心理的転換点を見きわめるのに役立つ	●第２版と同じ
	●公定歩合の変化は、相場の動きの確認として注目しておく価値のある指標	●第２版と同じ

CAN SLIMの概要

CAN SLIM法は、レラティブプライスストレングスが強く、主要機関投資家によって保有され、四半期収益、年間収益、売り上げが伸びている実績のある企業を見つけだす。オニールは有望な銘柄に対して大きなプレミアムを払うことをいとわない。彼は株価収益率（PER）の低い銘柄を求めるほとんどの戦略は間違っていると感じている。なぜなら、それらはPERを決定する価格のトレンドとPERを構成する収益の質を無視しているからだ。オニールは、株は一般的にその価値にふさわしい価格で取引されていて、PERの低いほとんどの銘柄もおおむね市場によって正しい値がつけられていると考えている。またオニールは、市場の動きを注意深く見守り、ベア（下げ）相場に入ったときは保有株式を減らすように努力することが必要だとも言っている。

C＝当四半期利益（Current Quarterly Earnings）

CAN SLIM法は、まだ利益を加速させている段階にある、利益を伸ばした実績のある銘柄に焦点を合わせる。オニールによる勝ち銘柄に関する研究では、それら銘柄が大幅な高騰を演じ始める前に、おしなべて高い1株当たり四半期利益を上げていたことが明らかになっている。

オニールは、前年同四半期比で四半期利益の伸びが少なくとも18～20%ある銘柄を探すことを勧めている。四半期利益の伸びで選別する場合、前年の同四半期――例えば、今年の第2四半期と昨年の第2四半期とを――と比較することが重要だ。企業の利益には季節的なパターンがあることが多く、同じ四半期を比較することで季節的な要因を排除できる。

パーセンテージ変化によって選別する場合に注目すべきもうひとつの点は、基本数が非常に小さいために生じる意味のない数値だ。例えば、利益が1ペニーから10セントへ増えたら900％の増加ということになる。選別条件をクリアした銘柄については、必ず生の数値を確認したほうがいい。そうすることで、利益をはじめ、売り上げやキャッシュフローなどの項目の全体的なトレンドや安定性を正しく読み取ることができる。

利益を見るときは、異常な利益の扱いという問題が常に絡んでくる。1回かぎりの出来事が利益のトレンドをゆがめてしまい、特別な事情のない企業と比較した場合、その企業の業績が実際よりも良く見えたり、悪く見えたりしてしまう。オニールはそういう繰り返し発生しない項目を分析から除外するよう勧めている。

最初の2つの選別条件は、四半期利益の伸びが20％以上であることと、当四半期の継続的事業活動からの1株当たり利益がプラスであることだ。これら選別作業は2003年3月14日現在のデータをもとに「ストックインベスタープロ」を使用して行った。全体で8428銘柄あるなかで、2343銘柄がこれら2つの条件をクリアした。

四半期の伸びが強いことに加えて、オニールは、伸び率自体が大きくなっていることを重視する。CAN SLIM法では1株当たり四半期利益の伸び率の増加が重要視されるため、2四半期連続で伸び率が下がっている保有株は売却するようにオニールは警告している。次の選別では、前年同四半期から直近四半期への利益の伸び率が前年同四半期と比較して高いことが条件になっている。この条件によって銘柄数は1556に絞られた。

四半期利益による選別の確認として、オニールは、売り上げの同四半期比での伸びが25％以上か、少なくとも過去３四半期にわたり加速していることを求めている。この新しい選別条件はオニールの著作の第３版で追加され、企業の収益の質を確認することを目的としている。当四半期の売り上げの伸びが25％以上という条件をクリアするのは3647銘柄あるが、その他の条件と組み合わせると銘柄数は393に絞られた。

CAN SLIM法では機械的に絞っていくだけでなく、オニールは、その産業が強いことの確認として、同じ産業グループ内で強い四半期利益の伸びを示している銘柄が少なくとももうひとつ存在することを求めている。

A＝年間利益の伸び（Annual Earnings Increases）

オニールの研究において、勝ち銘柄は、当期利益が好調であるだけでなく、年間利益も安定し、好調だった。オニールの年間利益の伸びに関する一次選別では、１株当たり利益が過去３年間の各年で増加していることが条件になる。この条件は、過去５年間の各年の収益が伸びていることが条件であった前の版と比べて多少ゆるくなっている。

ストックインベスタープロでこの条件を設定する場合、継続的事業活動からの１株当たり利益が、毎年、前年と比較して大きいという条件として指定した。最近になってトレンドが転換してしまった銘柄を排除するために、過去12カ月間の利益が直近会計年度の利益以上という条件も付け加えた。単独で選別した場合、よりきつい第２版の条件をクリアしたのが469銘柄だったのに対し、新しい条件では795銘柄になった。当期の伸びという条件に過去３年間毎年利益が伸びているという条件を加えると、銘柄数はわずか60に絞られた。ここ数年の経済状況から見れば、これは驚きに値することではない。

オニールは、過去３年間にわたって25％以上という強い年間伸び率を示している銘柄の選別も勧めている。毎年一貫して利益を伸ばし続けるというすでに厳しい条件から考えれば予想できることだが、この条件で振り落とすことができたのはわずか６銘柄だった。

理想的には、翌年の利益に関するコンセンサス予想が直近の実績利益よりも大きいほうがいい。この条件を追加すると銘柄数はさらに39に絞られた。利益に関するコンセンサス予想を使う場合は、そのような予想を提供するアナリストを持つことができるのは大手の意欲的な企業だけであることを覚えておくことが大切だ。ストックインベスタープロで利益のコンセンサス予想データがあるのは約半分の銘柄なので、この条件によって超小型株が排除される傾向がある。

CAN SLIM法の選別に追加することが考えられるもうひとつの条件は、株式資本利益率（ROE＝利益を株式資本で割った率）が高いことだ。オニールの研究では、最高クラスの勝ち銘柄のROEは最低でも17％あったことが分かっている。オニールはこの尺度を使って経営が良好な企業と良くない企業をより分けている。この条件を追加することで、銘柄数は39から、さらに19に絞られた。過去５年間にわたるわれわれのテストでは、この条件によって銘柄数が極端に絞られすぎてしまい、2001年以降の運用成績に悪影響が出ていることが明らかになった。改訂された選別条件では、この資本利益の条件は使用されていない。

N＝新製品、新経営陣、新高値（New Products, New Management, New Highs）

オニールは、株価が強い上昇を始めるにはきっかけが必要だと感じている。勝ち銘柄を研究することで、オニールは、勝ち銘柄の95％が急騰の引き金になるものをファンダメンタルズ的に持っていたことを発見した。きっかけとしては、新製品や新サービス、業績不調を受けて交代した新しい経営陣、あるいは属する産業における技術革新による構造変化も考えられる。

あまりに質的・主観的であるため、選別に容易には使用できない要素もある。オニールが強調する２つ目の点は、投資家は上方への強い動きを示している銘柄を追い求めなければならないことだ。オニールは、高すぎてリスクが大きいと見られている銘柄がさらに値上がりし、安いと見られている銘柄がさらに安くなることがよくあると言っている。出来高を大きく増やして新高値を付けている銘柄は、注目しておく価値のある有望銘柄だ。調整と揉み合いを経てから新高値を付けている銘柄には、とりわけ面白味がある。

オニールのIBD紙は52週高値の10％以内にある銘柄に焦点を当てており、それが選別のために確立された基準になっている。強い上げ相場では多数の銘柄が適合し、下げ相場では少数の銘柄しか適合しないと予想される。2003年の最初の数ヵ月間の弱気相場を考えれば、この条件を追加したことによって銘柄数が39から４に絞られたことは驚きに値しない。2003年３月14日現在、全体で8428銘柄のなかの1037銘柄がそれぞれの52週高値の10％以内で取引されていた。

S＝需要と供給（Supply and Demand）

オニールは前の版では小型株をもっと重視していた。第３版では、CAN SLIM法を使ってどんな規模の銘柄でも買えると言っているが、小型株は上方にも下方にも変動幅が比較的大きい。公開市場で自社株を買い戻している企業や、役員が株式を保有をしている企業が望ましい。CAN SLIM法のＳの要素に基づく明確な選別条件は現在存在しないが、表A.1には銘柄を分析するときに考慮すべきいくつかの要素を示してある。

L＝主導株か出遅れ株か（Leader or Laggard）

オニールは、不人気の株を見つけ、市場のほうが自分の見方に近づいて来るのを待っているほど忍耐強いバリュー投資家ではない。それよりも、急拡大している産業内のリーダーで、急成長している企業を見つけるほうを好んでいる。オニールは、ひとつの産業グループ内の上位２つか３つの銘柄のなかから買うことを提唱している。そのほうが多少のプレミアムを払っても、もっと高いリターンが得られると彼は考えている。

オニールは、主導株を見つけるためにレラティブストレングスを使用することを勧めている。レラティブストレングスはひとつの銘柄のパフォーマンスを市場全体と比較する。レラティブストレングスはさまざまな形で表示されるので、使用するスクリーニングシステムでレラティブストレングス値がどのように扱われているかをよく理解することが必要だ。

銘柄は一定期間における値上がり状況に応じてランク付けされる

ことが多く、ほかの全銘柄に対する相対的な地位を示すために全銘柄に対するそれぞれの割合ランキングが計算される。IBD紙には各銘柄の割合ランキングが掲載されている。オニールは、レラティブストレングス・ランキングが70％未満の銘柄は避け、割合ランキングが80％以上の銘柄――全銘柄の80％よりもパフォーマンスが良かった銘柄――だけを選び出すよう勧めている。約1680銘柄（8428の20％）が80％以上の52週レラティブストレングス・ランキングになるため、この条件によって銘柄数がさらに絞られることはなかった。この選別を行った時点の市場環境では、52週高値に対する現在価格の割合のほうが、より厳しい価格力選別条件であったことが分かった。

I＝機関投資家による保有（Institutional Sponsorship）

オニールは、ある銘柄が市場平均以上のパフォーマンスを達成するには、いくつかの機関投資家によって保有されていることが必要だと感じている。妥当な最低数として10の機関投資家による保有が提唱されている。この数は、その普通株を保有している実際の機関投資家の数であって、その銘柄を追跡し、利益予想を提供している機関アナリストの数ではない。

保有する機関投資家の最低数に加えて、オニールは、その機関投資家の最近の実績を調査するよう提唱している。成績の良いミューチュアルファンドが保有しているかどうかは、個人投資家にとって格好の情報源だ。なぜなら、ミューチュアルファンドに関する情報は入手しやすいからだ。Morningstar.com（http://www.morningstar.com）とMSNマネー上のCNBC（http://

図A.1　CAN SLIMのパフォーマンス

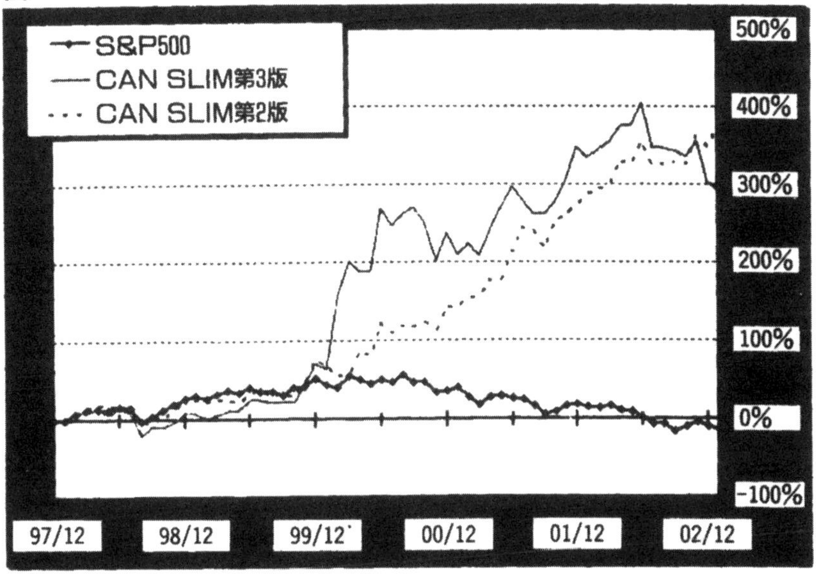

出所＝AAIIのストック・インベスター・プロ

moneycentral.msn.com/investor）などのウェブサイトでは、所定の銘柄を保有しているトップクラスのミューチュアルファンドを調べることができる。

次の条件は、最低10の機関投資家による保有だ。この条件単独では、約5500銘柄がクリアする。ストックインベスタープロでCAN SLIM条件にこの条件を追加しても銘柄数がさらに減ることはなかった。

オニールは、直近の各四半期においてその銘柄を保有している機関投資家数が増えていることも重視している。ストックインベスタープロでは、保有している機関投資家の数は分からないが、直近四半期において売買された株数が機関投資家別に表示される。最後の条件は、直近四半期における機関投資家による購入株数が売却株数よりも多い、とした。**表A.2**に示すように、この条件によって銘柄数がさらに絞られることはなかった。

M＝市場の方向性（Market Direction）

CAN SLIM法の最後の要素は、市場全体の方向性を見きわめることだ。特定の銘柄の選別には影響を与えないものの、市場全体のトレンドはあなたのポートフォリオのパフォーマンスに大きな影響を持つ。オニールは、市場の全体的な方向性を判断するときにテクニカルな尺度に焦点を当てる傾向がある。優れたテクニカルプログラムやウェブサイトなら、あるいはIBD紙でも、市場の動向をチェックするために役立つはずだ。

オニールは、トレンドに逆らっては勝てないので、相場がブル（強気）かベア（弱気）かを判断することが重要だと考えている。**表A.1**は、オニールが市場の強さを測るときに検討する各種の要素を示す。

選別結果

表A.2は、オニールの著作の第２版と第３版で提唱されている各ルールをわたしたちなりに解釈して構築したCAN SLIM法によって選別された銘柄だ。

４銘柄が第３版の条件をクリアし、２銘柄が第２版の条件をクリアした。これは通常とはまったく逆のパターンだ。1997年12月から

表A.2　CAN SLIM選別基準をクリアした銘柄

銘柄（ティッカー）	前年同直近四半期比EPS増（%）	前年同前四半期比EPS増（%）	前年同直近四半期比売上増（%）	年間EPS伸び率（3年間）（%）	長期ESP伸び予想（%）	52週高値に対する値の%（%）	52週レラティブストレングランキング（%）	保有機関投資家（数）	機関投資家純購入株数（1000株）	備考
第3版CAN SLIM選別基準										
アポロ・グループ社（M:APOL）	72.2	50.0	35.4	37.8	24.3	99	93	1142	6126	成人向け高等教育
FTIコンサルティング（N:FCN）	192.3	53.3	91.4	36.7	21.0	95	94	384	2005	コンサルティング会社
インターナショナルゲームテクノロジ（N:IGT）	42.3	10.8	76.4	70.5	17.3	97	88	980	2102	カジノゲーム機
テバ・ファーマスーティカル・インダストリ（M:TEVA）	73.3	20.0	35.8	49.9	23.8	95	91	942	11210	有名治療薬
第2版CAN SLIM選別基準										
コマーシャル・バンクシェア（M:CLBK）	30.0	28.2	–3.2	16.0	8.0	96	94	27	21	銀行持株会社
オシュコシュ・トラック社（N:OSK）	28.8	–3.8	17.9	13.1	15.9	90	76	383	–121	特殊トラック

N＝ニューヨーク証券取引所
M＝ナスダックのナショナル市場またはスモールキャップ市場
市場統計は2003年3月14日現在の数値に基づく

2003年３月までのデータを使用して、改訂第３版の条件によるバックテストを月単位で行った結果、毎月平均５銘柄がクリアし、第２版では毎月平均12銘柄がクリアした。この期間においてクリアした最大銘柄数は、第２版の条件で32銘柄、第３版の条件で15銘柄だった。第３版の条件をクリアした銘柄はなく、第２版の条件をクリアした銘柄が１つだけあった月が３つあった。

このような小さなサンプルから結論づけるのは困難だが、第３版の条件をクリアする銘柄は、多くの機関投資家によって保有され、四半期利益と売り上げの伸びが強く、年間利益の伸びが過去も予想も強い大手企業である傾向がある。

わたしたちはこの５年間にわたりさまざまなスクリーニングシステムの能力をテストしてきた。わたしたちなりに解釈したCAN SLIM法が、ブル相場でも、ベア相場でも、最も一貫して優れた運用成績を出す選別法のひとつであることが判明した。**図A.1**は、改訂版CAN SLIM法の初期テストに関する概要を示す。改訂版は、1990年代後期のブル相場での上昇が高く、速く、ボラティリティが多少大きいが、最近のベア相場では逆転されている。両戦略とも、http://aaii.com/ のストックスクリーンエリアにおいて追跡・報告され、AAIIジャーナル誌には半年ごとにレビューが掲載される。

結論

CAN SLIM法は成長株を探し求める意欲的な投資家に大きくアピールするだろう。この手法は具体的・客観的であるが、市場の方向性を判断するときには投資に対する質的・主観的な感性も必要になる。本記事では、有望な銘柄を選別するうえで助けとなるCAN

SLIMルールについて説明した。コンピューターによる選別から得られる情報は単なる出発点にすぎず、行動に移る前にさらなる分析が必要であることを肝に銘じておくことが大切だ。

（**データ出所**　AAIIのストックインベスタープロ／マーケットガイド社とI/B/E/S）

付録B　CAN SLIMのすべて

ここでは、『オニールの成長株発掘法』の３つの版と何万人という熱心な投資家が参加してくれたIBDの多数の全日有料コースで教えられているCAN SLIMの要約を示す。

C＝当四半期の１株当たり利益 (Current Quarterly Earnings per Share)

最低18～20％上昇していて、四半期ごとの増加率が最近加速していること。過去50年間におけるすべての大勝ち銘柄の当四半期利益の平均増加率は70％だった。トップクラスの銘柄は100～200％増加していた。株価収益率（PER）は、卓越したパフォーマンスの原因というよりも、卓越した収益と売上高の増加の終端効果、つまり最終結果であることが分かっている。この半世紀における各年の最高クラスの成長銘柄のPERは、市場平均よりも高く、それら優良企業が利益と売り上げを伸ばし続けていたためにPERも著しく高くなった。４～７四半期連続で大幅に利益を増やしていることが最も信頼できる指標だった。勝ち銘柄のあらゆる変数に関するわたしたちの50年間の科学的研究から得られた発見と結論は、長年ウォール街で行われてきたほぼすべてのファンダメンタルズ調査の前提となっていた考え方や、ほかの全国ビジネス紙が過去において信じていたこととはまったく逆だった。

（平均よりも高いPERは一般的に高すぎとみなされ、PERが高くなるとその銘柄は格下げされ、買いの見送りや売りが推奨された。その後、天井を付けてからPERが下がると、保有継続や買いが推奨されることが多い。テレビの投資番組、調査レポート、あるいは特定の高級全国ビジネス紙の意見記事や攻撃記事で見かけるどこかのアナリストの推奨に従っていると大損することがよくあるのは、そのためでもある。攻撃記事は、特定の企業を激しく非難し、PERが高すぎるという見解を載せるだけで、その株の売りを誘い、株価をたたき落とすことを目的としている）

A＝年間の１株当たり利益（Annual Earning per Share）

過去３年間の各年に伸びを示していなければならない。年間伸び率は25％から、大きいときは250％以上になることがある。年間税引き前売上利益率または年間株主資本利益率のいずれかが拡大していなければならない。株主資本利益率（ROE）は17％以上でなければならない。優良企業は一般的に20～50％以上のROEを示す。翌年の利益に関するコンセンサス予想も妥当な額だけ増加していなければならない。

注――IBD独自のEPSレーティングは、各企業の３年間の利益の伸び率と最後の数四半期の利益の伸びを組み合わせて算出されている。IBDのデイリーストックテーブルとデイリーグラフチャートで見ることができる。

N＝優れた新製品、新サービス、新軽営陣、または産業に大きな変化か見られる銘柄を買う（Buy Stocks with Superior New Products, New Services, Or New Management or MaJor New Improvements in Industry Conditions）

多くが最近、つまり過去10年以内に新規株式発行を行った比較的新しいベンチャー的な企業になるかもしれない。チャートを見て、７週間以上のしっかりしたベースパターンから上放れし始めた銘柄を、正しい買いポイントで買うことだ。正しい買いポイントは、年初来の新高値かその10～15％以内だ。買いポイントでの出来高は、その株の１日の平均出来高よりも50％以上多くなければならない。株価が１回目の買値から２～３％上昇したら、１回目よりも少ない株数を追加購入する。すべての買いは、１回目の買いポイントから５％上方までに限定しなければならない。一方、買値よりも７％下がったら、どんな銘柄でも損失が小さいうちに（例外なく）売却し、あなたのポートフォリオにその何倍も大きな打撃を与えるほど損失が膨らむのを防がなければならない（大きな損失を出す投資家は、早めに損切りするという、実績に裏付けられた重要なCAN SLIMの防御ルールに従ってないからだ）。

S＝需要と供給（Supply and Demand）

これには発行済み株式数と大量の需要が関係する。CAN SLIM法では、あらゆる規模の時価総額の銘柄を買うことができる。小型株のほうがパフォーマンスは良いかもしれないが、変動が大きく、上がるのも速いが、下がるのもそれだけ速い。公開市場で自社株を買い戻している企業や役員が株式を保有をしている企業が望ましい。IBDのストックテーブルで保有株の出来高のパーセンテージ変化を、そしてデイリーグラフの日足チャートで日々の価格や出来高の変化をチェックすることで各銘柄に対する需要を監視できる。

L＝主導株か、出遅れ株か（Leaders or Laggards）

197ある産業グループのなかの上位10～15からひとつの産業を選び、その産業内の上位２～３つに入る銘柄だけを買うこと。レラティブストレングス・レーティングが70未満の銘柄は避け、レーティングが80以上でチャート上でしっかりしたベースパターンを描いている銘柄だけに絞ること。その企業は、年間利益の伸び、売り上げの伸び、税引き前および税引き後の売上利益率、株主資本利益率、製品の品質に関して、特定の分野または属する産業内でナンバーワンでなければならない。ファンダメンタルズ的にも、市場価格と出来高の動きでも、すべてがそろって最高の本当に優良な企業を見つけることだ。出遅れている、パフォーマンスの悪い株は売ってしまおう。

I＝機関投資家による保有（Institutional Sponsorship）

買う銘柄は必ず有力な機関投資家のバックアップがあるものに限定することだ。少なくとも25社以上の機関投資家が保有していることが必要だ。なぜなら、ミューチュアルファンドは購入株数が半端でないので、株価の動きに大きな影響力を持っているからだ。あなたの保有株を保有しているミューチュアルファンドの数が、過去数四半期にわたって四半期ごとに増えていなければならない。このデータはIBDとデイリーグラフで入手できる。

目先の利く、パフォーマンスの優れている一部のミューチュアルファンドなら、前の四半期でその銘柄をもう購入してしまっているはずだ。たとえ入手できるのが、ファンドによる公表時期の何週間もあとであっても、そういうデータには価値がある。ファンドによる保有は重要なファンダメンタルズ要因だ。なぜなら、ほとんどのファンドは、詳しく調べ上げ、素性やファンダメンタルズがしっかりしていることを確信できるまで買わないからだ。バックアップの少ない、市場性の劣る、実績の乏しい、低位の不良銘柄を買うことはめったにない。

とはいえ、ファンドが購入しているというだけで買ってはいけない。なぜなら、あなたがおそらく過去にやっていたように、ファンドも間違いを犯すし、並みのパフォーマンスしか出さない銘柄を買うこともあるからだ。長年の実績のあるCAN SLIMルールをひとつ残らずクリアしていて、しかもファンドが保有している最高の銘柄だけを買うことだ。

大きな成功を収めるためには、日足チャートと週足チャートで値と出来高の動きを分析することが不可欠なのはそのためだ。なぜなら、ある程度の勉強をしてチャートを読むスキルを身につければ、あなたの保有株をプロや機関投資家たちがアキュムレーション（買い集め）しているかどうか、いつ買い始めれば良いかが分かるようになるからだ。ほとんどのアマチュア投資家、評論家、チャート軽視論者、そして多くの大学教授たちは、このことをまるっきり理解していない。そういう人たちのなかで、株式投資で実際に大成功する人がめったにいないのはそのためだ。ＮとＩとＭは、全投資家の95％によって最も過小評価され、最も理解されていないCANSLIM法の要素だ。

M＝市場の方向性（Market Direction）

新しい大きな上昇トレンドが始まったり、相場が天井を付けて深刻な調整や新しい大きなベア相場に入りそうなタイミングを知りたければ、主要な株式市場指数の日足の価格や出来高チャートを毎日見て、正しく解釈することを学ばなければならない。そういうスキルや知識がなかったことが、98％の投資家が2000～2002年の相場で痛手を被った理由だ。

市場指数がなぜそれほど重要なのか？　なぜかといえば、主要な市場指数が天井を付けて下降に転じたとき、あなたの保有株の４つに３つは遅かれ速かれ同じ道をたどり、多くがパーセンテージ的に市場指数よりもはるかに大きく下落する可能性があるからだ。

IBDの「ジェネラルマーケット」ページとIBDの「ビッグピクチャー」コラムで市場全体の方向性を見きわめる勉強を毎日することだ。市場全体の状況にきちんと注意を払っていた人たちは、2000年３月に保有株を売って現金化して投資資金を守ることができたはずだ。主要指数によって、相場の底の場合はフォロースルー日を、相場の天井の場合はディストリビューション日を見きわめることを学ぶことだ。また、これは市場全体の天井を見きわめるもうひとつの方法であるため、主導株が天井を付けるタイミングを教えてくれる売りルールを理解することがきわめて重要だ。他人の意見や気持ちを聞いても価値はないし、ここぞという相場ポイントでそんなことをするとひどい目に遭う可能性がある。

CAN SLIMの７つの要素をすべて取り入れ、注意深く従えば成功するのは、過去50年間にわたるすべての相場サイクルで市場がどのように動いたかを細かく調査した結果だけに基づいているからだ。

つまり、CAN SLIMは、わたしの頭のなかで生まれた投資法でもなく、ほとんどの人が考えている市場の動きとも関係なく、市場が実際にどのように動いてきたかを示す歴史だ。CAN SLIM要素のひとつでも無視すると運用成績に悪影響が出る。本当の成功をもたらすのは、７つすべての要素が組み合わされたときだ。それはテニスと似ている。フォアハンドが得意なだけではゲームに勝つことはできない。バックハンドも、ロブも、オーバヘッドも、ボレーも、エースを狙えるファーストサーブと確実に入れられるセカンドサーブもうまくなければ勝つことはできないのだ。

付録C　マーケットメモ――2003年３月17日

この21日間でわたしたちが底固めと考える動きが見られた。直前の安値に向かう動きのなかで、事実上の代表指数であるナスダックで13日間のアキュムレーションが見られた。このことは、すべての市場指数において、今日のフォロースルー日によって確認された。

相場は2003年２月13日の安値を割り、2002年10月安値直前の水準まで下げ、底を打った。これは、相場のお決まりの反発エリアを表しており、市場が上向く環境が整ったものとわたしたちは見ている。この最近の安値割れは、全主要市場指数に関して2002年12月２日の高値から数えて３つ目の下降波動になる。ナスダックは200日移動平均を上抜けしようと３回試みたが、すべて失敗している。反発が３回も失敗したことで大勢がネガティブな見方に傾いていたが、ここにきて投資家心理がシフトし、ナスダックが移動平均を上抜けする４回目の反発に成功しそうな模様である。これはポジティブな兆候であるとわたしたちは見ている。

わたしたちはイラク戦争が究極的には市場にポジティブに影響し、テロ支援国家にテロリストとの関係や支援を考え直させることになると見ている。さらに、イラク危機の解決は、同地域における自由市場と民主主義の促進に貢献し、ベルリンの壁の崩壊から始まった、多くの国々が民主主義と自由市場へ移行する「スーパートレンド」を継続させることになると信じている。イラクの体制変化も、同地域からの石油の供給を改善し、石油価格の低下をもたらし、米国経済を浮揚させることにもなるはずだ。この危機の解決は消費意欲も高めるだろう。このことはブッシュ政権の「政治的資本」を増大させ、同政権の経済刺激法案を最小限の修正で通過させる影響力を持つ可能性がある。わたしたちは、市場におけるネガティブな要素はすべて期限切れになり、３年間のベア相場は、それぞれの分野でリーダーであり、優れた製品やサービスを持ち、８、10、12以上の四半期にわたって連続で力強い利益の伸びを示している企業に関して、適切な評価を生み出すことに貢献したと考えている。具体的なアイデアについては、「ニューストックマーケットアイデアス」と「ビッグキャップインデックスプラス」株式アイデアサービスを参照されたい。

ウィリアム・Ｊ・オニール
会長

（ウィリアムオニール＋カンパニーの600の機関顧客に対して相場の大転換時に送られた異例のマーケットメモ）

付録D “ザ・サクセスフル・インベスター”たちの声

リチャード・ハンプトン　わたしは労働階級の人間です。機械工場で働いている、どこにでもいるような人間です。わたしは４人の子供の大学資金と少々の退職後の生活資金を手に入れるために、ある銘柄に投資しました。３年前、７万ドル近くまで増えていたものが１万2000ドル以下まで減ってしまいました。わたしは残りのお金をもっと大きな、もっと頼りになる銘柄に託しました。１年間は順調に上がりましたが、その後5000ドル近くまで下がってしまいました。

約９カ月前、電子辞書を片手にあなたの新聞を端から端まで読むことを始めました。選択の基準としてhttp://investors.com/ のストックチェックアップを特に利用しました。3000ドルで始めましたが、いまでは１万4000ドルになっています。とても心強く、自分の投資をコントロールしていると初めて感じています。ひょっとしたら運がいいだけかもしれませんが、掲載されていたあなたの情報に従った結果です。

あなたの新聞を信頼していますし、みんなに推薦したい気持ちです。ほかにもいくつか試してみましたが、あなたの新聞がいちばん分かりやすいです。小口投資家のことを真剣に考えてくれる人などいないので、自分の投資は自分で見ていなければならないことを学びました。わたしのような小口投資家には、なによりも分かりやすい情報が必要です。あなたの新聞とオンラインサービスはわたしにぴったりです。やるべきことは、時間をかけ、使い方を学ぶこと。それだけです。

デニス・コールマン　あなたの考え方を信頼している生徒として、わたしはあなたのルールとIBDにこの３年間誠心誠意従ってきました。キャピタルゲインが改善したことに、どんなに感謝しても感謝しきれません。

ルース・バッテリ　『オニールの成長株発掘法』を読んでから1990年に投資を始めました。おかげさまで信じられないような成果が得られました。あなたはマーケットのあらゆる側面を実によく説明してくれます。その年からインベスターズ・ビジネス・デイリー紙も購読していて、毎日２時間かけて読んでいます。わたしが安全確実な投資をできているのはあなたの助けがあってこそです。

キース・ボールドウィン　自分で決断できるように投資家を教育し、励まし、データを提供してくれる効率的な新聞を出してくれてありがとう。

ジョナサン・グッドウィン　IBDはこの10年間、わたしの人生の一部でした。わたしが知るかぎり最高の新聞だと思います。この新聞のおかげでお金に対する考え方が変わりました。2000年のピーク時には大金を救ってくれました。５年後に引退できそうですが、75％はこの新聞のおかげだと思っています。

マイケル・バートン　わたしは父親のいないある子供の相談相手をつとめています。その子にはこの３年間毎週会っています。「リーダース&サクセス」コラムを参考にしてその子と話し合っています。わたしは自分自身で考えてこそ物事はうまくいくと思っているので、その子が前向きな考え方を学んでくれていることを喜んでいます。おまけに、その子の友だちが何人もこの話し合いに参加するようになり、わたしの喜びは倍増しています。この子供たちの人生に良い影響を与えてくれてありがとう。

アネット・オコーナー　この３カ月間、あなたの新聞で取り上げられていた銘柄を毎日、家計簿ソフトのポートフォリオに入力しています。それら銘柄は、オニールさんが教えてくださったファンダメンタルズのおかげでとても値上がりしています。また、あなたのウェブサイトで調べたり、チャートを見たりしていくつかの銘柄を実際に買ってみました。チャートを完全に理解することはまだまだできませんが、あなたの新聞に使ったお金は十分にもとが取れています。CNBCや株関係のその他の新しいチャンネルも見ますが、あなたの新聞でのアドバイスがあらゆる意味で圧倒的に優れています。売りアドバイスにも従いました。２、３年前、今ぐらい分かっていたら、あれほどお金を失うことはなかったと思います。ほんとに、ありがとう！

スコット・セイント・クレア　IBDと『オニールの成長株発掘法』のおかげで、ほんのひと握りの人しか手にすることができない経済的な自由を幸運にも手に入れることができました。わたしは1995年にオニール投資法を使ってブローカー兼投資家としてスタートしました。2000年までに３桁の利益を得ることができただけでなく、その年の相場の大天井を見きわめることができたので、その利益を守ることができました（2000年はほとんど空売りをやっていたのでわたしにとって最高の年になりました）。ブル相場が再開したあかつきには、それらツールを使って最高の銘柄を見つけることができると思います。

ランディー・スコット　IBDは読み始めたばかりですが、売買の参考にできるまともな情報をやっと手に入れたという感じです。SmartSelect® レーティングを使えば、簡単に強気の銘柄を選び、弱気の銘柄を避けることができます。わたしを正しい方向へ向き直させてくれるツールをありがとう。希望がまたわいてきました。

リチャード・ヤングブラッド　オニールとIBDに投資システムについて感謝したいと思います。相場が上昇トレンドにあり、ベースからブレイクアウトするときにだけ株を買い、損切りを素早くするというコンセプトは、現在のようなベア相場ではまさに命の恩人です。近ごろはほとんど買いポイントを見つけられないので、わたしの投資資金は現金のままなので安全です。もっと前からあなたの投資法を完全に採用していたらと思うばかりです。市場が好転して、またCAN SLIMを使えるようになる日を楽しみにしています。本当に感謝です。

グレッグ・レイナン　IBDは絶対に必要であり、ウィリアム・オニールは間違いなく株式市場に関する当世最高の教育者です。一般投資家に対する彼の貢献は実に大きく、ほとんど慈善事業に匹敵します。「ビッグピクチャー」ページやその他の関連データを毎日IBDでチェックすることは、投資をやるうえで欠かすことができません。

バーバラ・ジェイムズ　IBD、デイリーグラフ・オンライン、インダストリーグループを見ないと１日が始まりません。わたしのようなアマチュア投資家にたくさんの情報と知識を与えてくれて、IBDの皆さん、ありがとう。

グレイ・ホール　１年と少し前にオニール著『１銘柄投資のサクセス法――売りルールが鍵』（中央経済社）を購入しました。わたしはおそるおそる5000ドルを株式に投資し、オニール氏の指示に従うことで、投資を始めた１年目で資金を２倍に増やすことができました。今月で２年目に入りましたが、この16日間でわたしのポートフォリオはすでに24％増えました。この急成長はIBDとhttp://investors.com/ の購読を始めたのと時を同じくしています。これら素晴らしいツールのおかげであることに疑いの余地はありません。最初は不安でしたが、今では自分のポートフォリオ資産を着実に増やすために必要な選択を自分でできるという自信がつきました。

どうもありがとうございます。何を頼りにしたらいいか迷っている小口投資家とって、これ以上のものはありません！

ランディー・マクルハノン　IBDについては2001年10月に友人から聞きました。最近ワールドコムを１株15ドルで買いました。あなたのストックプロファイルで自分のポジションを調べてみて、ワールドコムを早く売らなければならないことに気がつきました。現在では１株15セントになってしまいましたが、わたしは１株15ドルで売り逃げることができました。ありがとう、IBD！

IBDのことを知らなかったらどうなっていたかと考えるとぞっとします。この８カ月間でIBDから株式市場で儲ける方法を教えてもらいました。今度ブル相場が始まったら儲けられると思うと、今からわくわくしています。

エリック・マーチン　あなたの新聞は最高です！　友人たちや家族がみんな保有し続け、大損しているときに、わたしは現金化することで資金を守ることができました。テクニカル分析のやり方を覚えてから、何度も負け銘柄を避けることができました。また、あなたの産業ランキングで不調と指摘されているセクターに属している保有株を売りました。今後も期待しています。みんなにあなたの新聞を勧めています。

キム・パークハースト　ひと言お礼を申し上げます。わたしは３週間前まで株式市場についてまったく知らず、１銭たりとも投資したことのなかったひよっこ投資家です。オニールの『オニールの成長株発掘法』、そしてIBDとそのウェブサイトで提供されている素晴らしい記事、解説、アドバイスのおかげで、何年も投資をしている（損をしている）ほとんどの知人たちよりも多くの知識を身につけることができました。どうもありがとうございます。今後もがんばってください！

ポーター・J・リーマン　CAN SLIM法は本当にすごいです。わたしはIBDを使ってファンダメンタルズが優れている企業を探し、それから（IBDの）週足・日足チャートを使ってテクニカル分析して最適なタイミングを見きわめて買いに入っています。オニールさん、IBDを発行してくれてありがとう。CNBCを聞いているよりもIBDのほうがずっとためになります。

マイク・グード　インベスターズ・ビジネス・デイリー紙のおかげで儲けることができました。以前と比べて運用成績が２倍に上がりました。インベスターズ・ビジネス・デイリー紙が好きなひとつの理由は、100％上がる株はもちろん、200～300％も上がる株を真っ先に発掘してくれるからです。CAN SLIMはとても強力です。この投資法のおかげでほとんどの投資家がよく犯す多くの過ちを避けることができました。CAN SLIMの７つの基準すべてに注意することが本当に重要です。投資を始めようとする人がいたら絶対に『オニールの成長株発掘法』を読み、なかのチャートをじっくり見て、何度も読み返し続けるように言います。

ロバート・Ｊ・ファーラン　わたしは33歳でIBDを（1990年以来）約11年間購読しています。大学のときにはウォール・ストリート・ジャーナル紙（WSJ）を購読していましたが、卒業後IBDを２週間試用購読しました。それからわたしの人生は変わりました。IBDの原則に従い始めとたんにたちまちうまくいくようになったのです。言うまでもありませんが、WSJとは永久にさよならし、IBDがわたしのバイブルになりました。すぐに友人や家族たちからわたしに銘柄を選んでほしいと言われるようになりました。それで1994年にパートナーと一緒に投資共同会社をスタートさせました。わたしたちは同じ会計事務所に勤める公認会計士でした。ランチタイムによくIBDを読んだり、株の話をしていました。約１万5000ドルでスタートしましたが、現在では投資家30人で200万ドルを超えています。わたしたちは公認会計士をやめ、フルタイムで投資を始めました。2000年は市場が大幅に下落しましたが、わたしたちのファンドは40％以上増える、とびきりブレイクした年になりました。人気のハイテク株（儲けさせてくれました）もそろえていましたが、IBDのおかげで売り時を心得ていました。現在10ドルで売買されているハイテク株を200ドル以上で売却しました。下降時にそれら株を買い戻すようなバカなまねはしませんでした。IBDのすべての原則に忠実に従っていれば（この「すべて」という言葉が肝心）、大惨事に巻き込まれることは絶対にありません。過去10年間に公認会計士として稼いだ額よりも、オニールの原則とIBDのデイリーグラフを毎日利用することでもっと多くのお金を稼いだと思います。残りの人生、自分の本当にやりたいことをフルタイムでできるようになり、それでお金を儲けられるようになりました。とはいえ、IBDがなかったらどうしたらいいのか分かりません。IBDはわたしにとってまさに黄金の価値があります。

アドリアン・マッギーディー　投資の世界に入りたいなら、インベスターズ・ビジネス・デイリー紙をお勧めする。わたしが知り得た、あなたを破綻から守る唯一の方法だ。

ビーラ・レディ　短期間にIBDとオニールの大ファンになりました。わたしのサクセスストーリーを聞いてください。2000年５月にインドから初めて米国へ来たとき、投資戦略などまったく持ち合わせていませんでした。２カ月後、わたしは投資の世界に飛び込みました。友人や同僚たちの意見を聞き、シスコ、ノーテル・ネットワークス、JDSU、インテルなど、ハイテク株を買い集めました。悲しい話をすると、売りの基本的なルールを知らなかったためにポートフォリオの半分以上を失ったのです。投資法を学ぶためにウェブサイトをいろいろ見てみましたが、勉強になるようなところはありませんでした。そんなときIBDを偶然見つけたのです。気に入り、購読を申し込みました。オニールの『１銘柄投資のサクセス法――売りルールが鍵』を読み、今では投資のバイブルになっています。ブレイクアウトで買うというコツはつかみましたが、売りルールについてはまだ勉強中です。「リーダース&サクセス」セクションは人生を前向きに考えるようにわたしを元気づけてくれるので大好きです。IBDにまさにハマっています。

ケリー・コードル　主人とわたしは数カ月前にIBDを読み始めました。それ以来、こんな変動の激しい相場でもわたしたちは儲けることができました。相場のボラティリティが大きいので、現在はほとんどの資金を現金で持っています。ほかの投資アドバイザーたちがそろって相場に戻るよう口を酸っぱくしていたときに、IBDだけが的を射たアドバイスをしてくれました。用心すること、できれば相場から手をひくようにアドバイスしていた唯一の新聞がIBDでした。今後もがんばってください！

ジム・エルダー　「リーダース&サクセス」は毎朝の大切な儀式のひとつになっています。１日を前向きな気持ちで始めるためだけでなく、生活をどうしたら向上できるか考える材料を与えてくれる、元気をくれるツールです。また、大成功した人たちも、もともとはわたしたちと同じような普通の人たちであることを知ってもらうために、わたしの大学生の年齢の子供たちにもよく読ませています。

スティーブ・ガーデルス　わたしと家内にとって投資はIRA（個人退職年金）と401kでのミューチュアルファンドがせいぜいでし

た。IBDのおかげで、長年、成長ファンドに投資してくることができました。しかし2000年の始めに、すべての成長ファンドが同じ銘柄（シスコ、サンマイクロシステムズ、デル、その他のハイテクやインターネット銘柄）を組み入れていることに気がつき始めました。ミューチュアルファンドというよりもいくつかの銘柄を保有しているように感じました。そのためとIBDのために、2000年３月に現金化しました。多くの人たちとは違い、あまり損をしなかったおかげで、それから２人とも引退することができました。ありがとう、IBD。あなたはわたしたちの成功のもとです。

ジム・ミュージアル　わたしはごく新米の投資家で、IBDを購読し始めてからまだ２年目です。わたしの「プロ」のマネーマネジャーは、わたしのポートフォリオをあまり守ってくれません。この18カ月間でわたしのミューチュアルファンドの40％も失ったのです。一方、わたし自身の「勉強用」ポートフォリオは同じ期間中に６％増えました。わたしが無事だったのは、IBDのやり方を実行したからであることは明らかです。「ニューアメリカ」セクションは毎日たくさんの検討する価値のある候補を教えてくれます。わたしの２つの宝石を見つけたのもそこです。わたしにベア相場で勝ち銘柄を発掘できるなら、だれにでもできます。わたしでも自分でものごとを決められるようになりました。IBDに感謝です。

アラン・テレンス・カーン　あなたのビジネス出版物でエンジニアード・サポート・システムズのチャートと企業紹介を見てから、2000年12月に同銘柄を購入しました。それがわたしが初めて買った株でした。手短にお話しすると、EASIを22.10ドルで買い、2001年

11月に１株53ドルで売りました。儲けは、なんと125％ありました。そんな経験は初めてでした。アキュムレーションとディストリビューションの劇的な変化を察知することで反発時に売ることができたのです。IBDを読んでいなかったらわたしの成功はどれもあり得なかったでしょう。IBDを通じて一般投資家に提供される専門知識がなければ、無分別に買い、無分別に保有していたことは間違いありません。人に会うたびにおたくの新聞を勧めています。もっとたくさんの投資家がIBDを知る必要があります。助けてくれてありがとう。この先15年間で1000万ドル近くをつくるつもりです。とても感謝しています。簡単ではないと思いますが、IBDが力になってくれるでしょう。

マーク・ローゼンバーグ　『オニールの成長株発掘法』を読み、毎日IBDを読んでいたら、投資パズルのすべての断片がついに合わさり、もはやパズルではなくなりました。教えていただいた考え方とルールに従っているだけで、投資は成功します。きっと早めに引退できることになると思います！

ベネット・サイモントン　おたくの新聞は何年も読んでいたWSJ紙よりもはるかに進んでいます。WSJは投資家のニーズに応えていません。特に企業に関する記事はとても役に立ちます。

リー・スミス　インベスターズ・ビジネス・デイリー紙は投資に役立つ唯一の金融関係の出版物です。株式ブローカーをやっていた10年間よりも、わたしはこの新聞から多くのことを学びました。

ジョン・E・バセット　IBDを知ったのはごく最近のことです。初めからこの素晴らしい投資家向けの新聞を知っていたらと思います。IBDを利用し始めてからトレードが成功することが大幅に増えました！　とても役に立つ面白い新聞をありがとう！　今後とも素晴らしい仕事を期待しています。優秀なスタッフの皆さんによろしく！

J・R・ホッブス　今年の自分の運用成績を見てS&Pを上回っていることに驚きました。相場に後れを取らないでいることは大変なことです。おたくの新聞とウェブサイトほど役に立つものはほかにありません。

ジョン・モイヤーズ　おたくの出版物がどれだけ役に立ったか言い尽くすことはできません。1995年、UPSで夜間アブレバイトしながら博士号を取るために勉強していました。金銭的にぎりぎりの生活でした。過労のために死にそうでした。そんなときフォーチュン誌を読み始め、ある日おたくの出版物を目にしました。わたしは魅了されました。それから1年もたたないうちに、わたしは第一世代のミリオネアになっていました。おたくの出版物が、わたしが使った秘訣の90％を与えてくれ、残りの10％の半分を指し示してくれました。おたくの出版物には感謝しても感謝しきれません。まさに天才の作品です。

マリリン・エリス　80年代後半にCNBCでオニール氏を見てから、彼の相場判断を追跡していましたが、彼は正確でした！　ショックでした！　オニール氏のCAN SLIM法を学んだおかげで、わたしと主人は早期退職を果たし、夢のマイホームを建て、ヨーロッパを何年もかけて旅することを楽しみにすることができました。IBDがわたしたちの生活に現れるまでは夢にも実現するとは思っていなかった生活です。幸せなことに、上昇相場では年間100％のリターンを得ることにすっかり慣れ、ベア相場では投資を手控えることで安心していられます。ありがとう！

ジョーイ・ウィルソン　あなたのサービスにとても感謝しています。わたしの人生は想像していなかったほどに変わりました。52歳で余生に十分なだけのお金を持つことができました。病気のために仕事をやめさせられたとき、あなた方を見つけました。感謝だけでは不十分ですが、わたしにできることは感謝することと、あなたの言葉を仲間に伝えることです。社会に復帰させてくれてありがとう。

フレッド・ベネデット　創刊時からIBDを読んでいます。5000ドルから始めて、３年後に５万ドルにしました。どうやって？　IBDのおかげです。株式市場で勝ちたければ、インベスターズ・ビジネス・デイリー紙こそが頼りです。それ以上説明は不要ですよね？

付録E　ベア相場には気をつけろ！

最後にもうひとつアドバイスをさせてもらいたい。もしあなたが株式市場や本書で説明した実績に裏付けられた戦略に関して初心者なら、あるいはもっと重要なことだが、もしあなたが本書をベア（弱気）相場の序盤か、まっただなかで初めて読んでいるなら、買いパターンが思惑どおりに形成されるとはけっして期待しないことだ。ほとんどは確実にダマシに終わる。**ベア相場では、上放れ（ブレイクアウト）で買っては絶対にいけない。**

株価パターンは以前のパターンと比較して、より深く、より幅広く、より不明瞭になる。３つ目、４つ目のベースが現れる。くさび型や、不明瞭でしまりのないハンドルが付く。あるいはベースの下半分にハンドルが付く。あるいはハンドルをまったく形成せずに、ベースの底から幅の狭いＶ字型を描いて新高値を付ける。レラティブストレングス線と株価パターンが下降し、商いが薄くなり、値幅の大きい出遅れ株のパターンも現れる。

当てにならなくなったのは、ベースでも、ブレイクアウトでも、メソッドでもない。タイミングと銘柄が悪いのだ。株価パターンと出来高パターンがまやかしで、不完全で、当てにならないのだ。市場全体が下方に転換している……それは売り時だ。忍耐強く勉強を続け、準備を万全にしておくことだ。いずれ、ひどいニュースばかりのさなか、まったく思いもかけないないときに、冬がついに過ぎ去り、素晴らしい新しいブル（強気）相場が突然現れることになる。本書で説明した実践的なテクニックや実績のある規律は、今後の多くの相場サイクルであなたの力になるはずだ。

■著者紹介

ウィリアム・J・オニール（William J. O’Neil）

「マーケットの魔術師」と言われるウォール街で最も成功した人物のひとり。証券投資で得た利益によって30歳でニューヨーク証券取引所の会員権を取得し、投資調査会社ウィリアム・オニール・アンド・カンパニー（本社ロサンゼルス）を設立。同社の現在の顧客には世界の大手機関投資家で資金運用を担当する600人が名を連ねる。著者は、保有資産が2倍ドルを超えるニューUSAミューチュアルファンドを創設したほか、ウォール・ストリート・ジャーナル紙を全米で急速に追い上げるライバル紙『インベスターズ・ビジネス・デイリー』の創立者でもある。著書は『オニールの成長株発掘法――良い時も悪い時も儲かる銘柄選択をするために』（パンローリング）、『1銘柄投資のサクセス法――売りルールが鍵』（中央経済社）や『55トップリーダーズ・アンド・ハウ・ゼイ・アティーブド・グレイトネス（55 Top Leaders & How They Achieved Greatness）』など。

■訳者紹介

古河みつる（ふるかわ・みつる）

慶応義塾大学卒、南カリフォルニア大学MBA。日本IBM、Chase Econometrics/IDCなどを経て、翻訳などに従事。(有)フルクサス代表。訳書は、『マベリック投資法』『くそったれマーケットをやっつけろ！』『ターナーの短期売買入門』（パンローリング）など。
電子メール：furuxus@009.com

2004年5月20日　初版第1刷発行
2005年5月1日　第2刷発行
2006年7月2日　第3刷発行
2007年2月2日　第4刷発行
2011年2月5日　第5刷発行
2014年1月1日　第6刷発行
2016年9月1日　第7刷発行
2018年3月1日　第8刷発行
2020年7月2日　第9刷発行
2021年5月2日　第10刷発行

ウィザードブックシリーズ⑦1

オニールの相《そう》場《ば》師《し》養《よう》成《せい》講《こう》座《ざ》

成功投資家を最も多く生んできた方法

著　者　ウィリアム・J・オニール
訳　者　古河みつる
発行者　後藤康徳
発行所　パンローリング株式会社
〒160-0023　東京都新宿区西新宿 7-9-18-6F
TEL 03-5386-7391　FAX 03-5386-7393
http://www.panrolling.com/
E-mail　info@panrolling.com
編　集　エフ・ジー・アイ（Factory of Gnomic Three Monkeys Investment）合資会社
装　丁　新田“Linda”和子
印刷・製本　株式会社シナノ

ISBN978-4-7759-7033-1

ウィリアム・J・オニール

証券投資で得た利益によって 30 歳でニューヨーク証券取引所の会員権を取得し、投資調査会社ウィリアム・オニール・アンド・カンパニーを設立。顧客には世界の大手機関投資家で資金運用を担当する 600 人が名を連ねる。保有資産が2億ドルを超えるニュー USA ミューチュアルファンドを創設したほか、『インベスターズ・ビジネス・デイリー』の創立者でもある。

ウィザードブックシリーズ 179

オニールの成長株発掘法【第4版】

定価 本体3,800円+税　ISBN:9784775971468

大暴落をいち早く見分ける方法

アメリカ屈指の投資家がやさしく解説した大化け銘柄発掘法!投資する銘柄を決定する場合、大きく分けて２種類のタイプがある。世界一の投資家、資産家であるウォーレン・バフェットが実践する「バリュー投資」と、このオニールの「成長株投資」だ。

ウィザードブックシリーズ 93

オニールの空売り練習帖

定価 本体2,800円+税　ISBN:9784775970577

正しい側にいなければ、儲けることはできない

空売りのポジションをとるには本当の知識、市場でのノウハウ、そして大きな勇気が必要である。指値の設定方法から空売りのタイミング決定までの単純明快で時代を超えた永遠普遍なアドバイス。大切なことに集中し、最大の自信を持って空売りのトレードができるようになる。

ウィザードブックシリーズ 198

株式売買スクール
オニールの生徒だからできた1万8000%の投資法

ギル・モラレス クリス・キャッチャー【著】

定価 本体3,800円+税　ISBN:9784775971659

株式市場の参加者の90%は事前の準備を怠っている

オニールのシステムをより完璧に近づけるために、何年も大化け株の特徴を探し出し、分析し、分類し、その有効性を確認するという作業を行った著者たちが研究と常識に基づいたルールを公開!

マーク・ミネルヴィニ

ウォール街で30年の経験を持つ伝説的トレーダー。数千ドルから投資を始め、口座残高を数百万ドルにした。1997年、25万ドルの自己資金でUSインベスティング・チャンピオンシップに参加、155%のリターンを上げ優勝。自らはSEPAトレード戦略を使って、5年間で年平均220%のリターンを上げ、その間に損失を出したのはわずか1四半期だけだった。

ウィザードブックシリーズ213

ミネルヴィニの成長株投資法

高い先導株を買い、より高値で売り抜けろ

定価 本体2,800円+税　ISBN:9784775971802

高い銘柄こそ次の急成長株!

一貫して3桁のリターンを得るために、どうやって正確な買い場を選び、仕掛け、そして資金を守るかについて、詳しく分かりやすい言葉で説明。株取引の初心者にも、経験豊かなプロにも、並外れたパフォーマンスを達成する方法が本書を読めば分かるだろう!

目次

ウィザードブックシリーズ 265

株式トレード 基本と原則

マーク・ミネルヴィニ【著】

定価 本体3,800円+税　ISBN:9784775972342

生涯に渡って使えるトレード力を向上させる知識が満載！

本書はミネルヴィニをアメリカで最も成功した株式トレーダーの1人にしたトレードルールや秘密のテクニックを惜しげもなく明らかにしている。株式投資のノウハウに本気で取り組む気持ちさえあれば、リスクを最低限に維持しつつ、リターンを劇的に増やす方法を学ぶことができるだろう。ミネルヴィニは時の試練に耐えた市場で勝つルールの使い方を段階を追って示し、投資成績を向上させて素晴らしいパフォーマンスを達成するために必要な自信もつけさせてくれるだろう。

ウィザードブックシリーズ 240

成長株投資の神

マーク・ミネルヴィニ【著】

定価 本体2,800円+税　ISBN:9784775972090

4人のマーケット魔術師たちが明かす戦略と資金管理と心理 これであなたの疑問は解決！

実際にトレードを行っているあらゆるレベルの人たちから寄せられた、あらゆる角度からの130の質問に、アメリカ最高のモメンタム投資家4人が隠すことなく赤裸々に四者四様に答える！今までだれにも聞けなかったけれどぜひ聞いてみたかったこと、今さら聞けないと思っていたこと、どうしても分からなかったことなど、基本的な質問から高度な疑問までを、あらゆるレベル投資家にやさしく分かりやすい言葉で答えてくれている！

刊行予定

―― マーク・ミネルヴィニ 最新刊 ――

『MINDSET SECRETS FOR PEAK PERFORMANCE』（原書名）

フィリップ・A・フィッシャー

1928年から証券分析の仕事を始め、1931年にコンサルティングを主としたフィッシャー・アンド・カンパニーを創業。現代投資理論を確立した1人として知られている。本書を執筆後、大学などでも教鞭を執った。著書に『株式投資で普通でない利益を得る』、『投資哲学を作り上げる／保守的な投資家ほどよく眠る』（いずれもパンローリング）などがある。なお、息子であるケネス・L・フィッシャーは、運用総資産300億ドル以上の独立系資産運用会社フィッシャー・インベストメンツ社の創業者・会長兼CEO、フォーブス誌の名物コラム「ポートフォリオ・ストラテジー」執筆者、ベストセラー『ケン・フィッシャーのPSR株分析』『チャートで見る株式市場200年の歴史』『投資家が大切にしたいたった3つの疑問』（いずれもパンローリング）などの著者である。

ウィザードブックシリーズ 238

株式投資で普通でない利益を得る

定価 本体2,000円+税　ISBN:9784775972076

成長株投資の父が教える
バフェットを覚醒させた20世紀最高の書

バフェットが莫大な資産を築くのに大きな影響を与えたのが、成長株投資の祖を築いたフィリップ・フィッシャーの投資哲学だ。10倍にも値上がりする株の発掘法、成長企業でみるべき15のポイントなど、1958年初版から半世紀を経ても、現代に受け継がれる英知がつまった投資バイブル。

本書の内容

- 会社訪問をしたときにする質問
（「まだ同業他社がしていないことで、御社がしていることは何ですか」）
- 周辺情報利用法
- 株を買うときに調べるべき15のポイント
- 投資界の常識に挑戦（「安いときに買って、高いときに売れ」には同意できない）
- 成功の核
- 株の売り時（正しい魅力的な株を買っておけば、そんなときは来ないかもしれない）
- 投資家が避けるべき5つのポイント
- 大切なのは未来を見ること（最も重視すべきは、これからの数年間に起こることは何かということ）

ウィザードブックシリーズ 235

株式投資が富への道を導く

定価 本体2,000円+税　ISBN:9784775972045

バフェットの投資観を変えた本！

本書はフィリップ・フィッシャーが1958年に書いた『株式投資で普通でない利益を得る』（パンローリング）の続編である。上の最初の高名な著書は、スタンフォード大学経営大学院で基本書として使われ、ウォーレン・バフェットをはじめ多くの読者の投資観を一変させた。まさしく、バフェットがベンジャミン・グレアムの手法と決別するきっかけとなった本である。

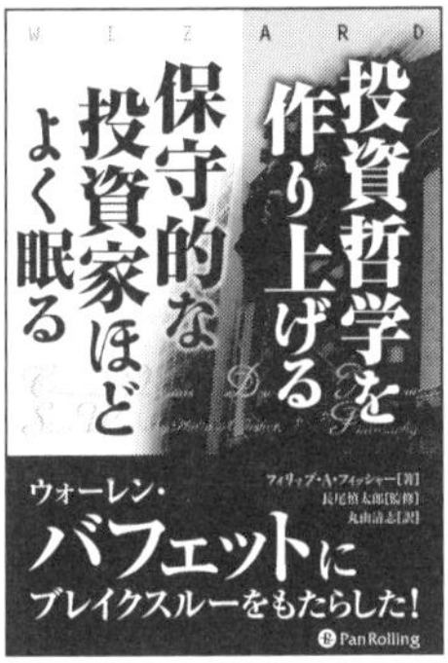

ウィザードブックシリーズ 236

投資哲学を作り上げる／保守的な投資家ほどよく眠る

定価 本体1,800円+税　ISBN:9784775972052

ウォーレン・バフェットにブレイクスルーをもたらした大事な教えが詰まっている！

フィッシャーは全部で4冊の本を執筆したが、本書はそのうち3冊目と4冊目を収録している。1冊目の『株式投資で普通でない利益を得る』（パンローリング）は20世紀に発売された投資本のなかでベスト3に入る名著であり、フィッシャーの最高傑作であることに間違いはない。

ケン・フィッシャー

フィッシャー・インベストメンツ社の創業者兼CEO。同社は1979年設立の独立系資金運用会社として、世界中の年金、基金、大学基金、保険会社、政府、個人富裕層などを顧客に持ち、運用総資産額は400億ドル（約４兆円）を超える。株価売上倍率（PSR）による株式分析、また小型株運用の先駆者として知られる。

ウィザードブックシリーズ 182

投資家が大切にしたいたった3つの疑問

行動ファイナンスで市場と心理を科学する方法

定価 本体3,800円+税　ISBN:9784775971499

投資の“神話”に挑戦し、それを逆手にとって自らの優位性にする考え方を徹底解説！

深い洞察力、アドバイス、投資秘話が満載で、あなたの心をひきつけて話さないだろう。

ジャック・D・シュワッガー

現在、マサチューセッツ州にあるマーケット・ウィザーズ・ファンドとＬＬＣの代表を務める。著書にはベストセラーとなった『マーケットの魔術師』『新マーケットの魔術師』『マーケットの魔術師[株式編]』（パンローリング）がある。
また、セミナーでの講演も精力的にこなしている。

第二章
P.222〜
ウィリアム・オニール

ウィザードブックシリーズ 19

マーケットの魔術師
米トップトレーダーが語る成功の秘訣

定価 本体2,800円+税　ISBN:9784939103407

トレード界の「ドリームチーム」が勢ぞろい

世界中から絶賛されたあの名著が新装版で復刻！
投資を極めたウィザードたちの珠玉のインタビュー集！
今や伝説となった、リチャード・デニス、トム・ボールドウィン、マイケル・マーカス、ブルース・コフナー、ウィリアム・オニール、ポール・チューダー・ジョーンズ、エド・スィコータ、ジム・ロジャーズ、マーティン・シュワルツなど。

ウィザードブックシリーズ 201

続マーケットの魔術師
トップヘッジファンドマネジャーが明かす成功の極意

定価 本体2,800円+税　ISBN:9784775971680

『マーケットの魔術師』シリーズ 10年ぶりの第4弾！

先端トレーディング技術と箴言が満載。「驚異の一貫性を誇る」これから伝説になる人、伝説になっている人のインタビュー集。マーケットの先達から学ぶべき重要な教訓を40にまとめ上げた。

ウィザードブックシリーズ 13

新マーケットの魔術師

定価 本体2,800円+税　ISBN:9784939103346

知られざる“ソロス級トレーダー”たちが、率直に公開する成功へのノウハウとその秘訣

投資で成功するにはどうすればいいのかを中心に構成されている世界のトップ・トレーダーたちのインタビュー集。17人のスーパー・トレーダーたちが洞察に富んだ示唆で、あなたの投資の手助けをしてくれることであろう。

ウィザードブックシリーズ 14

マーケットの魔術師 株式編 増補版

定価 本体2,800円+税　ISBN : 9784775970232

投資家待望のシリーズ第三弾、フォローアップインタビューを加えて新登場!!

1990年代の未曾有の上げ相場で、信じられないようなリターンをたたき出した新世代の株式ウィザードたちは、2000年春からの下げ相場にどう対応したのか？だれもが知りたかった「その後のウィザードたちのホントはどうなの？」に、すべて答えた増補版！

ウィザードブックシリーズ 66

シュワッガーのテクニカル分析 初心者にも分かる実践チャート入門

定価 本体2,900円+税　ISBN:9784775970270

シュワッガーが、これから投資を始める人や投資手法を立て直したい人のために書き下ろした実践チャート入門。
チャート・パターンの見方、テクニカル指数の計算法から読み方、自分だけのトレーデング・システムの構築方法、ソフトウェアの購入基準、さらに投資家の心理まで、投資に必要なすべてを網羅した1冊。

バフェットが執筆する「株主への手紙」を収録

世界一の投資家が見た
これから伸びる会社、滅びる会社
バフェットからの手紙
第5版
The Essays of Warren Buffett
Lessons for Corporate America, Fifth Edition
ローレンス・A・カニンガム
長岡半太郎［監修］ 増沢浩一、藤原康史、井田京子［訳］
日米で超ロングセラー！
バークシャーの全歴史がわかる！
バフェットが最も多くサインした本！
Pan Rolling

「カニンガムは私たちの哲学を体系化するという
素晴らしい仕事を成し遂げてくれた」――ウォーレン・バフェット

「とても実用的な書だ」―― チャーリー・マンガー

「バリュー投資の古典であり、バフェットを知るための究極の1冊」―― フィナンシャル・タイムズ

「このバフェットに関する書は素晴らしい」―― フォーブス

ローレンス・A・カニンガム 著

定価 本体2,200円+税 ISBN:9784775972786

ウィザードブックシリーズ 116

麗しのバフェット銘柄
下降相場を利用する選別的逆張り投資法の極意

定価 本体1,800円+税　ISBN:9784775970829

投資家ナンバー1になったバフェットの芸術的な選別的逆張り投資法とは

ビル・ゲイツと並ぶ世界的な株長者となったバフェットの選別的な逆張り投資法とは、下降相場を徹底的に利用したバリュー投資であり、本書ではそれを具体的に詳しく解説。

ウィザードブックシリーズ 203

バフェットの経営術
バークシャー・ハサウェイを率いた男は投資家ではなかった

定価 本体2,800円+税　ISBN:9784775971703

銘柄選択の天才ではない本当のバフェットの姿が明らかに

企業統治の意味を定義し直したバフェットの内面を見つめ、経営者とリーダーとしてバークシャー・ハサウェイをアメリカで最大かつ最も成功しているコングロマリットのひとつに作り上げたバフェットの秘密を初めて明かした。

ウィザードブックシリーズ 189

バフェット合衆国

定価 本体1,600円+税　ISBN:9784775971567

バークシャーには「バフェット」が何人もいる!

ウォーレン・バフェットの投資哲学は伝説になるほど有名だが、バークシャー・ハサウェイの経営者たちについて知る人は少ない。バークシャーの成功に貢献してきた取締役やCEOの素顔に迫り、身につけたスキルはどのようなものだったのか、いかにして世界で最もダイナミックなコングロマリットの一員になったのかについて紹介。

マーク・ダグラス

シカゴのトレーダー育成機関であるトレーディング・ビヘイビアー・ダイナミクス社の社長を務める。商品取引のブローカーでもあったダグラスは、自らの苦いトレード経験と多数のトレーダーの間接的な経験を踏まえて、トレードで成功できない原因とその克服策を提示している。最近では大手商品取引会社やブローカー向けに、本書で分析されたテーマやトレード手法に関するセミナーや勉強会を数多く主催している。

ウィザードブックシリーズ 32

ゾーン　勝つ相場心理学入門

MP3 音声データCD
オーディオブックあり

定価 本体2,800円+税　ISBN:9784939103575

「ゾーン」に達した者が勝つ投資家になる！

恐怖心ゼロ、悩みゼロで、結果は気にせず、淡々と直感的に行動し、反応し、ただその瞬間に「するだけ」の境地…すなわちそれが「ゾーン」である。
「ゾーン」へたどり着く方法とは？
約20年間にわたって、多くのトレーダーたちが自信、規律、そして一貫性を習得するために、必要で、勝つ姿勢を教授し、育成支援してきた著者が究極の相場心理を伝授する！

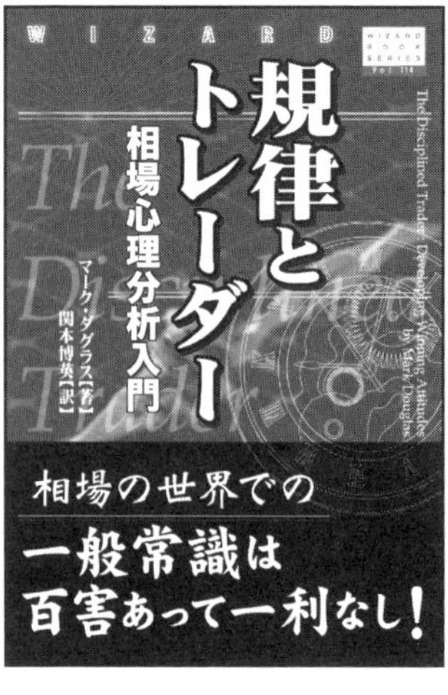

ウィザードブックシリーズ 114

規律とトレーダー
相場心理分析入門

MP3 音声データCD
オーディオブックあり

定価 本体2,800円+税　ISBN:9784775970805

トレーディングは心の問題であると悟った投資家・トレーダーたち、必携の書籍！

相場の世界での一般常識は百害あって一利なし！
常識を捨てろ！手法や戦略よりも規律と心を磨け！
本書を読めば、マーケットのあらゆる局面と利益機会に対応できる正しい心構えを学ぶことができる。

マーク・ダグラスの遺言と
トレーダーで成功する秘訣
トレード心理学の大家の集大成!

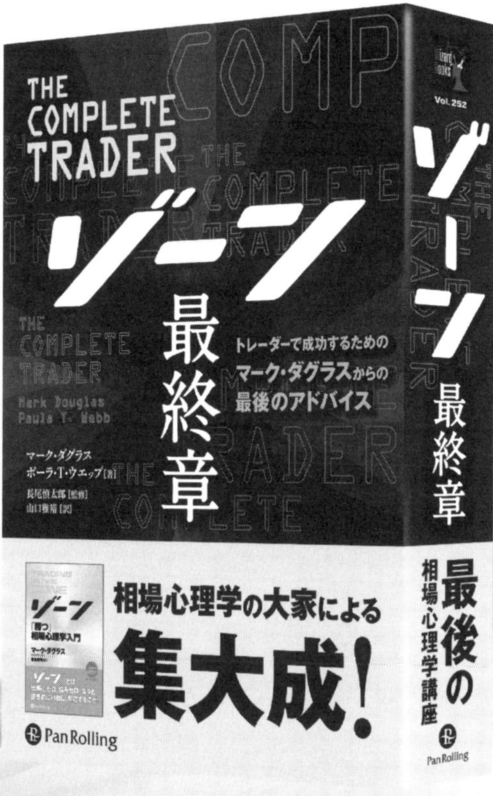

ゾーン 最終章

四六判 558頁 **マーク・ダグラス, ポーラ・T・ウエッブ**
定価 本体2,800円+税　ISBN 9784775972168

1980年代、トレード心理学は未知の分野であった。創始者の一人であるマーク・ダグラスは当時から、今日ではよく知られているこの分野に多くのトレーダーを導いてきた。

彼が得意なのはトレードの本質を明らかにすることであり、本書でもその本領を遺憾なく発揮している。そのために、値動きや建玉を実用的に定義しているだけではない。市場が実際にどういう働きをしていて、それはなぜなのかについて、一般に信じられている考えの多くを退けてもいる。どれだけの人が、自分の反対側にもトレードをしている生身の人間がいると意識しているだろうか。また、トレードはコンピューター「ゲーム」にすぎないと誤解している人がどれだけいるだろうか。

読者はトレード心理学の大家の一人による本書によって、ようやく理解するだろう。相場を絶えず動かし変動させるものは何なのかを。また、マーケットは世界中でトレードをしているすべての人の純粋なエネルギー —— 彼らがマウスをクリックするたびに発するエネルギーや信念 —— でいかに支えられているかを。本書を読めば、着実に利益を増やしていくために何をすべきか、どういう考え方をすべきかについて、すべての人の迷いを消し去ってくれるだろう。

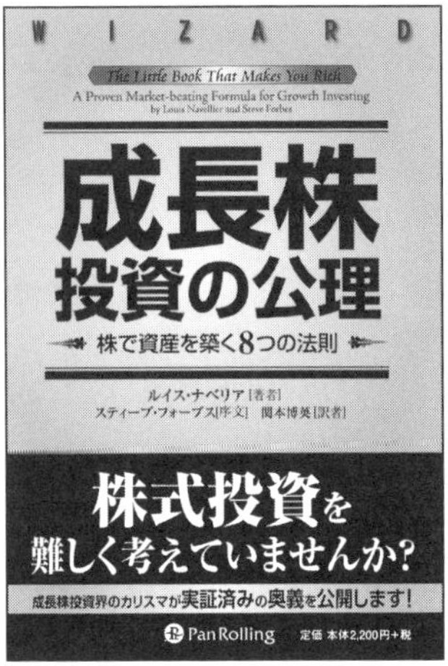

ウィザードブックシリーズ 136

成長株投資の公理

株で資産を築く8つの法則

ルイス・ナベリア【著】

定価 本体2,200円+税　ISBN:9784775971024

成長株投資で成功する秘訣！
利益を極大化する成長株投資の奥義！

ルイス・ナベリアは現在最も注目されている成長株投資家のひとりである。彼は27年間にわたって成長株投資で目を見張るような利益を手にしてきたほか、市場平均を25％も上回るリターンを投資家に上げさせてきた。ルイス・ナベリアは健全な成長株に投資することによって生計を立ててきた。彼はこの投資法によって経済的な夢を現実のものとしたのである。分かりやすい言葉で書かれたこの本には、ウォール街の証券会社などにはだまされず、今のマ　ケットで真の富を築く具体的なアプローチが示されている。

ウィザードブックシリーズ 147

千年投資の公理

売られ過ぎの優良企業を買う

パット・ドーシー【著】

定価 本体2,000円+税　ISBN:9784775971147

1000年たっても有効な
永遠不滅のバフェット流投資術！

バフェット流の「堀」を持つ優良企業の発掘法。本書を読めば、今日の投資家でもこの素晴らしい投資法を自信を持って実践することができるようになる。堀こそが投資分析ツールの欠かせない重要な要素であることが理解できれば、この手法を使って、高いリターンを上げる銘柄だけであなたのポートフォリオを埋め尽くすことができるだろう！